本书为国家社会科学基金项目《象数易学伦理思想研究》（18XZX006）成果

光明社科文库
GUANGMING DAILY PRESS:
A SOCIAL SCIENCE SERIES

·政治与哲学书系·

象数易学伦理思想研究

文 平 | 著

光明日报出版社

图书在版编目（CIP）数据

象数易学伦理思想研究 / 文平著. -- 北京：光明日报出版社，2024.12. -- ISBN 978-7-5194-8242-8

Ⅰ.B2

中国国家版本馆 CIP 数据核字第 2024SF4287 号

象数易学伦理思想研究
XIANGSHU YIXUE LUNLI SIXIANG YANJIU

著　　者：文　平	
责任编辑：刘兴华	责任校对：宋　悦　王秀青
封面设计：中联华文	责任印制：曹　净

出版发行：光明日报出版社
地　　址：北京市西城区永安路 106 号，100050
电　　话：010-63169890（咨询），010-63131930（邮购）
传　　真：010-63131930
网　　址：http://book.gmw.cn
E - mail：gmrbcbs@gmw.cn
法律顾问：北京市兰台律师事务所龚柳方律师
印　　刷：三河市华东印刷有限公司
装　　订：三河市华东印刷有限公司
本书如有破损、缺页、装订错误，请与本社联系调换，电话：010-63131930
开　　本：170mm×240mm
字　　数：260 千字　　　　　　　　印　　张：17
版　　次：2025 年 3 月第 1 版　　　　印　　次：2025 年 3 月第 1 次印刷
书　　号：ISBN 978-7-5194-8242-8
定　　价：95.00 元

版权所有　　翻印必究

目 录
CONTENTS

导 论 ··· 1

第一章　象数易学的原伦理意蕴 ································· 10
 第一节　象数易学的原伦理境域 ································· 12
 第二节　设卦观象与观象系辞 ································· 18
 第三节　象数符号和德性义理 ································· 26

第二章　象数易学史的伦理思想（一）························· 31
 第一节　《左传》和《国语》筮例 ································· 32
 第二节　《易传》的象数奠基与伦理蕴含 ······················ 42
 第三节　西汉占验派的伦理思想 ································· 52
 第四节　东汉解经派的伦理思想 ································· 68

第三章　象数易学史的伦理思想（二）························· 83
 第一节　干宝的易学 ·· 83
 第二节　陈抟的《龙图序》 ··· 89
 第三节　周敦颐的《太极图》 ······································ 106
 第四节　邵雍的先天学 ··· 113
 第五节　朱熹的易学 ·· 126

1

第四章　象数易学史的伦理思想（三） ············· **142**
第一节　来知德的错综视域 ············· 143
第二节　胡煦易学的道德思想 ············· 154
第三节　焦循易学的伦理思想 ············· 165

第五章　象数易学伦理思想方法论（上） ············· **177**
第一节　易占：切身的在者 ············· 178
第二节　易象：缘构的符号 ············· 182
第三节　易数：逻辑的价值 ············· 187
第四节　易理：澄明的境域 ············· 194

第六章　象数易学伦理思想方法论（下） ············· **200**
第一节　基本易例的伦理蕴涵 ············· 202
第二节　卦气说的节令象态 ············· 215
第三节　卦变图式的德性象征 ············· 219

第七章　象数易学伦理思想范畴论 ············· **224**
第一节　神通几微 ············· 225
第二节　感应时行 ············· 232
第三节　利和义现 ············· 239

余论　一种可能的生活样态 ············· **245**
参考文献　**253**

导 论

一、总论

易学大体分为两个派别，即义理易学和象数易学。义理易学借用象数符号来讲人伦事理、揭示人生智慧，同时论证公序良俗的正义性；象数易学侧重易学符号本身的运动规律，至于这个规律在多大程度上符示人生以及如何涵摄道德，则是象数的派生意义了。可见，义理易学重在儒家义理，但不能脱离卦爻符号，否则无法和《论语》《孟子》区分开来。象数易学重在卦爻符号，而符号可以象征几乎一切有意义的事物，伦理道德作为人类最重要的价值，当然在其中。象数易学强调卦爻符号对自然规律的模拟，研讨大化流行生生不息的变化法则，从而赋予人事活动、政治社会以价值评判标准。在这个意义上，象数易学伦理思想与义理派的运动方向相反，它是追寻原点的本体伦理学。

由于易学的根基在于象数，故汉初田何传《易》以来，尤其是孟喜得《易家候阴阳灾变书》之后，象数易学有了很大的进展。这种进展体现在伦理学方面则表现为具体卦爻符号的变化涵摄道德本体，指向生活的具体境遇，具有灵动性和顿悟性的特征。象数的创新承载了新时代的理念，从春秋到西汉（孟喜、京房），由于体系化的象数结构的变化，其伦理思想的表达变得活泼而不失理性。汉末的荀爽、虞翻则创造了新的象数体系，卦爻的运动就是道德感悟的方法也表达得更加圆熟。宋代的象数体系创新主要在图书说上，代表人物是邵雍。"图书说"展开了一个新的研究视野，自此以后，许多易学家孜孜以求，创造了不少新的易例。可以说，图书说是后世易学创新的源泉。

清代象数易学主要在于发掘汉学，各种体系层出不穷。其中，胡煦和焦循深学覃思，将其体系做到宏大精微。

象数易学的学术圆圈是一部伦理思想不断丰富的历史。象数易学的发展经历了一个否定之否定的圆圈：从先秦至东汉末期，象数由发端而至登峰造极，这是肯定阶段；从魏晋王弼扫象，经隋唐的衰落而至两宋时期，这是否定阶段；图书学产生之后，至清代批判地挖掘两汉象数思想，对中华象数研究的历史做了一个总结，这是否定之否定阶段。象数派的学术圆圈运动不仅发展了象数体例本身，也借由这些体例丰富了伦理思想和表达方式。比如，汉易中天文、历法、物候直接与象数符号融合，更好地表达了吉凶祸福和神道设教的伦理价值。宋易的河洛之说带动象数的发展，勾画了新的人伦图景。明清以降，对错综、旁通、卦变等易例的检讨则直接推动了以清代胡煦、焦循等为代表的易学家对象数伦理思想的全面综合和评析。立足于探求象数体系和易例的发展，结合其在伦理思想上的表达，本书勾勒了总体框架。它由四大问题勾绾起来。

（一）象数易学的道德形而上学的理论逻辑是什么？

象数的符号结构展现了天人互动的哲学思想。象数易学以具有道德属性的元气一元立论，元气动则流变大化，其结果是以相应的符号运动所符现的世界之应然，导向秩序化的生活之实然。从客观上看，符号结构是象数易学伦理思想的本体支撑，它始终贯穿于道德本质论、德性论、修养论以及社会政治伦理思想之中。从主观上看，象数易家解决了象与辞的矛盾关系，为合适地表达伦理思想创造了条件。象数易学通过卦爻的演绎悟出整个存在的实体特性，并据此理解纷繁的人事活动和道德生活。正是在这种领悟的基础上，象数易家构筑出多种象数体系，从主观形式上形成了对伦理的一种特殊的认识史。

（二）"象"的发展与道德思想的涵摄关系如何？

易象在气、象、理的逻辑构成中着重从静态成象符示伦理的内涵。象的衍扩是象数易学发展的必然要求。象的发展，是以明经言理为目的，同时又是自有体例的扩张和终结。卦爻诸象是自创性观象法则在运用中与事物的对应性联系，它既是人们对其生活的自观，又是自鉴，同时也蕴含着对未来事件发生的预见，比如，焦赣和虞翻的"半象"，具有很强的灵活性，可以变出不同的卦象，如何变，源于生活中的人们如何去做。京房的"飞伏象"是卦爻隐显成象的概括，它暗示人伦行为的阴阳两面。孟喜的"卦气"、郑玄的"立象"因方法和手段的不一呈现不同卦理。邵雍以图数为基，广衍四象，旁通物情。来知德秉"卦中立象有不拘"的原则，指向"错综复杂"的人文伦理。总之，"象"所涵伦理思想遵循如下规律：一方面，象具有总体和谐的理论预设，这也是象数易学体系的最终结论；另一方面，它又必须落实到具体的人文境遇之中，所以总体和谐又不是终极的，它是理想和现实的结合。

（三）象数体例与伦理思想是怎样的互动关系？

象数体例具有符号变化的内生性和时代发展的外在性特征。从共性上说，本体律动与天地日月具有象征关系，通过象、辞之间的桥梁作用，表达道德秩序来自自然规律的思想，结合对伦理范畴的表述，揭示道德的来源和本质。从个性上看，象数体例因时代特征、学术发展和个人气质的不同而呈多样化。如卦变中"时"的观念和义理易学所言"时"相比，更加强调人伦关系的应时而动。卦变的变不正为正，是为了趋向相对静止的和谐状态；若要突破整体困境，则可以变正为不正，前者"正"充满道德色彩，后者"不正"凸显运动契机，最终目的还是达到"保合太和"的人文理想。荀爽的升降说强调卦变蕴含着人伦关系的"自修补"过程，所谓上下流变，体现出来的是既有规范的秩序感，又有心性领悟的灵动。卦爻变动，是在合理的度中进行，超越这个度，就不再具有体系的完备，悖天人而行，终将败亡；在此度之中，一时一事的"不正"并不具有恶的评价，其目的的善合理涵括了手段的尺度，因此这种行为常常显现吉辞。虞翻则认为不顾大局的手段善，一味求正，可能会有"吝"的结果，这表现在一爻求正，会导致体系局部的僵化从而影响整个体系的流变，尽管如此，手段善具有自身价值，所以有些卦表明的是"贞正"而"无咎"。朱熹的易学图式说明了六十四卦在卦变体系中对于目的和手段的处理并不相同，但最终有一个终极评价法则，即所谓天理流行的理想境界。卦爻的变化、人的行为的变化始终要归向这个同归路，它是理想中的现实，同时又是现实中的理想。焦循则对卦爻内部结构进行分析，揭示了旁通、相错、比例以及时行之间微妙的关系，诠释了当位与失道的辩证矛盾就体现在百姓日用而不知的道德生活之中。

（四）象数易学伦理思想在历史上的影响和价值何在？

象数易学伦理思想史呈现出这样一个特征：都在构筑一个符号化的整体有机图式，并以此阐明儒家道统。义理易学借用象数直指人心，象数易学则寓德性于符号图式，符号结构的内生力使《周易》象、辞之间的联系得到加强，这有利于指导人伦生活；而时代的外在力使道德理性在一系列独创易例的演变上变得更加鲜活，比如，从《易纬》到汉末，便是遵循了这一学理路径。但象数体例超越常规的创造也孕育了烦琐支离的学风，这是形式大于内容的矛盾，对其涵摄伦理思想带来不良影响。象数易学的内在矛盾，对于当代易学伦理学的研究具有启发作用，这种启发向两个层面延展：一是中华文化在创造性转化和创新性发展中思维方式的重构问题，二是象数思维如何圆融贯彻于道德实践的问题。

二、研究意义

本书的研究对象为象数符号的伦理意蕴。象数符号具有完备自足的体系性、天人相推的逻辑进路和均衡演化的鲜明特色，它本身蕴含伦理意味，同时钩绾本体论和道德生活；象数符号的运动变化承载不同时代道德要求和伦理思想的可能性，象数符号的变化原则涵摄具体伦理境遇的现实性，二者具有历史的辩证关系。

近现代以来，学界多注目象数体例而对其伦理思想关注不够。由于旁通等易例通达伦理层面，卦变可在形而上的高度把握易学，所以易学家必然会在象数符号运动的多维性、多义性、立体性的关系中觉察到它的道德价值。尽管如此，象数易学伦理思想还附着在象数学、象数易例的研究上，用象数的本质贯穿于伦理思想的理路还不成熟、不成系统，因而值得深入研讨。根据对该问题研究的深入程度，大致可以分为两个阶段。

第一阶段（20世纪50—90年代）：起步阶段。20世纪从徐昂开始一直到20世纪末，主要解决象数易学体例的问题，有对伦理思想的解说，但不是重点。代表人物有：潘启明、朱伯崑、刘大钧等，他们对象数易例进行了整理和说明，对象数易学伦理思想进行了部分论述。从黄寿祺、张善文、林忠军开始，象数易学有了分类研究和较深开拓的迹象，这对象数易学伦理思想研究是有帮助的。刘玉建揭示了不少易例，为全面研究象数易学伦理思想打下了基础。

第二阶段（20世纪90年代以后）：发展阶段。这期间，象数体例研究有了较大进展，为深入研究其伦理思想创造了条件。常秉义将虞翻、李挺之、朱熹、来知德的卦变思想做出对比，可作为研究卦变的参考。21世纪，象数易学研究进入开拓的时期，刘大钧、梁韦弦的卦气研究推进了卦气说的发展。刘彬则深入探讨了月体纳甲的价值。萧汉明全面总结了《参同契》的人文价值，张其成引入人体科学和道教，颇具新意。高怀民强调隐士易学一派，对于研究道家易学伦理较有帮助，另见陈鼓应道家易系列。用象数阐论佛家伦理方面，主要见于王钟尧和潘雨廷的著述。易图方面主要是徐芹庭对易图的人文价值做出了提示，有部分内容涉及伦理思想。潘雨廷阐论了消息旁通的重要价值，可从中管窥象数与伦理价值互动的大义。从潘雨廷开始，象数易学研究已经从伦理价值的角度开始将诸易例融会贯通，对易学观念取动态和立体联系的态度。与伦理思想紧密相关的易学本体论的探讨还可以借鉴西方哲学语言来阐发，这方面已经有了吴克峰、张斌峰、周山对于易学逻辑学的开拓。另外，王新春重点探讨了旁通、卦变的伦理意蕴、伦理方法和伦理理想，对研究象数易学的伦理思想有一定帮助。近年，张旭论述了象数符号在决定论与道德自由之间的地位和作用，较有参考价值。张祥龙论述了概念化思维与象思维的区别，这对于领会《周易》的象的思维很有帮助。余平讨论了海德格尔存在之思的伦理境域，结合王堃关于诗性伦理的理念，对于本书的本体构建颇有助益。周广友、王新春、吕广田在《易传》的"三陈九卦"方面有较深入研究，可资笔者借鉴。在其他范畴和方法的借鉴上，如符号学方面，范爱贤关于"易"的意指符号学分析、方仁从皮尔斯的观点看《周易》的符号学、杜海涛关于伦理符号学与《周易》符号伦理思维方面均有一定特色。此外，沈顺福关于《周易》的感应论，彭战果从《易传》看"神"，张学智对未济卦的讨论，林孝斌对观卦感通认识论研究都很有创意。刘淑君对于《周易》符号的文化哲学做了中西哲学的比较研究，这对于本书采用多维比较的方法有直接启发。张文江先生自2005年以来，致力于发掘其师潘雨廷先生的易学思想。这使笔者逐渐认识到：潘先生的易学研究有海纳百川之势，具有融贯中西、打通三教的重大价值，非常值得易学研究者充分、持续地加以关注。方向红对《易经》进行了现象学的考察，是国内较深入地运用现象学的方法研究《易经》的学者，值得关注。

  国外相关研究虽然趋势向好，但关于象数易学的伦理思想的专题研究还很少，有不少仅在论著中附带提及。大致呈现如下特征（一般性叙述，不做分时段阐述）：①在中国哲学概论中介绍易学伦理学的思想。比如，法国学者O. Briere S. J. 在 *Fifty Years of Chinese Philosophy* 一书中所论述；②在介绍或研究新儒家的著作中有所涉及。比如，John Makeham 所编 *New Confucianism*：*A Critical Examination* 一书中所论述；③国外易学学者对象数易学的诠释中略有讨论。比如，克鲁申斯基、铃木由次郎、高田真治等；④海外华人学者对传统易学的发掘颇有探讨。比如，沈宜甲、唐力权、陈荣捷、杜维明等，但对象数易学伦理思想少有专门研究。值得关注的是成中英，他在以《易学本体论》为代表的易学系列论著中对象数的本质、易学的本体、易学的伦理境遇等重大问题都有所诠释和回答，对本书颇有启示作用。近年，成中英先生出版了一系列关于儒家本体重建的论著，其中有丰富的易学内容，很值得关注。

  国内外研究现状中可能存在的问题：①对易学史上的象数易学伦理思想缺乏体系上的梳理和学理分析。客观上象数易例还有继续探索的空间，这直接影响到其伦理思想的研究；主观上把象数思想归于义理学派而忽略了符号运动对伦理的涵摄。②关于象数伦理思想的关注多是个案式的，欠缺整体性的问题意识。卦气、卦变、月体纳甲、消息、旁通、易象这些易例，宜从整体互动的角度看待其伦理意蕴。③对于西方哲学的借鉴不够，诸如现象学、解释学、符号学与易学的交融和重构的价值应更加得到重视。在整合象数与道佛的基础上，儒家心性学的传统思路还可以采用现代伦理学的概念和方法进行解读；与西方哲学结合还可对象数经典做出深层结构的解析和多维思考的伦理研究。

  基于此，本书试图在梳理象数易学史的基础上，借鉴和吸收国内外相关研究的理论和方法，以象数易学伦理思想为研究对象，系统阐述象数易学伦理思想的易学史背景，探讨象数易学伦理思想在易学史研究中的运用，追溯中国伦理思想的传统，梳理象数易学伦理思想发展的线索，提炼象数易学伦理思想的研究方法，阐述以重要易家、易学文本为代表的象数易学伦理思想问题，讨论在新时代背景下象数易学和传统伦理思想研究在推陈出新、创造性转化和创新性发展上值得注意的一些问题，并对中国传统伦理思想研究的实践模式做出一些具体分析。综上所述，本书的意义在于如下三点：第一，在学科层面。打破易学领域对象数易学伦理思想问题的缺乏关注局面，尝试以象数符号运动本身对伦理的涵摄为视角进行研究。第二，在学理层面。澄清象数易学伦理思想不同于义理易学和象数体例研究的问题，确定研究的边界，同时又不失创造性的诠释。提出道德思维方式的重构问题，讨论中西方伦理思想蕴含的思维方式歧异，为反思道德思维提供契机。第三，具有的现实意义。试图探究中国道德文化基因在逻辑与历史辩证中的发展状况，持续关注与道德生活密切联系的问题，努力为社会人生提供正确的价值基点。

三、体系和方法

对问题的回应，本书安排了九个章节。

导论，包括总论本书，其意在于破题和表述写作目的，讲述写作意义，说明本书结构和写作所采用的方法等。第一章主要阐述象数易学的原伦理意蕴。从元伦理学和原伦理学（本体伦理学）的区别讲起，说明了象数易学的符号特征，揭示了象数符号在表达德性境域上的优势。第二章到第四章为"象数易学史的伦理思想"，分别对应三个历史阶段：第二章对应"从先秦到两汉"，指出此为象数易学伦理思想的草创期，这一阶段的理论贡献在于易例的创造，其中包含后世大量使用的易学体例，为后世的研究打下了坚实的基础。这个阶段是肯定阶段。第三章对应"从魏晋到两宋"，基本上是宋学在易学上的表现，这个时期的研究热点是河图洛书等易学图式。这个阶段是否定阶段。第四章对应"从元明到清代"，这个时期的易学主要在于复兴汉学，有总结性的易学体系和重要的易例创造。这个阶段是否定之否定的阶段。第五章和第六章主要讨论象数易学在表达伦理思想方面的方法问题，分上下两个部分，逐次安排"占—象—数—理"的方法论、传统易例的方法论。考虑到传统易例极其庞杂，故只取用最为基本、应用最广泛的一些易例。第七章主要讲述象数易学伦理思想的范畴。余论部分在中西哲学比较的基础上提出"象态化生活"的理想生活样态。

本书的重点在于：①归纳出各种象数宇宙图式；②挖掘象数易学的伦理思想内容及其表达方式；③历史地、具体地分析每一种易学体例怎样蕴含其对应的伦理思想。本书的难点在于：①结合西方本体论阐释象数符号具有道德的何以可能；②象数手段大于伦理方法，如果不立足于易学家原注，可能导致作者以己意加于古人；③需深入易例内外的逻辑联系、象辞之间的矛盾关系来阐述其伦理思想。本书的创新之处在于：①学术思想创新。本书在研究中强调问题意识，在前辈学者专题个案式研究的基础上，以中国传统哲学和文化的现代转型为大的问题意识，以"道德形而上学与象数易学的融会""象数符号的运动变化承载不同时代道德要求和伦理思想的可能性""象数符号的变化原则涵摄具体伦理境遇的现实性"三大问题切入并深化展开。②学术观点创新。本书针对"象数符号的形上本质问题""象数符号与道德生活的关系问题""象数伦理思想传承的共性和个性问题""象数伦理方法论问题""象数体例在象辞关系中的定位问题"等都有较为系统新颖的看法。③研究方法创新。本书重视对问题的论证，并以严谨的多元方法探讨不同的问题，将逻辑分析法、归纳法和历史比较法等综合起来，系统运用。本书尤重中国传统行文方法，尽量把传统方法的作用发挥出来。

具体而言，本书的主要研究方法是：①中西方形而上学相结合的方法。基于本书第一部分涉及道德形而上学部分而借用此法予以论证，余论部分涉及本体重建，亦采用此法。中西方形上学体系的阐释方法有相得益彰的作用。②历史比较法。基于符号运动的历史规律和逻辑特征，在阐述伦理思想上的功能和意义而用此法。历史比较法将成为本书贯穿始终的研究方法。③归纳和分析相结合的方法。基于本书的某些细节有穷尽性研究的要求而用此法，其目的在于明确历时的伦理传承和共时的象数表达之间的关系。④传统行文方法。主要包括互见法和训诂法。互见法来自《史记》，在叙其实中调和事实与价值。本书借用此法，如在第三章阐述邵雍的以象数显伦理的易学内容，又在第五章讲述易数的象数方法时，重点放在邵子对于易数本质的理解上。训诂法则是对与本书重要范畴直接相关的语词做出训诂学的解释，以期引起国内外相关学者对范畴内涵的注意。

第一章

象数易学的原伦理意蕴

所谓易学原伦理学,即易学的本体伦理学,是相对西方元伦理学的。元伦理学在"元"(meta-)即超越的意义上对规范伦理学进行创新,它主要关注"人们进行道德推理的过程和道德话语系统——元伦理学家试图展现道德术语的用法,发现道德言语的逻辑性质和认知特性"①。因而,元伦理学开始反对道德实践、道德事实和道德价值的真理性,它把真理性奠基在"价值中立"的态度上,"倾向于把伦理学研究置于具体的概念分析、逻辑分析和语言分析过程中。元伦理学家把伦理学变成了一个个的概念、判断和陈述"②。总之,西方元伦理学反对传统的道德价值,反对宏大叙事,希望通过原子式的逻辑分析,达到某种真理之途。

原伦理学和元伦理学有共同之处。原伦理学之"原",也有具体场景、具体事实、具体逻辑的意味,但这种相同的东西主要不是经由语言逻辑分析得到的,而是一种奠基于历史的建构。这种所谓建构,也不是西方逻辑上的,它是一种在历史中还原到历史的具体、个体的具体之中并体会到某种"真相"。当然,它不再是西方追问式的偏执于语言分析的思维路径,它是东方问答式的融会诸具体生活场景的天人合一的符号化探求方式。"原"的具体性,不仅要还原到生活的具体,还要还原到器的具体、气的具体、阴阳的具体以及太极之理的具体中。"原"在"无极而太极"的境界之中领悟到自身,在两种相反的运动中充盈和完成自身:一方面是太极的展开过程,"无极而太极"的"而"可以理解为生成,它是境域的境遇化,具有时间的延展;另一

---

① 向敬德. 西方元伦理学 [M]. 长沙:湖南师范大学出版社,2006:6.
② 向敬德. 西方元伦理学 [M]. 长沙:湖南师范大学出版社,2006:7.

方面是在各种境遇之中体会境域而成,"无极而太极"的"而"也可以理解为"本……成",没有时间的展开,是对本体的根本领悟。

"原"具有的两个运动路径实际上是本体论和宇宙论的统一。这是其与元伦理学的几何式思维的主要不同,它通过主体"百姓日用而不知"和"进德修业"的双向运动达成,以下所用"知"与"不知"是指经过"理"的启蒙之后的领悟状态。"百姓日用而不知"和"进德修业"是生活世界的两种不同状态,分别对应境域和境遇的不同。"百姓日用而不知"和"进德修业"以知与不知分开来,"百姓日用而不知"是不知,"进德修业"是知。"百姓日用而不知"和"进德修业"内部又可以知与不知进行区分,"百姓日用而不知"有知的状态,也有不知的状态。"进德修业"有知的状态,也有不知的状态。以上如果用西方语言进行分析就会显得冗繁而经院化,但若用阴阳太极就显得很简洁且有智慧。所以"原"的符号化原本就是一种象思维,需要借助《周易》的阴阳爻进行宇宙节奏或节拍的描绘。除了具体境遇的描画,"原"还可以把主体牵引到某种境域的刻画之中。也就是说,主体不仅从阴阳爻中看出具体境遇的象示内容,还可以经由"这个"内容的"形式"把主体带到一种"普遍的形式"面前,这就是主体与境域刻画的相合。如此,生活内容的人伦事理便与宇宙生成论的规律联系起来,在阴阳爻的运动之中,人就是符号。

原伦理学在传统德义难题中给出了自己的路径而非静态的答案。传统的难题是:"自然之理的本质即天道的本然之真,人文之理的本质即人道的应然之善,究竟真何以是善,善何以是真,天与人如何能够合一,为什么无心而成化的客观外在的自然之理蕴含着人文的价值,这些都是很难回答的问题。"[1] 原伦理学的象思维有一个彻底的路径,它把阴阳和太极、理和气、境域和境遇、自然和人文、事实和价值统合起来进行"直观",因而它是彻底的伦理之本真,是一种本体伦理学。而西方元伦理学之"元",并不意味着比规范伦理学更为根本,它只是提供了另外一种思考伦理学的视角和方法,元伦理学并不是本体伦理学。原伦理学借助象数符号对伦理本体进行"直观"的

---

[1] 余敦康.汉宋易学解读[M].北京:华夏出版社,2006:510.

最初的活动，是《周易》中所说的"设卦观象"和"观象系辞"。

第一节　象数易学的原伦理境域

　　《易经》自伏羲画卦始①，远古人民便有了对于天道、神道以及人道的素朴意识。这种意识表现在对天地万物的模拟和对人事伦理的实践之中，形成一种质朴而实用的哲学和世界观。以阴爻和阳爻为基础，八卦和六十四卦卦象所表现的易学"是善世的哲学，它只是从天道人心的共同感应上立论，从人人可想到的道理上、人人可见到的现象上，告诉人应该如此、应该如彼，平实而切近"②。从《易经》最初的起源上看，"圣人设卦观象，系辞焉而明吉凶"③，详细的叙事则是在《系辞·下》"古者包牺氏之王天下也"一段，它们均说明了《易经》是古之圣人"观象系辞"的结果。易学就是通过这种观象系辞的过程，运用独特的范畴和方法表达哲学理念的学问。

　　一直以来，象数易学和义理易学成为《周易》研究的两大派别，两派有同有异。其相同点在于：两者都是以《周易》的特殊符号系统和占断语辞为基础来展开探索和研究。其不同点在于：象数易学主要关注阴阳符号及其运动的象数结构，以此为基础形成一整套象数符号的范畴，并用以解释宇宙人生；义理易学虽然不能脱离象数符号，但符号结构不是其重点，它主要借助《易传》和卦爻辞，结合现实需要给出符合儒家哲学的解释。可以说，象数、义理两派虽有不同，但都是基于《周易》独特的思维方式和其赖以形成的"观象系辞"的过程。

　　卦爻符号是在生活世界中观察种种现象得出的。观象具有经验的属性，也有某种先验的性质，其内容类似于李泽厚先生所言的"情理结构"，即所谓先验变经验，历史建理性，情感成本体的积淀过程。伦理学关注人性的基本

---

① 本文指称今传本之"易"为《周易》。若"易"的范围包括但不限于《周易》，则称之为《易经》，下文同。
② 高怀民. 先秦易学史 [M]. 桂林：广西师范大学出版社，2007：15.
③ 廖名春.《周易》经传十五讲 [M]. 北京：北京大学出版社，2004：353.

事实，关注人的理性和情感在利益关系之中的作用方式，而情和理以什么样的组成结构、配置比例、运动模式、变化样态表现出来，就有什么样的伦理理论。确切地说，原伦理学不直接讨论情感和理智的具体内容，也不直接关涉如规范伦理学的原则和规则的制定逻辑，它直接关注符号化的人与世界相连的意义，有形式化的特征而又不拘泥于形式，在中华文化的语境下，《周易》的设卦观象、观象系辞、太极之理便是探寻原伦理境域的一条途径。之所以如此，在于观象系辞的主体的意向在先的结构。他是感性的真实的人，他能容纳与境域相关的乐感文化（儒家），"乐感文化反对'道德秩序即宇宙秩序'，反对以伦常道德作为人的生存的最高境地，反对理性统治一切，主张回到感性存在的真实的人"[①]。感性的人具有丰富性和伦理的原在性，李泽厚先生强调这种情本体的先在性，笔者认同这一观点："'以人为本'的乐感文化的根本含义，它不是自然人性论的欲（动物）本体，也不是道德形而上学的理（神）本体，而是情（人）本体。"[②] 李泽厚先生的情本体的"情"，包括经验中发生的情感、情绪、心情等心理学、伦理学意义上的属人的活动。情与本体相连，就不能简单地被视为心理活动或者道德生活。作为本体的情应该被视为心理的、伦理的原始境域，是人的意向结构对于生活世界的投射，从而形成丰富的生活场景。这是自然的人化和人的自然化的交互运动的结果，同时也是经验现象形成的原因。人在和经验世界打交道的过程中，慢慢有了对于事情的理解和对于事态的把握，这个理解和把握并不是一蹴而就的，需要历史的长久演变。但无论如何，人类形成了"度"的思维和实践原则。度的思维或者说度的本体，一方面，由于人的感性的历史活动的建构，它具有理性的特征，是理性在主体之中的有机融合，所以度的思维大于理性。换言之，度需要理性，但它更是某种综合起来的能力。另一方面，度具有某种不可预见性和不可规定性，因而它主要不是关于世界的逻辑图景，而是由许许多多的人生际遇或生活境遇组成的领悟。李泽厚并不否认度的恒动性、含混性和张力性，恰是这些性质才表明度虽然由很多能力（理性、情感等）构成，但是度都要高于或者大于某一特定的能力，这是人的境遇化生存通向境域领

[①] 李泽厚. 哲学纲要 [M]. 北京：中华书局，2015：60.
[②] 李泽厚. 哲学纲要 [M]. 北京：中华书局，2015：61.

悟的宝贵能力和重要方法。李泽厚先生引太极图为例说:"你看见那《周易》阴阳图的中线吗? 那是曲线而非直线,这即是'度'的图像化。它不仅表明阴阳未可截然二分,表明二者相互依靠、相互补足,而且也表明这二者总是在变动不居的行程中。"① 度的图像化之易学启示在于,应该有一种符号,它能模拟和刻画宇宙运动变化的节奏或节拍,它或隐或现,能阴能阳,既能代表人生境遇,又能象征"无极而太极"的神秘境域。那么,这大概是伏羲画卦的可能性的一种解释,也是关于"度"的神秘性的解释,"我们所能经验到的最美的事物就是神秘,它是所有真实的艺术和科学的源泉,历史本体便建立在这个动态的永不停顿地前行着的'度'的实现中。它是'以美启真'的'神秘'的人类学的生命力量,也是'天人合一'新解释的奥秘所在"②。人为什么能想象出继而创造出符示神秘的符号呢? 关键在于人类自身便是符号,他既在符示神秘的运动之中,又在创造符示神秘的符号,人在神秘之中不断面对神秘、解释神秘从而生成意义。实际上,神秘只是在喻示人的生活处境的根部,即形而上学的境域。在易学中,阴阳爻、六十四卦、太极图、八卦图、卦气图等象数符号是最能表达这个意味的,如果只是把这些符号看作世俗预测的工具,那就看低了它,没有发觉它内在的德性价值;如果把它看作宗教符号,又不免生出一些远离生活世界的隔离感,误解了某些崇高的意义。但是它确是算命预测的工具,也确是宗教活动的标志物,如道教。在本书的论域之中,大体上说,这些象数符号既在生活之中,又暗示世界之外,它的确能扮演各种角色,但它的主要功能是比附道德生活以及刻画形而上学的境域和境界。说到底,象数符号具有符号学中的类比逻辑和意义多值的作用,这使得它自身"神秘"地把"一"和"多"统一起来,这既是关于世界的本体的逻辑图景(含有逻辑性但大于逻辑性),又是面向道德生活的象征物(具多值性),"在《周易》中,同一个符号能指由于类比关系可以有多个所指,这便形成了符号意义多指。《说卦》中每一经卦卦象都可以指向多种对象,或者说,有多种对象与之'等值'⋯⋯在认知过程中,同一事物的类比特征可

---

① 李泽厚. 哲学纲要 [M]. 北京:中华书局,2015:175.
② 李泽厚. 哲学纲要 [M]. 北京:中华书局,2015:174.

以表现在多个方面,将符号本身的意义作为源域,阐释出的意义便是靶域"①。借用符号学的术语,境域类同于源域,境遇则类同于靶域,但境域和境遇并非一一对应的关系,而是相互缠绕的多向联接关系。

　　从意向结构来分析,设卦观象或观象系辞的象数符号与人的意向结构有关,按照现象学的观点,"现象最基本的性质就是:通过某种显现的东西显示某种不显现的东西,通过自身显示来指涉不显示自身的某物"②。显现和不显现可以理解为境遇和境域的关系,也可以理解为无极太极(反过来说是太极无极)、理之动静、阴阳转换、五行流布等的变化形式。当然,这只是在中国传统文化的视角下看现象学的显现之物,只不过显现和不显现的关系在西方语境中是不曾脱离某种柏拉图的哲学理想的。西方哲学基本上把显现之物和不显现之物看作两个不同的东西,不管哲学家的理论和观点有多么不一样,但究其根本是柏拉图问题,故有怀特海的名言西方哲学史是柏拉图的注脚之说。柏拉图的问题是两个世界的问题,一个是自然的世界,另一个是理念的世界,理念的世界是根本、是形式,现实世界是摹本、是影子。中国哲学基本上不脱离"合",也就是天人合一的思路,两个其实是一个东西。张载说:"地所以两,分刚柔男女而效之,法也;天所以参,一太极两仪而象之,性也。一物两体,气也;一故神,两在故不测。两故化,推行于一。此天之所以参也。"③ 天地、刚柔、男女、两仪、阴阳,看上去是两个,其实是一个,分开为二是"法",合二为一是"性"。按张载的观点,"法"与"性"也是可二可一的,任何东西都是可二可一的。从一的角度看是"神",从二的角度看是"化",这就是参究天人的秘密。朱熹的哲学体系以《周易本义》的象数易学思想作为形而上学的基础,以这种双向互释的方法解决了儒家哲学的诸多问题,这是对待如上"一""二"辩证的重要方法。在张载看来,所有的"二"都是"一"或通向"一","一"有多种名称,可以是道、太极、《易纬》的太易等,张载称为"太和":"太和所谓道,中涵浮沉、升降、动

---

① 苏智. 周易的符号学研究 [M]. 成都:四川大学出版社,2018:147.
② 洪汉鼎. 现象学十四讲 [M]. 北京:人民出版社,2008:40.
③ 张载. 张载集 [M]. 北京:中华书局,1978:10.

静相感之性，是生相荡、胜负、屈伸之始。"①

　　人的意向结构只是一个"一"，但它能够作为"二"来承担这种显现和不显现之间的象征和转换，与其说圣人设卦观象是模拟生活世界，不如说圣人仰观俯察得来的象数符号是在模拟圣人自身的结构，是在模拟意向结构本身。如前所述，这种模拟是一也是二，只在于"观"的角度的不同而已。所以，作为人的创造物，同时也是作为人的意向结构的置换物，它把这种功能承担下来，以人作为能指，那么，借助于象数符号的所指便是世界之网上的一个个点，意义是从这一个个点出发来联系世界的。人在解释世界的同时，也就是在解释自身；人在解释现象时，也就是在解释不显现者；人在生活境遇之中于万千烦恼之中"沉沦"时，也就是处在把人和境域世界联系起来的契机。海德格尔（Martin Heidegger）的"沉沦"的概念与人的被抛状态有关，因为此在始终在向死而在的过程中"跳开"自身，它与言谈、好奇、两可有关，更与"抛"有某种直接关系，"被抛入世界的存在的这个抛，首先并不被此在本真地捕捉住，在这一抛之中的'动荡'并不因为此在如今'在此'就已经'停驻'。此在在被抛境况中被裹挟；亦即：此在作为被抛入世界的东西在实际的被指派到有待操劳之事的情况中把自己失落于'世界'。构成了被裹挟状态的生存论意义的当前从来不能从自己获得另一种绽出的视野，除非它下了决心从其失落状态被收回，以便作为有所居持的当下即是来开展当下的处境，并从而一道开展向死存在的原始的'极限处境'"②。海德格尔将胡塞尔（Edmund Hussert）的本体现象学转换为他所用的关于现象学的存在本体，其方法仍未脱离意向结构。与胡塞尔相比，海德格尔更接近中国哲学的立场，这里所谓本真与非本真状态可以类比境域和境遇的不同。抛，是在境域和境遇之间的一个动作，此在如果停留在境遇之中，甚至沉沦于此，那么他的存在就不在本真状态之中，更难以理解"抛"的意义。抛联系境遇的动荡，可类比张载所谓有气变之"两"，抛也指向境域之明澈，相当于张载之"太和"，失落于世界并非世界的失落，是被裹挟的此在的沉沦，同时，与此在亲

---

① 张载. 张载集 [M]. 北京：中华书局，1978：7.
② 海德格尔. 存在与时间 [M]. 陈嘉映，王庆节，译. 北京：生活·读书·新知三联书店，2006：397.

16

<<< 第一章　象数易学的原伦理意蕴

密相关的存在也被遮蔽了。失落,并非分离,真实之世界就在此在之处,是一种"如在",即好像在又好像不在,因而是一种非本真态。本真状态的存在也是"如在",好像在又好像不在,但其与前者有天壤之别,前者尚待领悟,因而他自始至终在时间之中,后者是一种领悟状态,此在的时间不是线性时间,而是被领悟着的存在（sein）的境域。抛相对"收回",收回这个动作类似于复卦一阳复始,但如果把初爻之阳理解为某种开始,则是在时间之中,如果领会到此在于"在此"之处回复到境域之中,那么初爻之阳是一种提示：此在应该在境遇的每一个当下收回自身以便领悟境域。这个领会是生死之间的逼问,因此是极限处境。

可以用《周易》的基本象数符号阴阳爻来解释,阴阳爻互相成就、互相转换,孤阴不生,独阳不长。阴爻是阳的缺失,阳爻有待阴的证成。《周易》是"贵阳"的,"须知《周易》首乾,说出元之亨,而用九一节专说元亨,又说群龙,后面《小象》又说乾元用九,至于坤卦只说利永贞,便见《周易》贵阳之义"①。清代易学家胡煦持《周易》尊贵阳的观点,并以此为基础形成了他兼容象数和义理的易学体系。阳,被视作境域的指引或者象征境域的太极之理,如前述复卦初阳,是一种提示。如果此在分离阴阳,或者是执着于阴而不见阳,那么他就是沉沦的非本真态,同样,执着于阳而无视阴也如此。在这里,尊贵阳非贬低阴,贵阳是纯粹的面向指引,接受指引,阳只是具有德性化解释的趋向。回到意向结构,阳的指引就是"面对事物本身",就是回到阴阳相合而又有所"超越"（儒家的内在超越）的现象,不是探寻传统哲学家在现象中的本质,而是努力在生活中做一种本质的直观,直至回到素朴、原始而鲜活的生活世界。

阴阳爻也是一种"度"的哲学,阴阳爻构成的符号世界包括八卦、六十四卦乃至以汉代易学家焦延寿为代表的四千零九十六卦,不管多么繁复,始终要回复阳所指引的境域之中,这是作为"度"的原则性。"度"的超越性在于阴阳爻在指示创造阴阳爻的人用行动去面对未知的神秘,不管这个行动被理解为一般行为还是本源性的实践概念。"'实践'作为人类生存—存在的

---

① 胡煦. 周易函书 [M]. 北京：中华书局, 2008: 890.

17

本体，就落实在'度'上。'度'隐藏在技艺中、生活中。它不是理性的逻辑（归纳、演绎）所能推出的，因为它首先不是思维而是行动。"① 所以，阳的指引意味着人应该首先行动起来，在行动中感受境遇的道德意味和伦理困境，而这恰恰是阴阳相合下的实际生活。同时，虽有阴阳相合而又希望有所超越的阳在反复提醒人、牵引人进入体会境域的途径和通道。

第二节 设卦观象与观象系辞

按照李泽厚先生的理解，"度"是本体论的第一范畴，"'度'并不存在于任何对象中，也不存在于意识中，而首先是出现在人类的生产——生活活动中，即实践——实用中。"② 这是说，不是别的什么抽象的空洞的概念成为本体论的首要，如"有"、"无"、"存有"、质和量、形式等，而是让事物从遮蔽中涌出，达到合目的性与合规律性的"度"才是人类学历史本体论的首要范畴。落实在经验中，度就是掌握分寸、恰到好处，特别是在道德生活领域具有重要价值。如前所述，度从两个向度规定自身的内涵，一个是经验层面的原则和规则体系，另一个是先验层面的以"神秘"为名的某些不可限定性和超越性。而这两个层面的东西都有一个前提才能被认识，那就是实践——实用的行动，又被冠之以实用理性的概念来说明。我们认为，阴阳爻的运动不仅很贴近这个"度"的运思，呼唤人们用实际行动把境遇和境域联系起来，还在观念形态上对先验和经验进行了整合。阴阳爻经过"太极生两仪"的生成过程，才有了八卦、六十四卦等对世界进行类比的系统，宋代易学家邵康节更是在此基础上发掘了"加一倍法"的解释方法。正如阴阳爻本身承载了经验的比附和先验的象征，卦爻体系也全部承继了基础象数符号的功能和作用，并且随着易学的发展，进一步丰富了象数体系的表达。如果要从经验领域分析设卦观象，人们会发现《易经》系统存在着先验之维度，这个先验其实可以说是对人的意向结构的分析和解释，是对原伦理生活的境域

---

① 李泽厚. 哲学纲要 [M]. 北京：中华书局，2015：175.
② 李泽厚. 哲学纲要 [M]. 北京：中华书局，2015：170.

和境遇之关系的领悟。观象系辞和设卦观象的活动具有本体的先在和原始性，圣人创造的象数符号及其体系在以下三方面具有先验的原伦理意蕴：认识上的二阶性、结构上的先天关联性和发生上的构造能力。① 那么我们先从设卦观象进行分析，以期经由经验的绾合，发现某些先验之物，由此对人自身的意向活动和意向结构有所体悟。象数符号在其运动中总有符显对象（不仅包含实项内容还包含意向内容），它把经验和先验联系起来，是一体两面的符号。从源发的伦理境域来说，可从"古者伏羲之王天下"一段进行分析，以进一步明晓设卦、观象以及系辞的关系，包括"观"和"象"的独特意义。②

《系辞·下》伏羲观象一节说："古者包牺氏之王天下也，仰则观象于天，俯则观法于地，观鸟兽之文，与地之宜，近取诸身，远取诸物，于是始作八卦，以通神明之德，以类万物之情。作结绳而为网罟，以佃以渔，盖取诸离。包牺氏没，神农氏作，斫木为耜，揉木为耒，耒耨之利，以教天下，盖取诸益。日中为市，致天下之民，聚天下之货，交易而退，各得其所，盖取诸噬嗑。神农氏没，黄帝、尧、舜氏作，通其变，使民不倦，神而化之，使民宜之。《易》穷则变，变则通，通则久。是以自天祐之，吉无不利。黄帝、尧、舜垂衣裳而天下治，盖取诸乾坤。刳木为舟，剡木为楫，舟楫之利，以济不通，致远以利天下，盖取诸涣。服牛乘马，引重致远，以利天下，盖取诸随。重门击柝，以待暴客，盖取诸豫。断木为杵，掘地为臼，臼杵之利，万民以济，盖取诸小过。弦木为弧，剡木为矢，弧矢之利，以威天下，盖取诸睽。上古穴居而野处，后世圣人易之以宫室，上栋下宇，以待风雨，盖取诸大壮。古之葬者，厚衣之以薪，葬之中野，不封不树，丧期无数，后世圣人易之以棺椁，盖取诸大过。上古结绳而治，后世圣人易之以书契，百官以治，万民以察，盖取诸夬。"③

这一段文字首先提示了设卦和观象的关系。从文意来看，似乎有两个相反的逻辑：一是卦爻符号来自圣人（人类的代表）的仰观俯察，根据天文和

---

① 据笔者观察，首先对《易经》进行现象学考察的比较系统的论文是中山大学方向红教授，本节对方向红的观点进行了选择性的采用。相关论述参见：方向红. 先验《易经》引论：对《易经》的现象学考察［J］. 周易研究，2021（3）：31-44.
② 后文中出现的卦名，如非强调，一般不加书名号。
③ 廖名春.《周易》经传十五讲［M］. 北京：北京大学出版社，2004：357.

地理、飞禽和走兽、己身和外物的规律来获得作八卦的思路。这明显是从经验历史的角度看，所谓"以类万物之情"就是根据万物的事实来创制卦爻。卦爻既是从生活世界来，那么根据万物的规律就可以创制新的事物，其方法经由象数符号的启示方有"离卦—网罟""益卦—耒耨""噬嗑卦—市集"等"十二盖取"的对应关系。因而设卦观象的"设卦"的意义是从"观象"而起，设卦来自天地诸象，亦通过新事物的创造回到天地之中。另一层的意思则是，设卦"以通神明之德"，所谓"神明之德"尽管具有某些原始的宗教意义，但仍然可以体悟到人类思维存在的先验逻辑。"文中（指《系辞》，引者注）所言'制器'典故，虽未必出自'卦象'，但可借以窥探远古时代人们的田渔舟车、衣食住行等方面的劳作生活情状。"[1] 田渔舟车、衣食住行怎么从卦象之中来呢？除了前文第一个层次的解释，还有一种可能就是，象数符号并不是对于天地法象的模拟，毋宁说几个重要的自然之象，如天地日月等，连同象数符号都是对"神明之德"的延展或者说模拟。天地和象数虽有区别，但并非泾渭分明，它们在源发境域上是统一的。天地是一种现象延展，而象数是一种本质模拟，天地和象数都具有被赋予性，天地与象数都具有一种同构的相互作用。因而，田渔舟车、衣食住行便和卦象在同构的意义上联系起来。象数符号更像是某种形式的"立义"（auffassung）活动，而天地日月则是对这种立义的内容填充。"'立义'这个概念所要表明的是通过反思所把握到的一种意识功能的绝对的'原初性'和'无前设性'。"[2] 在胡塞尔现象学这个意义上，设卦和观象都可以被统一进意向结构之中，其目的在于现象学还原，使人在直观的意识中了悟某种本质的先验性，因此设卦和观象都是对"原初性"和"无前设性"的表征。换言之，设卦和观象就是某种源发性的活动，是对自身绝对被给予性的领悟，这是其他一切活动的前提和基础。对于设卦和观象之间的关系，可以通过经验和先验的层次理解，二者也不是隔绝的，它们在生活世界中可以融通。我们把"十二盖取"按照卦爻与事物的对应关系进行分类，以此进一步明确象数符号表征先验逻辑的作用以及经验活动的出场境遇。

---

[1] 黄寿祺，张善文. 周易译注 [M]. 上海：上海古籍出版社，1989：579.
[2] 倪梁康. 胡塞尔现象学概念通释 [M]. 增补版. 北京：商务印书馆，2016：65.

第一类是象其形，性在其中。离卦与网格相似，可用于佃渔行为。豫卦上震下坤，"由于上震倒视为'艮'，其下文又有'互艮'，艮为'门阙''多节之木''手指'之象，犹如设'重门'而手持双木互击"①，故有重门击柝（夜巡木梆），豫备防盗之象。豫卦《周易集解》引郑玄注解为喜乐，这是从上下卦性而言。

第二类是象其性，形显于外。益卦上下卦巽震均为木，巽入震动，可以模拟耒耨活动的基本特征。耒耨之利，乃天下之资。随卦上兑下震，兑悦震动，服牛乘马，可以引重而致远，欣悦之象，"犹如马牛在下奔驰，乘驾者居上而欣悦，故文中推测黄帝、尧、舜取此象征以发明'服牛乘马'之事"②。小过卦上震下艮，上动下止，杵动而臼止，模拟臼杵之利。睽卦上离下兑，离性丽，附着之义；兑性缺，毁折之义。弧矢之利均与附着和毁折相联系。另外，睽卦除初爻之外其他爻均失位，"阴阳失位而至于睽矣，则猜忮乖离，固有出于情理之外，而值其世者恬不知怪也"③。失位则意味着背离，可以象征弧和矢的运动方式。

第三类是既象其形，又象其性。噬嗑卦上离下震，离为日，震为动，熙熙攘攘，为入市交易。涣卦上巽下坎，巽为木，坎为水，巽象其性，坎象其形，乃舟楫之利。大壮卦覆卦而观则为遁卦，遁卦拟象"上古穴居而野处"，上体乾为山体，下体艮为洞门。大壮上卦震动，下卦乾健，整体象征以待风雨之宫室。大过卦整体拟象担架、棺木之属。"由于大过卦有'大为过厚'的象征意义，而丧礼的制定是变简朴为繁厚，故文中（指《系辞》，引者注）推测黄帝、尧、舜取此象征创制以'棺椁'安葬的礼节。"④这意味着丧葬之礼的改变，"后世圣人易之以棺椁"。夬卦初爻至五爻均为阳爻，拟象笔之主体，而上爻为阴，拟象笔触写字。从上下卦而言，下卦乾健，为决断之速；上卦兑卦，有决断之义。故整体象征"百官以治，万民以察"的书契。

第四类是象其本体。本体是变化的源头，"通其变，使民不倦"，契入本

---

① 黄寿祺，张善文. 周易译注 [M]. 上海：上海古籍出版社，1989：577.
② 黄寿祺，张善文. 周易译注 [M]. 上海：上海古籍出版社，1989：577.
③ 王夫之. 周易外传 [M]. 北京：中华书局，1977：89.
④ 黄寿祺，张善文. 周易译注 [M]. 上海：上海古籍出版社，1989：578.

体，即可"神而化之，使民宜之"。乾坤二卦乃六十四卦之祖、世界变化之源，是对存在本身的符号模拟，象征了易道的精神："易穷则变，变则通，通则久。"这是以变的原则融通太极与阴阳、本体与现象、境域与境遇，是对世界彻上彻下的领悟，因此才能"自天祐之，吉无不利"。这里的"天"，既非形，亦非性，但又内在地涵括了本体之形和性。黄帝、尧、舜能对其深入契会，达到最高之太和境界，天下也就"垂衣裳而治"了。

以上通过对"十二盖取"拟象和象征的分类，我们发现符号和事物基本上可以处于一一对应的关系之中。所谓"象"，也不仅仅是事物形象。应该说，这是世界之象的层级结构。从最为直接的物象感知（离卦、豫卦），到对事物本质的模拟（益卦、随卦、小过卦、睽卦、噬嗑卦、涣卦、大壮卦、夬卦），再到对于本体的体验（乾卦、坤卦）。在这个层级结构中，对世界的"观"因意识定点的不同而具有动态层次和结构性，而这种结构性是通过亚里士多德所谓哲学研究的前提，即"惊叹"和"闲暇"显现的。惊叹让自我走向此在，闲暇则使人意会到从某种根源到整体的"之间"，这个"间"即"闲"。"间""闲"在空闲、闲暇的意义上是相通的。① 惊叹的情意和作为前提条件的闲暇在"观"的活动之中逐步展开。观的甲骨文为雚的雏形，"雚"可解释为瞪着眼睛的猫头鹰②，《说文解字》对雚的形近字"萑"解释为类似鸱鹠的鸟，"观"至金文才开始加"见"的意符，表示谛视，即审视。见是观的金文意符，从形状上看，为一个人低头注视，并有见面的引申义。从词源学的角度来看，"观"至少有两种含义：一是通过看到瞪眼的猫头鹰，表示惊讶、惊叹的意思；二是通过观察，希望观察的效果能够达到"象"猫头鹰一般的谛视。这有点类似于弗雷泽（James J. Frazer）在《金枝》中所说的顺势巫术和模拟巫术。大体说来，原始巫术赖以建立的思想原则是：第一，"同类相生"的逻辑或果必同因的信念；第二，物体一经互相接触，在中断实体接触之后还会继续远距离地互相作用。这种关于人或物之间存在着超距离的交感作用的信念就是巫术的本质，巫术的首要原则就是相信心灵感应。弗雷泽举了大量例子说明巫术的原则，比如，求雨、篝火节、树神崇拜等，他还

---

① 李格非. 汉语大字典 [M]. 简编本. 武汉：湖北辞书出版社，1996：1932.
② 赵诚. 甲骨文行为动词探索：一 [J]. 殷都学刊，1987（3）：7—17.

提到所谓的吃神，把食物做成神的样子吃下去可以获得神的灵性；还有杀谷精，目的是防止谷精变老，趁谷精健壮的时候把谷精转移到年轻力壮的继承者身上。诸如此类，都是巫术的基本思想结构。弗雷泽提到中国人"同类相生"的原理，其内容包含了地方风俗、传统风水等①，这些描述的内容含有《周易》的丰富的思想原则。虽然《周易》本身不是巫术，但它具有巫术的一些重要元素，在现实生活中也经常和巫术相关联。观象系辞的观和象具有上述巫术的一些思维特征。

"观"的引申义有多个，其中有"观赏""情景""认识""游玩""众多"等意义。② 其中，"观赏"和"游玩"等意义是需要闲暇时间的，惊讶和闲暇于是牵引出了存在，人们在直观的当下中领悟到"存在不是一个事物，也不在时间中存在。可是，存在仍然通过时间因素而被规定为在场，被规定为当前"③。可见古人基本上用惊叹来理解观，对观的造字可见有面对面注视并被吸引惊叹其如此的含义，还可以从中悟到一些什么。而"象"亦在两个不同的维度上进行符显。一是像其"能"，类似于亚里士多德的质料，在象数符号上是用阴爻比拟的；二是像其"式"，类似于亚氏的形式。"思想有动有静……这所谓思想不是历程而是所思的结构。"④ 这所思的结构就是形式，是一物之所以是一物的根据，在象数符号上用阳爻比拟。观和象有相合的一面，但也处于相对对立的地位，具有相对独立的意义。其中，观是行为，象是结果，象是对于观的观念形态，观是对于象的意向把握，因而以设卦观象的"象—观"出之。换个角度，将观作为源出发点，便是以观象系辞的"观—象"出之。仔细分辨，还可以分出象数符号对于事物之"势"的模拟。分析设卦观象之后，我们再看观象系辞，由此进一步明确语言在境域领悟中的作用。

通过《易传》的解释可知，观象系辞是两个过程：一是设卦观象，二是系辞明吉凶。这两个过程从经验的角度看存在时间的先后，先是设卦观象，

---

① 弗雷泽. 金枝：上 [M]. 汪培基, 徐育新, 张泽石, 译. 北京：商务印书馆, 2016：66.
② 李格非. 汉语大字典 [M]. 简编本. 武汉：湖北辞书出版社, 1996：1664.
③ 海德格尔. 面向思的事情 [M]. 北京：商务印书馆, 2014：6.
④ 金岳霖. 论道 [M]. 北京：商务印书馆, 2015：2.

然后辞有所系，吉凶因此而明。也可以说，有了卦和卦象，用以明吉凶的辞才有着落。从《易传》的表述看，系辞明吉凶似乎是目的。为达此目的，可以是设卦观象，可以是占卜程式，还可以是其他方技禨祥。也就是说，明吉凶的可能性有多种，需要加上言辞共同来明吉凶的可能性也有多种。"中国古代的占卜虽然头绪纷乱，但可大致为三个系统。一个系统是与天文历算有关的星占、式占等术，一个系统是与'动物之灵'或'植物之灵'崇拜有关的龟卜、筮占，一个系统是与人体生理、心理、疾病、鬼怪有关的占梦、厌劾、祠禳等术。"① 如此之多的占卜除了和明吉凶有关，它还关涉古人对于沟通天人、神道设教的需求。从哲学的角度看，它不啻一种世界观和方法论。可见，"系辞明吉凶"可由多种方法达到，而"设卦观象"是可以导致"系辞明吉凶"的。可以说，系辞明吉凶是设卦观象的伴生结果。有了卦和卦象，用以明吉凶的辞才有意义，但这并不意味着两者具有必然的联系。换句话说，设卦观象可以联系系辞明吉凶进入经验层面，也可以"符显"某种先验逻辑，从而具有独立的意义，即系辞明吉凶的意义是从设卦观象这个活动来的。

　　义理易学并非不揭示象数符号的先在性，但它更注重系辞明吉凶所引发的社会人伦方面的思考。通过拔高经验上的因果关系所具有的意义，其研学旨趣和学理进路在于赋予设卦观象和吉凶经验在德性上的关联。而象数易学固然可以落地在人生价值、伦理轨范的探讨上，但它更加关注抽象的象数运动，试图找到具体的"合理"的形式结构，这不得不给象数易学打上先验的烙印。由于设卦观象和系辞明吉凶二者在逻辑上并无固定的关系，这使得象数易学在先验逻辑和经验知识的联结上具有或然性。然而，先验和经验一旦产生联系，事物就在本质和现象的层面上有机地交融起来。通过漫长历史的累积和人类文化的积淀，形成了李泽厚先生所谓的人们心理之中的情理结构："这是由历史建成的理性，由经验变成的先验，由心理形成的本体。它超越任何个体或群体，代表的是人类总体（过去、现在和未来），从而具有神圣性或宗教性、绝对性。"② 这段话可以从两个向度展开，从经验的层面上看，所谓理性、先验、本体，不过是人类长久经验的产物，其所赋予的神圣性、宗教

---

① 李零. 中国方术考[M]. 修订本. 北京：东方出版社，2001：88.
② 李泽厚. 哲学纲要[M]. 北京：中华书局，2015：83.

性、绝对性，无非是人类情理结构的功能；从知识或者说认识的动态层级结构上看，确有一些事物不能简单归之于经验，如数学，它虽然来自经验，也可以运用于经验，但其本身不是经验知识，它自成体系，是某种先天之物。张载说："气之聚散于太虚，犹冰凝释于水，知太虚即气，则无无。"① 就像冰和水之间，是通过凝释而互成的，不能因为水释之于冰而认为水即冰。

因而，观象系辞主要可以从两方面进行解读：一是通过先验逻辑的角度看待设卦观象，二是通过经验占断的角度看待系辞明断。系辞明断，虽然强调吉凶的重要性，但吉凶不外乎万物之理、人伦之理，因而它必然指向价值规范、伦理。明断之"明"不仅是对道理之明，还是对之所以明的反思，即对自身思维方式之明。一旦主体意识到这一点，经验的内容便开始呈现出某种形式结构和形式之思。在先验之维的指引下，以阴阳爻为基础的象数符号只不过模拟了其对象之物的构建和运动。"无论是与经验的自我的关系，还是与一个实在世界的关系，需要明察到，真正有意义的问题是认识的最终意义给予问题，以及一般对象性问题，一般对象性本身只是它之所是，只存在于它与可能认识的相互关系中。"② 胡塞尔所谓"认识的最终意义给予问题"是指通过本质还原和先验还原的方法达到让先天之物呈现的目的，"一般对象性问题"是意向结构中被意向物的意向状态和先天关联性之间的关系。系辞明断和设卦观象虽不具有必然的联系，但可以在经验和先验的视角转换中经由思维方式的关联而联系起来。这种联系内在地包含着智识和德性。成中英认为，《周易》能够崇德广业，有两个含义："一是知的含义，从思考《易经》卦辞所包含的宇宙变化中获取通变的智慧，以用于对万事万物的理解；二是德的含义，从反思易象所包含的价值中获取德性的义理，以用于做人处世的行为。"③ 一般地说，我们可以这样理解：第一，《易经》的卦辞通向经验生活，可以在万事万物之变中理解此"变"，即可以让人通变，但这种通变的智慧应该不能离开象数而存在，否则易道将与儒释道三家没有区别。第二，从对易象的反思中，我们能够得到德性的义理，此义理虽从经验中来，但不外乎经

---

① 张载. 张载集 [M]. 北京：中华书局，1978：8.
② 胡塞尔. 现象学的观念 [M]. 倪梁康，译. 北京：商务印书馆，2016：81.
③ 成中英. 易学本体论 [M]. 北京：北京大学出版社，2006：242.

验生活和先验结构的某种同一性。这种同一性至少有两个层次的逻辑：一方面，借用海德格尔哲学的语言，这是一种对于"思—在"或者"在—思"的境域的体会，本体即在"此在"之中，但需要通过此在的谋划来展开。另一方面，先验形式沟通到经验层次，需要语言的辅助，因而象数符号借助卦辞语言才能更好地表达事实与价值的区别和统一，在意向结构的立义与填充（本质直观与本质还原的过程）中获取德性之义理的确立，以之为生活世界的标准，并将行为贯彻到做人处世之中。

第三节　象数符号和德性义理

乾坤两卦，在卦象上无非就是三横三断，但这三横三断有莫大的意义。乾之三横（三个阳爻）代表的是乾阳创化的精神，如果没有坤阴三断（三个阴爻）与之相合，则乾卦终究会成为不可思议之物；同理，坤阴需要乾元的"形式因"（借用亚里士多德概念）才能成物，否则其材质将会成为无生命力的死物，终日无光。这三阳三阴交合，幻化出无数阴阳搭配和组合，可"八卦"，可"六十四卦"，可"四千零九十六卦"等。它们再繁杂，象征世上之物再多，无非也就是乾坤相生相合之精神。比较西方哲学，这一阴一阳、一乾一坤的象数符号确实能胜过千言万语，达到言简意赅、大道至简的效果。西方哲学为什么喋喋不休？因为哲学家除了解释他所建构的形而上学之存在，他还要解释构建这个存在的语言。哲学家基本上对语言本身抱有相当的怀疑，因为研究语言的还是语言，人类并没有另外一套更"优质"的语言系统。西方语言哲学发达不是没有原因的，这是西方哲学的宿命，也与中国哲学在哲学这个独特视域下存在不同之处。海德格尔不惜创造生词出来，绝不是心血来潮，"如果这存在论的局面发生了转变，人不再被看作独立的主体，而是那只在缘构成中获得自身的缘在，语言的地位就大不一样了。语言恰恰是这缘在得到自身存在的缘（Da）"[1]。把语言看作此在存在之"缘"，是一个重大

---

[1] 张祥龙. 海德格尔传[M]. 北京：商务印书馆，2007：278.

的视角转换，语言必须在形而上学中才能获得自己的地位。

海德格尔被诟病没有伦理学的根本原因在于他是在反抗传统形而上学，因而规范伦理学的价值基础是可疑的。但是，海氏所做的努力其实是在构建一种本体伦理学，他在生死"之间"逼问自由和必然，这是一种本体架构，在方法上与本书所述通过沟通境遇和境域"之间"来获得原伦理学类似。阴阳爻获得了表达道德思想的地位之后，象数体系就能比附任何一种伦理价值和道德生活，这可以在本书后述象数易学伦理思想史中看到。

如果转换成胡塞尔的现象学的视角，易象符号能包含价值（牵涉经验生活世界的价值），是因为价值具有像逻辑学一样的"形式"。通过分析这种先天之物，把握其内部规则和生成价值内容的诸原则，我们就能获得关于价值的绝对观念。"在伦理学领域，在理性实践领域也有像分析学、形式实践学（praktik）一类的东西，也有一系列的原则和规则，这些原则和规则脱离实践的质料（materie），表述纯形式的合规则性，这类似于形式—逻辑的规则在认识方面所做的那样，脱离认识的所谓质料。"[①] 众所周知，胡塞尔将伦理学分为"形式伦理学"和"质料伦理学"。质料伦理学关涉善和善的谱系的知识，可用于个体和社会的道德实践；形式伦理学则包括形式实践学和形式价值论，这显然是一种先验知识。他说："形式价值论和形式实践学，是一种头等的、非常重要的阶段，显然，在伦理学这个学科本身的次序中，又是列为第一位。更高的阶段是系统地突出全部质料上的先验。"[②] 在伦理学的论域中，如果要把现象学的方法用于分析象数易学，那么可以做一个简单的类比，系辞明断主要牵涉现实生活中的道德原则和道德规则，而设卦观象则是为了呈现一种源发价值的纯粹形式。那么，符号的意义何在？象数符号在设卦、观象、系辞、明断的过程中牵引出意义来，以象数符号运动为中介，产生了人与世界接触和融通的方法，它揭示了自然运动和心灵运动及其关系，是对本体世界的把握和对道德生活的涵摄。

---

① 胡塞尔. 伦理学与价值论的基本问题 [M]. 艾四林，安仕侗，译. 北京：中国城市出版社，2002：44.
② 胡塞尔. 伦理学与价值论的基本问题 [M]. 艾四林，安仕侗，译. 北京：中国城市出版社，2002：182.

在系辞明断中，象数符号虽然作为所系之辞的来源和依据，但并不要求言辞对自身做出解释，解释只是一种附带行为，重要的是需要通过言辞"说出"符号所指向的意义或意向结构。所以我们往往发现文辞一旦丰富且自成体系，它便越来越脱离符号而去圆成义理的世界，于是，对于一件事情的应不应该我们有了新的标准，即从"理"或者说从"心"出发进行评判，而暂时把象数占验系统放下来。《左传》有两个典型的例子，一是《左传·襄公九年》记载的"穆姜薨于东宫"一事①，二是《左传·昭公十二年》记载的"南蒯之将叛也"一事。② 此二事之内容后文详述。可见符号与能够符示的对象物产生联系和联系的程度与主体的理解有关，符号的意向结构和理解行为是一种可能被领悟的关系。需要注意的是，对于易符号的运动和其本身存在的意义对于主体有一个基本的要求，那就是"理解"这个行动"不属于主体的行为方式，而是此在本身的存在方式"③。由主体到"此在"的转换，是一个着眼点的问题，是对理解方式的理解，是对领悟方式的领悟，更是一种提升和融合的方法。这种方法对于处理象数易学的境域问题、由象数符号引出的关于生存论的解释学的观点十分重要。

就符号和言辞共同指向了德性义理来说，这也许表达了一种先验德性的存在。但必须指出的是，象数符号在意向活动中本身并不和意向物直接相关，它只是引起了思维，或者是对于思维活动的直接描摹，但它和意向结构的关系应该被视为一种先在的认识，"直观地直接把握和获得思维就已经是一种认识，诸思维（cogitationes）是最初的绝对被给予性"④。易学符号的绝对被给予性可以在两个层面上展开来说：一是在原初的体验之中，无论是意识的实项内容还是意向内容都是易学象数符号的符显，或者说所指。象数符号一旦显现，则必有意向结构出现。二是尽管我们可以设想没有所指的能值，一个卦爻的出现仍然具有意义，因为它沟通了存在论中的有和无。它要么指示了无向有的转换，要么展示了无的无性，即无本身的意义。"只有当我们面对了

---

① 陈戍国. 春秋左传校注［M］. 长沙：岳麓书社，2006：568.
② 陈戍国. 春秋左传校注［M］. 长沙：岳麓书社，2006：924.
③ 伽达默尔. 真理与方法：上［M］. 洪汉鼎，译. 上海：上海译文出版社，1999：6.
④ 胡塞尔. 现象学的观念［M］. 倪梁康，译. 北京：商务印书馆，2016：5.

'无'的问题，我们才上升到'存在'这一问题本身。"① 追问一种绝对被给予性，就是在追问"有—无"或者"无—有"的存在结构，同时亦是在追问表达这一思想的符号何以可能。

作为存在之维的易学象数符号，因其自身具有系统和结构而展现出直观、有机、美感的特性，比如，六十四卦、八卦、十二消息卦、孟喜卦气图等。在卦与卦之间、爻与爻之间普遍存在着"差异与同一""流动与间断""持守与跳跃""隐匿与显现"的诸多形式特征，这些特征包含了自然而然的节奏、理性的事实与价值判断以及能够源自自身的生气或动能。这样，象数符号自身可以"运动"起来，这不同于语言哲学意义上的能指，因为能指总是指向一个所指。毋宁说易学符号是"象指"或者"能象"，它并不固定，而是永远在运动之中寻找所指，探寻意义。可以说，由于象数符号的这种绝对被给予性意味着意义的起源，因而它的一个重要的功能和作用就是带领主体暂时脱离"伦理境遇"而进入"伦理境域"之中，与此同时，主体进入此在之境域。"人以其本性来说还不是'此在'。他只是有可能进入'此在'。"② 象数符号寓示着，"无"向主体敞开的可能性即是此在，这是一种本体伦理学的源发境域。"只要此在自然地与存在相关联，即既作为它之所不是者，又作为它之所是者，那么，此在便作为显然的东西发端于无。"③ 可以说，象数符号因其具有如郑玄所说"三易"（变易、不易、简易），故其本身可以在是和不是"之间"，这很好地符显了"主体—此在"既是所不是者，又是所是者的状态，同时也符号化地揭示了境域和境遇的出场，即一种源发性的伦理本体和经验性的道德生活的联系。

境域化的存在把道德困境置于自身之内。道德和价值的终极实在和真理不会是某种现成的对象，而这恰恰是概念式思维的弊端。终极存在不是名相概念所把握的对象，也不是某种类似黑格尔的精神的辩证发展和运动。从原本的意义上，它是一种包括感知和想象及其相互联系的纯粹直观。"终极并不像概念哲学家们讲的那样是最终不变的实体，而意味着发生的本源。本源是

---

① 海德格尔．存在与在［M］．王作虹，译．北京：民族出版社，2005：64.
② 海德格尔．存在与在［M］．王作虹，译．北京：民族出版社，2005：30.
③ 海德格尔．存在与在［M］．王作虹，译．北京：民族出版社，2005：164.

无论如何不会被现成化为认知对象的，而只能在直接的体验中被当场纯构成地揭示出来。"① 所谓"无论如何不会被现成化为认知对象"也就是境域的内在含义，直接的体验成为纯构成。在扬弃概念思维的基础上，道德域便是这种纯构成，它将主客观、内外路径、理性和感性、境域和境遇、无限和有限统合起来，能够避免断裂式的旧有思维导致的人的异化，转而形成道德的圆融和切身性，即切身地对氤氲太极的预持和延异，经由转识成智，达至多重意义的高度融合。

---

① 张祥龙. 海德格尔思想与中国天道［M］. 北京：生活·读书·新知三联书店，1996：8.

第二章

象数易学史的伦理思想（一）

　　易学家用象数符号"观"天下，天下之观的对象就包括了伦理活动，天下之观的内涵就在日常经验之观和本质之观的交互过程之中。就观的本身而言，纯粹自我和体验流发生在历史长河之中，设卦观象虽然具有先验逻辑，但它要落实在经验之内才能形成源发性的形式之差异。"此在"必经现实之领悟方能意识到自身的符号属性，从境遇回归境域，从而导致道德动力。

　　象数易学史虽然没有具体的伦理理论，但如前章所述，它可能涵摄所有的道德生活。象数学家在创建和组合符号的同时，也就是在丰富和完善生活世界的能指系统，而能指与所指是具有同构关系的。象数易学史从先秦开始，直至两汉三国，为第一时期。阶段划分的根据是象数符号体系的运动趋势。这一阶段的象数学由初发渐渐到壮大，到东汉成蔚然之势。其突出典型是虞翻，理由是他基于《周易》系统中言辞与象数相合的信念，创建了大量易例符号且具有机连贯的自组织能力。这一阶段是肯定阶段，是象数符号发展的必然，它在符示伦理思想时具有明显的自然主义特征。从三国末期王弼扫象起，直至两宋图书学兴起，是象数学的否定阶段，否定的不是象数本身，而是用新的形式取代旧的形式并试图在蕴含伦理思想方面有所创新。其代表人物是朱熹，朱熹的象数学有兼容并包的气象。从元明时期过渡，直至有清一代，汉学复兴，是为否定之否定阶段。这一时期，象数学的价值被重新发掘，其特征是易学家往往能从复古之中找到体大思精的途径并建成体系，人物很多，有特色的是胡煦、焦循等人。

　　本书的历史考察截止到清代。考虑到本书非专门的象数伦理思想史，故仅在此三个阶段选取重要代表进行论述。

第一节 《左传》和《国语》筮例

《左传》和《国语》所载筮例一共二十二条，这些筮例基本上都与《周易》有关。这些筮例有一爻变、数爻变、六爻不变等情况。其中，《左传》有十一条一爻变的例子，《国语》有两个三爻变的例子。《左传》和《国语》的筮例，反映了早期卜筮的程式，建立了一些被后世广为使用的易例，如互体。根据其对伦理思想的涵摄方式，笔者把这些筮例分为两类，一类是依据常例而行的筮例，另一类是不依据卜筮程式而下断辞的变例。

一、常例：以象数解说人伦事理

《左传·昭公元年》："晋侯求医于秦，秦伯使医和视之，曰：'疾不可为也，是谓：近女室，疾如蛊。'……赵孟曰：'何谓蛊？'对曰：'淫溺惑乱之所生也。'于文，皿虫为蛊，谷之飞亦为蛊，在《周易》，女惑男，风落山，谓之蛊，皆同物也。"[1] 不管《左传》的象数和《说卦》的八卦基本赋象谁早谁晚，二者一定存在某种联系。按《说卦》，巽卦为长女，艮卦为少男，卦气从初爻起，且二五相应，蛊卦二爻阳爻，五爻阴爻，属于"不正"之应，对应不正之事。巽为风，艮为山。照常理，当风行山上，所谓风落山，悖常理也。循此象数所蕴人伦事理，《左传》进而解释了"蛊"之义，此亦为蛊卦之基本义。"皿虫为蛊"，《焦氏易林》引《左传》曰："三虫为蛊，故巽为虫。"[2] 从卦象上看，艮卦近于皿之类形器，蛊卦上皿下虫，虫不得出，引申为腐坏、败坏之义。"近女室，疾如蛊"，不正即过度，故有淫溺惑乱之忧。

《左传·僖公二十五年》："秦伯师于河上，将纳王，狐偃言于晋侯曰：'求诸侯莫如勤王，诸侯信之，且大义也。继文之业，而信宣于诸侯，今为可矣。'使卜偃卜之，曰：'吉，遇黄帝战于阪泉之兆。'……公曰'筮之'。筮之，遇大有之睽，曰：'吉，遇公用享于天子之卦，战克而王飨，吉孰大焉。

---

[1] 陈戍国. 春秋左传校注 [M]. 长沙：岳麓书社，2006：808.
[2] 尚秉和. 周易尚氏学 [M]. 北京：中华书局，1980：101.

且是卦也，天为泽以当日，天子降心以逆公，不亦可乎？大有去睽而复，亦其所也。'晋侯辞秦师而下。"① 卜法与筮法各有不同，本节主要在谈筮法。这里所谓"大义"，求诸侯还是勤王，仍是要通过筮法以明。筮得大有卦，下卦"乾为天为父，上卦离为火为子，也有天子降尊以迎公的意思"②。结合变卦睽卦，上卦离卦不变，下卦乾卦变为兑卦，天变为泽，兑泽以当离日，有君臣相迎而喜悦之义，故"降心逆公"。"大有去睽而复"，亦即从睽卦视之，下卦兑卦变回乾卦，也可以作如是解。总而言之，晋文公见周襄王是百利而无一害，可以大有卦九三动爻之辞证之。在这里，筮辞和卜辞的断语是一致的，关键是筮占的象数诠解。

《左传·襄公二十五年》："棠公死，偃御武子以吊焉，见棠姜而美之……武子筮之，遇困之大过，史皆曰：'吉。'示陈文子，文子曰：'夫从风，风陨，妻不可娶也，且其繇曰：困于石，据于蒺藜，入于其宫，不见其妻，凶。困于石，往不济也，据于蒺藜，所恃伤也。入于其宫，不见其妻，凶，无所归也。'崔子曰：'嫠也何害，先夫当之矣。'遂取之。"③ 这个例子所筮二卦十分凶险，困卦除初四爻不正之应外，其余皆敌应，大过据《易传》更是有"棺椁""死"等象。"史皆曰吉"不足据。陈文子结合爻辞进行解说，其间以象数变化为基础。他所说"夫从风，风陨妻"是指下卦坎男变巽女，结合困卦和大过卦象，坎变巽，有夫死妇存，夫妻相妨之象。所谓"风陨妻"，风即是妻，凋零陨落之象。崔武子见色起意，不从卦而从欲，遂有之后棠姜私通，崔武败亡。

《左传·闵公元年》："毕万筮仕于晋，遇屯之比。辛廖占之，曰：'吉，屯固，比入，吉孰大焉。其必蕃昌。震为土，车从马，足居之，兄长之，母复之，众归之，六体不易，合而能固，安而能杀，公侯之卦也。公侯之子孙，必复其始。'"④ 屯卦变比卦象数和谐，虽然屯卦有险，但固而能守，比卦者众，但御而统之。所谓"屯固""比入"是从卦象来，亦可视为二卦之卦德。

---

① 陈戍国. 春秋左传校注 [M]. 长沙：岳麓书社，2006：240.
② 刘大钧. 周易概论 [M]. 济南：齐鲁书社，1988：115.
③ 陈戍国. 春秋左传校注 [M]. 长沙：岳麓书社，2006：676.
④ 陈戍国. 春秋左传校注 [M]. 长沙：岳麓书社，2006：152.

"震为土，车从马"，是指屯卦下卦震变为坤，木变为土，震车变为坤马，这里有车马往来、倏忽变幻之象。据《说卦》，震为足、为长子；坤为母，故足居之，兄长之，母复之。屯比外卦皆为坎，坎者众，比卦亦有众归之义，故言众归之。屯之初爻虽变，变为比卦，比卦不再有变，此之谓六体不易。屯固比入，故合而能固，安而能杀。坤安震杀，既能稳固，又能斗争，因此是公侯才具有的气象。此例纯用卦象，可见象数的基本意义。考之初变之爻，其辞曰："盘桓，利居贞，利建侯。"① 与以上解释大体不差，可见象数和占辞具有自然的联系，占辞可以从象数出，但象数不一定必由占辞而明。

《左传·庄公二十二年》："陈厉公，蔡出也。故蔡人杀五父而立之，生敬仲。其少也，周史有以周易见陈侯者，陈侯使筮之，遇观之否。曰：是谓观国之光，利用宾于王。此其代陈有国乎？不在此，其在异国；非此其身，在其子孙。光远而自他有耀者也。坤，土也。巽，风也。乾，天也。风为天于土上，山也。有山之材而照之以天光，于是乎居土上。故曰观国之光，利用宾于王。庭实旅百，奉之以玉帛，天地之美具焉，故曰利用宾于王。犹有观焉，故曰其在后乎。风行而著于土，故曰其在异国乎。若在异国，必姜姓也。姜，大岳之后也。山岳则配天，物莫能两大。陈衰，此其昌乎！及陈之初亡也，陈桓子始大于齐。其后亡也，成子得政。"② 陈厉公生敬仲时，让史官占卜了一卦，得本卦观卦变为否卦。六四爻动，观其爻辞有"观国""利宾"之谓，并断其后人于异国昌盛。所凭借者，终归象数。坤、巽、乾所象，除坤卦有一定差异之外，其余皆同于《说卦》。风行土上为山，用到了观卦三四五爻互卦艮象，因而互卦之说应该起源较早，并且《说卦》之象应该自有传承。"照之天光"是指变卦否卦，其上卦为乾天。所谓"庭实旅百"，本卦和变卦的互卦都有艮卦，艮象门庭，故有重重华门，宾客云集之象。否卦上下乾坤卦又有金玉布帛之象，故"奉之以玉帛"。至于异国他乡，后代蕃昌之类，皆出巽卦，巽风山行，巽风变乾，坤为国等象，又艮为隆起，在名山近傍，周代封姜姓在泰山之后，故而断其在齐鲁之境发迹。

《国语·晋语》："公子亲筮之，曰：尚有晋国？得贞屯悔豫，皆八也。筮

---

① 参见《周易》屯卦初九爻辞。
② 陈戌国. 春秋左传校注 [M]. 长沙：岳麓书社，2006：125-126.

史占之，皆曰：不吉，闭而不通，爻无为也。司空季子曰：吉。是在周易，皆利建侯。不有晋国，以辅王室，安能建侯？……震，雷也，车也。坎，劳也，水也，众也。主雷与车，而尚水与众。车有震，武也。众而顺，文也。文武具，厚之至也，故曰屯。其繇曰：元亨利贞，勿用有攸往，利建侯。主震雷，长也，故曰元。众而顺，嘉也，故曰亨。内有震雷，故曰利贞。车上水下，必伯。小事不济，壅也。故曰勿用有攸往。一夫之行也，众顺而有威武，故曰利建侯。坤，母也。震，长男也。母老子强，故曰豫。其繇曰：利建侯行师，居乐出威之谓也。是二者，得国之卦也。"① 晋文公亲自筮占，问前途如何。得本卦屯卦，变卦为豫卦。所谓"贞""悔"是指本卦和变卦。所谓"皆八"，从筮法上解释不通，最好存疑。② 从筮例看，说"皆八"的，都是数爻变，但也很可能是与占变之卦的动静相关。③

一般的巫史都会认为此卦不吉，其原因在于屯卦有艰难之象，其上卦坎水为险，下卦震车为行，行而有险之象，故"闭而不通"。司空季子的解释却不一样，他认为两卦都讲利建侯，应属吉利。他用象数展开说，屯卦的下卦是震卦，为雷为车，上卦为坎，为劳。又坎为水，聚众之象。据此，季子论说了不同于艰险之义的屯卦：车鸣雷动、众聚成势；车动为武、众聚为文，"文武具，厚之至也，故曰屯"。这样的解释如果单看屯卦是有问题的，联系变卦豫卦之象似能支持他的说法。豫卦下卦为坤，上卦为震，"坤，母也。震，长男也。母老子强，故曰豫。"这是从乾坤父母六子之义来谈的，人伦道德的意义应从此出。有了母老子强之象，和谐豫乐之义，再结合以上众象则"利建侯""利建侯行师"都成为题中应有之义。另外，"得国之卦"之所以"得国"，乃在于本卦变卦都曾出现的震，震为长子、为长，就有"元"的意思。据《左传·襄公九年》所述，"元，体之长"，可知震有始基、掌管的意思，加上众顺而嘉，贞固利亨，"车上水下，必伯"。这里的"伯"，刘大钧解释为"泊"，这是为解释"小事不济，壅也"的成象考虑，震车陷溺于

---

① 陈桐生，译注. 国语[M]. 北京：中华书局，2013：399-400.
② 刘大钧. 周易概论[M]. 济南：齐鲁书社，1988：126.
③ 关于"艮之八"的专论，见王化平. 艮之八、泰之八和贞屯悔豫新解[J]. 学行堂文史集刊，2012（1）：1-5.

35

水。① 笔者认为，"伯"从本义引申，"伯"即为人伦之长②，引申为执掌，有执掌之威，才能做到"一夫之行也，众顺而有威武"。综上，司空季子所言确实合乎道理，他解释的不同在于不执于一端。既不只讲卦爻辞，也不只讲象数，关键在于他把言辞和象数从伦理的层面上结合起来，得出了晋文公"居乐出威"的建国气象的结论。

《国语·周语》："成公之归也，吾闻晋之筮之也，遇乾之否。曰：配而不终，君三出焉。一既往矣，后之不知，其次必此。且吾闻成公之生也，其母梦神规其臀以墨，曰：使有晋国，三而畀之孙。故名之曰黑臀，于今再矣。襄公曰，此其孙也。而令德孝恭，非此其谁？且其梦曰：必之孙，实有晋国。其卦曰：必三取君于周。其德又可以君国，三袭焉。"③《左传》《国语》筮例中很少有直接取用数的概念的，一般所说象数主要还是意指其"象"。当然，象和数是不能彼此分离的，只不过"数"必须经由占筮程序从"象"中分析而出。这个例子的"三"，是直接源于乾变否，乾初二三爻变，是为"君三出焉"，亦即将有三个国君从宗周归国继位。"配而不终"，乾之下卦亦为乾，变否之下卦为坤。乾为天、君、父，坤为地、众、母。天变地、君变民、父变母，又否卦意味新的循环，故说配而不终。"其次必此"指公子周将为未来国君。"三而畀之孙"是梦占的内容，是成公之母生成公时在梦中与天神之约，天神允诺三传之后把君位给予成公之父的曾孙。这里的"三"，与筮占同。"三取君于周"即三次从周朝迎还国君。"三袭焉"即至三代之曾孙。况且公子周具有谦恭、孝敬的美德，意味着公子周的德行能够治理国家。

这个例子，是梦占、卦占、德占三者的紧密契合，可以说与单独易占是相得益彰的。由此例可知，《周易》象数不仅适用于本身，还适用于其他占卜之术。只不过在象数与德行的联系上显得比较松散，往往德占以某个德行表现出道德伦理的超越性和独特性。

---

① 刘大钧. 周易概论 [M]. 济南：齐鲁书社，1988：123.
② 汤可敬. 说文解字今释 [M]. 长沙：岳麓书社，1997：1068.
③ 陈桐生，译注. 国语 [M]. 北京：中华书局，2013：108.

二、变例：以道德提升际遇境界

《周易》有德占的传统大概自《左传》和《国语》筮例始，下文提到的《左传·襄公九年》和《左传·昭公十二年》的筮例是其突出代表。所谓德占，是以"占"显"德"的卜筮活动。严格说来，德占已经不是占了，它是通过占的方式使主体体悟到某种道德境界和天地境界，即以"占"来开显"不必占"。孔子和荀子分别讲述了这个道理，孔子说"（易）有古之遗言焉。予非安其用，而乐其辞"。还说："后世之士疑丘者，或以《易》乎？吾求其德而已，吾与史巫同涂而殊归者也。"还说："《易》，我复其祝卜矣，我观其德义耳也。"[①] 孔子所说"非安其用"是指他并不满足于《周易》的占卜方面，而所谓"乐其辞"则是因为卦爻辞本身就承载了一些"德位相配""德得相通"的原则以及某些因果善恶规律，"求其德""观其德"则指出他注重的是"辞"指向的"德"，即道德伦理的内容。"史巫同涂而殊归"则是指史官和巫师在最终目标上是也应该是一致的，这个目标是通过道德的方式让人从境界上得到提升。史官的作用在于通过历史规范人的言行，提炼道德原则；而巫师的意义则在于通过筮法沟通人神，领悟伦理规范。两者的目的是一致的。

荀子亦说："善为诗者不说，善为易者不占，善为礼者不相，其心用也。"[②] 荀子认为无论是"为诗""为易"还是"为礼"，都要从本心出发，从心念动机处入手，这才是根本。所谓"善为易者不占"有一个潜在的比较，即把"为易者占之"和"善为易者不占"的状态和境界做出对比。为易者当然要通过"易"的工具即占筮来达到趋吉避凶，但这在善为易者看来远远不够，应该从不占的心念道德处落实和实践，以此上升到较高的境界。孔子和荀子所说是强调德义的重要性，但若是讲德义，原儒大可脱离象数符号来讲道理。这里便滋生出一个问题：在道德面前，象数符号有没有作用，它存在的意义是什么？笔者认为，象数符号和道德所指存在一定的关系，在道德面前，占筮只是一种现实的展开活动或展开方式。它提供一种道德得以生发的

[①] 刘大钧．大易集义[M]．上海：上海古籍出版社，2002：190．
[②] 方勇，李波，译注．荀子[M]．北京：中华书局，2015：457．

条件或者说"场所"，抑或勾绾现实世界和价值世界的桥梁。《左传》中有两个筮例揭示了象数符号和道德之间的关系，下面分析《左传》中的两个例子。

《左传·襄公九年》记载"穆姜薨于东宫"一事。"穆姜薨于东宫。始往而筮之，遇艮之八。史曰：是谓艮之随。随其出也。君必速出。姜曰：亡。是于《周易》曰：随，元亨利贞，无咎。元，体之长也；亨，嘉之会也；利，义之和也；贞，事之干也。体仁足以长人，嘉德足以合礼，利物足以和义，贞固足以干事。然，故不可诬也，是以虽随无咎。今我妇人而与于乱，固在下位而有不仁，不可谓元。不靖国家，不可谓亨。作而害身，不可谓利。弃位而姣，不可谓贞。有四德者，随而无咎。我皆无之，岂随也哉？我则取恶，能无咎乎？必死于此，弗得出矣。"①

这个例子主要论述《周易》的象数、语辞和道德三者之间的关系。行为选择大体可以从三方面进行：一是根据象数符号的领悟，二是根据卦爻辞的指示，三是根据道德原则的要求。根据前两者做出选择是很自然的，这是巫史文化带给人的习性。② 第三个选择看似脱离象数符号和卦爻辞体系单独存在，其实不然。"作乱必亡"作为道德律令约束穆姜出逃，在这个道德原则对内心的规定下，卦爻辞的解释就有了德性的要求，对事情的预测也就不必拘泥于卦爻辞了。"始往而筮之"，得随卦。卜者认为"随其出也"，"其出"也就是说出奔就不会有事了。但是穆姜根据随卦的卦辞"元亨利贞，无咎"做出了德性化的解释，"元，体之长也；亨，嘉之会也；利，义之和也；贞，事之干也。体仁足以长人，嘉德足以合礼，利物足以和义，贞固足以干事"，从震兑二卦的卦象看，"此卦下震上兑，含有内动外悦，人愿随从之义"。③ 以象数为基，卦辞"元亨利贞"的解释才能落实："此谓物相随从之时，必至为亨通，利于守正，故无所咎害。"④ 可见卦爻辞的德性化解释并不是随意的，它内在即蕴含了这样解释的合理性或者合德性，正如《周易正义》所说："元亨者，于相随之世，必大得亨通。若其不大亨通，则无以相随，逆于时也。

---

① 陈戍国. 春秋左传校注 [M]. 长沙：岳麓书社，2006：568.
② 张旭. 卜筮与道德 [J]. 云梦学刊，2016 (6)：44.
③ 黄寿祺，张善文. 周易译注 [M]. 上海：上海古籍出版社，1989：152.
④ 黄寿祺，张善文. 周易译注 [M]. 上海：上海古籍出版社，1989：152.

利贞者，相随之体，须利在得正。随而不正，则邪僻之道，必须利贞也。无咎者，有此四德，乃无咎。以苟相从，涉于朋党，故必须四德乃无咎也。"①因此，穆姜并未单独有一个解释体系来讲元亨利贞，而是随卦的卦辞与行为的道德要求本来就是一致的。在元亨利贞的德性化解释的基础上，穆姜接着说："然，故不可诬也，是以虽随无咎。今我妇人而与于乱。固在下位而有不仁，不可谓元。不靖国家，不可谓亨。作而害身，不可谓利。弃位而姣，不可谓贞。有四德者，随而无咎。我皆无之，岂随也哉？我则取恶，能无咎乎？必死于此，弗得出矣。"② 穆姜认为自己德不配位，必死无疑。

这个例子虽然强调了道德原则的重要性，但并不能说明卦爻和所表达的道德之间毫无联系。我们可以先从卦爻的象数关系上看艮卦："遇艮之八。史曰：是谓艮之随。随其出也。君必速出。"艮卦的二爻变而为蛊卦，而蛊卦的综卦则为随卦。艮卦之《象传》说："艮，止也。时止则止，时行则行，动静不失其时，其道光明。"艮有抑制、制止的意思，行止有度、动静有常是基本要求。这个要求可以是人们趋吉避凶的行为选择，也可以是对于不道德的抑止。换句话说，不道德的东西在某种程度上是需要被行为扬弃的。历史上艮卦受重视、艮卦的德义内涵被不断开掘也是有原因的。艮卦《大象》说："兼山，艮。君子以思不出其位"，卦象所示的是"有所止"。作为君子，其所思所想不能超出一定的界限，"不出其位"。艮之六二说："艮其腓，不拯其随，其心不快。"抑止腿的运动，跟不上别人，心中不悦。六二顺承九三，欲跟随而上，但六二之动需应于五爻，二五不应，想动也动不了。可见，根据象数的解释，德义的内容也可以落实在象数形式上。

随卦上兑下震，根据卦德，震出而悦，也就是说，速出才能有所得。其《彖》曰："随，刚来而下柔，动而说。随，大亨，贞无咎，而天下随时。"震刚兑柔，阴阳交错，刚柔沟通，故当有所动，才能心随所愿。其《象》曰："泽中有雷，随。君子以向晦入宴息。"泽雷而随，因时而动。动静入时，方能"贞无咎"。贞固不一定亨通，但不会有错，这里讲的是道德原则。随九五爻说："孚于嘉，吉。"孚为诚信。诚信而终成善道，吉祥美好。由艮之六二

---

① 孔颖达.周易正义[M].北京：九州出版社，2004：207.
② 陈戍国.春秋左传校注[M].长沙：岳麓书社，2006：568.

的不知进退、手足无措，到随之九五的吉利，其实一直都在强调道德的底线。由艮卦变为随卦，经过了蛊卦，艮卦的二爻通过爻变成为蛊卦，蛊卦有拯弊救乱的意思。其《彖》曰："巽而止蛊。"巽者，顺也，顺于德性方能匡正时弊。其《象》曰："君子以振民育德。"作为君子，应当使人民振作，一同进德修业。九二："干母之蛊，不可贞。"九二虽不当位，但应于五爻，又处中位，须得中庸之法，行难行之事。联系穆姜，这一爻颇能表达当时心境。可见，作为人文思想核心的道德观念可以通过符号展现出来，也可以不经由符号直接按照道德的内在原则判断事物。春秋时代的占筮以卦爻辞作为占断标准，但如果言辞和道德诉求发生矛盾，则以道德原则作为断事标准，这充分说明了在动乱年代人们强烈的道德需要和对政治秩序的渴求。

还有一个例子来自《左传·昭公十二年》："南蒯之将叛也，其乡人或知之，过之而叹，且言曰：恤恤乎，湫乎，攸乎！深思而浅谋，迩身而远志，家臣而君图，有人矣哉。南蒯枚筮之，遇坤䷁之比䷇，曰：黄裳元吉。以为大吉也，示子服惠伯，曰：即欲有事，何如？惠伯曰：吾尝学此矣，忠信之事则可，不然必败。外强内温，忠也。和以率贞，信也。故曰黄裳元吉。黄，中之色也。裳，下之饰也。元，善之长也。中不忠，不得其色。下不共，不得其饰。事不善，不得其极。外内倡和为忠，率事以信为共，供养三德为善，非此三者弗当。且夫《易》，不可以占险，将何事也？且可饰乎？中美能黄，上美为元，下美则裳，参成可筮。犹有阙也，筮虽吉，未也。"① 坤䷁比䷇的"䷁"应该是具体卦画，讹为"三"。② 坤卦变为比卦，六五爻动，其卦辞"黄裳元吉"。鲁国季平子的家臣南蒯想要反叛季平子，南蒯以为大吉，就去问子服惠伯。子服惠伯却以黄裳乃中正之色，行不义之事必败来解释。并且惠伯认为卜筮之事的效用只能在符合道德的忠信范围之内，否则必然失败。这里的问题在于，如果只是凭着德义行事，那么就不必在乎结果，于是卜筮就会没有意义。如何解释这个看似矛盾的现象？首先，按德义行事固然没有错，然而人是现实的存在，他对于结果的关心显示了人的际遇的机缘性，这与德义其实并不矛盾。其次，卜筮对于结果的预测，与其说是对于结果的联

---

① 陈戍国. 春秋左传校注 [M]. 长沙：岳麓书社，2006：924.
② 陈戍国. 春秋左传校注 [M]. 长沙：岳麓书社，2006：924.

系，还不如说是通过占卜活动提升了人的道德境界。或者说通过占卜的桥梁，对境界的追求扬弃了对预测结果的关注。在这里，卜筮的一切符号化运动本身就具有把人道和天道联系起来的功能和作用。最后，不同于常例，卜筮在际遇之中对自身的扬弃可以看作对自我否定的变例，联系到卦爻辞成为一种解释张力，对于道德和境界，卜筮完成了在自身之内无法完成的任务。

这两个卜筮的著名例子，其吉凶占断虽然要依据卦爻辞，但其最终结果是对卦爻辞的德性化解释，是根据问卜者其人是否有德，或者所行之事是否合乎道义来判断吉凶。虽然这两个例子都是以卦辞断吉凶，但很明显，卦辞与象数之间须臾不可分离。重要的是，《周易》的占验系统是排斥反道德的诉求的。仍以南蒯之事为例，坤变比则上坎下坤，坎险而强、坤顺，故为"忠"，"外强内温，忠也"。比卦自坤卦来，坤六五变九五，是为变正，贞者，正也。正故能和，一阳而能领五阴，故"和以率贞，信也"。结合原卦坤卦之六五爻辞，其做德义的解释也就是很自然的事了："故曰黄裳元吉。黄，中之色也。裳，下之饰也。"中也好，下也罢，已经不是字面的意思，"中美能黄，上美为元，下美则裳，参成可筮"。这里的"美"，自然含有美善之意。如果品行有缺，则吉凶占断恰恰相反："元，善之长也。中不忠，不得其色。下不共，不得其饰。事不善，不得其极。外内倡和为忠，率事以信为共，供养三德为善，非此三者弗当。"① 一个品德有问题的人怎么能配这样的卦爻辞呢？所以"犹有阙也，筮虽吉，未也"。未也，就是不够格。此例还因此总结出一个原则："且夫《易》，不可以占险，将何事也？且可饰乎？"所谓"险"，并非事实上和被预测到的将要发生的险境，而是道德上的不义。人一旦起心动念不义，如南蒯动机不纯来预测，即为身处"险"境。

通过以上分析可以看出，只有以道德作为前提，卦爻辞和象数符号才能互相融通。因此，穆姜的选择才具有合理性与合德性，南蒯的叛乱才能在"黄裳元吉"的爻辞中产生反讽的意味。

---

① 陈戌国. 春秋左传校注 [M]. 长沙：岳麓书社，2006：924-925.

第二节 《易传》的象数奠基与伦理蕴含

自欧阳修质疑《易传》非孔子所作以来，《易传》基本上被认为是思孟学派的作品。冯友兰认为："可以证明《十翼》并不是一个人作的，也不是一个时候的作品，其时代的下限是战国末。"① 刘大钧认为："《易大传》的基本部分是战国初期至战国中期写成。"② 他强调《易传》为孔子所作，并做出详细考论的有徐芹庭，他说："《十翼》出于孔子所传，《史记》《汉书》所载，先儒所论，确乎信矣。盖《易》者言象言数，往往意在言外，当寻文以知意，究象以探情，以意逆志，故能得圣人之意于言外。欧阳修以下诸儒，其怀疑《十翼》也，多由于不通象数，不明易理而妄发谬论。"③ 在这里，笔者取刘大钧的说法，即《易传》与孔子有关系，但其基本部分大体在战国时期成书。

《易传》的内容虽然庞杂，但其主要贡献和作用是比较清楚的。它对构成《易经》的"象"和"数"做出了基本的阐述，并以哲学的语言提升到道德层面和形而上学的高度。"《易传》卦爻辞为卜筮之辞，其理论水平很低，《易传》将卦爻辞上升到阴阳高度或者切近社会人事加以诠释，并从宇宙论和社会伦理观的角度探讨《周易》的起源、性质、作用、卦序等问题，使《周易》成为具有丰富而深刻内容的著作，从而改变了《周易》的性质。"④

一、《易传》的象思维与伦理意义

《易传》谈"象"的地方比较多，例如，"在天成象，在地成形""法象莫大乎天地"；"象也者，像此者也"；"是故易者，象也。象也者，像也"；等等。总结起来，无外乎在两种意义上谈象：第一种是客观意义上的象，比如，讲天地日月、山川河流，社会风貌、政治伦理等；第二种是符号意义上

---

① 冯友兰. 中国哲学史新编：上 [M]. 北京：人民出版社，1998：640.
② 刘大钧. 周易概论 [M]. 济南：齐鲁书社，1988：24.
③ 徐芹庭. 易经源流：上册 [M]. 北京：中国书店，2008：180.
④ 林忠军. 象数易学发展史：一 [M]. 济南：齐鲁书社，1999：49.

的象，比如，"设卦观象""观其象而玩其辞""八卦以象告"等，这里的象指的是卦爻象。

另外，还有一种"象"不在上列，但与这两种象有关系。《系辞》说："是故《易》有太极，是生两仪。两仪生四象，四象生八卦。"这里的四象，其实是从太极衍发世界的一个过程。世界的演化，是一个不断变化和分化的过程。从太极到两仪，从两仪到四象，从四象到八卦，既是一个逻辑演变的过程，也是一个万物成象、事物成形的过程，在这一点上可以解释天地日月从何而来的问题，因此它内在地包含了客观意义上的象。四象的象，既然是逻辑的再现，就必然有一套语言来展现这个逻辑，八卦、六十四卦不过是合理地展现此逻辑演化的过程的符号罢了。在这一点上，"八卦成列，象在其中"就具有了符号之象的意义。除此之外，这里的易有四象，还有一种功能和作用，那就是一方面向外扩展为一二四八式的成倍变化，世界形象、逻辑规律俱在其中；另一方面提示此变化的原点在于"太极"，太极即是道，体悟太极不仅是认识的问题，更是一个践履、实践的问题，故中国道学践履的内容在道德之中。"象"在这里起到的是类似于"桥梁""梯子"等媒介环节的作用。

因而，《易传》所呈现的"象思维"具有彻上彻下的贯通效果。此"象"，既可以体味太极，又可以展示形象；既可以符示本体，又可以再现现象。但若要在"形而上者之谓道"的意义上进行领悟，则其践履的内容只能是在道德伦理领域，而不只是对于形器的世界的认识，《论语》所谓"君子不器，智周天地"即是在描绘这种境界。这种思想在《易传》中表达得比较清楚，尽管《周易》的原本性质是占筮，但它实则可以承载人文理想和价值观念，这和它如上所述的符号作用有直接联系。《周易》的阴阳爻等符号就像代数学或者是空的套子一样，完全可以模拟各种自然运动和映射各种人文思想。圣人对此应该是了然于胸的，虽然没有直接的证据说明孔子作《易传》，但马王堆出土帛书《周易》经传，孔子在《要》《二三子》《易之义》等篇中强调了《周易》的德义特性，表达了他对于《周易》的德性化解释的态度。

象思维的伦理蕴含从整体上呈现出一种结构，是自身的逻辑的架构。它对应于不同的意义世界而呈现出不同的认识或者体验效果。大体说来，第一

43

层面是际遇，所谓际遇强调边际，也就是事物和事物之际，即区别的界限。这首要的当然是器物或者形器的世界，《系辞·下》中载，"象也者，像此者也"，这里的"此"可以理解为"这一个"，相当于亚里士多德的实体概念。亚氏说："每一事物的本体其第一义就在它的个别性，属于个别事物的就不属于其他事物；而普遍则是共通的，所谓普遍就不止一事物所独有。"① 这里的"本体"即实体，也就是自身决定自身的东西。亚氏在这里对实体包含个别和类别做出了说明，并对其个别性和普遍性做出了区分。个别和普遍统一于"这一个"，也就是"像此者"的"此""此物"。第二层面是境遇，所谓境遇，包括了认识方面的际遇，但更重要的是它是一个"情境"。情境不只是和认识相关，它需要进一步的践行，特别是在伦理道德方面需要和事事物物打交道。这在康德哲学看来属于意志层面，即理性的"先验幻相"所引起的二律背反需要在实践的领域中重新确立自身，因而在实践的理性原则中，实践的要优越于思辨的："在纯粹思辨理性与纯粹实践理性结合为一种知识时，后者领有优先地位，因为前提是，这种结合绝不是偶然的和随意的，而是先天地建立在理性本身之上的，因而是必然的。"② 康德进一步阐述了二者的关系："假如没有这种从属关系，理性与自身的一种冲突就会产生出来：因为如果两者只是相互并列（并立），前者就会独自紧紧地封锁住它的边界，而不从后者中接受任何东西到自己的领域中来，后者却仍然会把自己的边界扩展到一切之上，并且在自己需要的要求下就会力图把前者一起包括到自己的边界之内来。"③ 这是说实践理性不会停留在思辨理性愿意停留的地方，思辨理性追求的答案式的静态性质是导致先验幻相的根源，"但我们根本不能指望纯粹实践理性从属于思辨理性，因而把这个秩序颠倒过来，因为一切兴趣最后都是实践的，而且甚至思辨理性的兴趣也是有条件的，唯有在实践的运用中才是完整的"④。这就论述了理性在实践的运用中才能避免二律背反的困境，同时，恰恰是这种避免才导致了另外一种建构。

---

① 亚里士多德. 形而上学 [M]. 吴寿彭，译. 北京：商务印书馆，1959：151.
② 康德. 实践理性批判 [M]. 邓晓芒，译. 北京：人民出版社，2003：167.
③ 康德. 实践理性批判 [M]. 邓晓芒，译. 北京：人民出版社，2003：167.
④ 康德. 实践理性批判 [M]. 邓晓芒，译. 北京：人民出版社，2003：167.

理性的实践建构凸显了某种情理结构的境遇。"是故夫象，圣人有以见天下之赜，而拟诸其形容，象其物宜，是故谓之象。"物宜，也就是宜物。物宜是"适宜的意义"①，宜物是适宜的行为指向。"拟诸形容"是在际遇的层面，只有"象其物宜"才是在意义和价值的层面。尽管"形容"本身就有意义，但它还是从属于纯粹实践理性的，"一切兴趣最后都是实践的"，"思辨理性的兴趣也只有条件的，唯有在实践的运用中才是完整的"。所以，"物宜"是在"宜物"的过程中提供价值和意义的。明白这一点是很难得的，也是在事理的最精微处才能发现。圣人对此"天下之赜"有义务揭示出来，于是才有了诉诸象数符号的"象"。这种"象"的功能不可谓不大："（圣人）系辞焉以断其吉凶，是故谓之爻。极天下之赜者存乎卦；故天下之动者存乎辞；化而裁之存乎变；推而行之存乎通；神而明之存乎其人；默而成之，不言而信，存乎德行。"②卦爻的作用不仅在于断吉凶，还在于"存赜"和"明赜"，是为"极天下之赜"。对事物有所变通要互相沟通协作，这是"辞"的作用。在实践境遇，最高的境地是在于默而成事、默而立信，其原因和落实处都在于人的德行。由象数符号的牵引开始，最后在境遇中达到可以抽离象数符号这个"梯子"的高明境界："神而明之存乎其人"。而一旦如此，象数符号算是完成了阶段性的任务，具有"神明"的人由此进入体验太极的境域。

境域大体就是所谓的"天人合一"，与太极一体、道器不分的境界。在这里"存乎其人"的人已然不是普通的人，但他仍然具有普通人的形象。因而此时的圣人还须回复、落实到生活中来，再一次通过象数符号传达太极精神，启蒙世人。从际遇到境遇再到境域有点类似于冯友兰的境界说，即自然境界、功利境界、道德境界和天地境界。际遇可以说处于自然境界和功利境界，境遇处于道德境界，而境域则处于天地境界。《易传》的这种象的结构和象数符号的思维方式为以后的易学奠定了基础，也为象数派和义理派的分判立下了标准。从区分的方面说，义理派从象的结构处获取义理，而象数派则直接从《易经》的根本符号运动处体会世界。从统一的方面说，二者其实都处于象思

---

① 黄寿祺，张善文.周易译注［M］.上海：上海古籍出版社，1989：564.
② 廖名春.《周易》经传十五讲［M］.北京：北京大学出版社，2004：357.

维的范式之中。所以说，"《易传》不仅是义理派之祖，也是象数派之宗"①。

接下来的问题是：象为何能像？也就是"象"之"像"何以可能的问题。按照《易传》的解释，前述已经部分地说明了这个问题。要得彻底解决，必须从形而上学即太极架构入手。《系辞·上》说："一阴一阳之谓道。继之者善也，成之者性也。"此处虽未提及太极，联系太极生两仪之说实则寓示太极。太极动变为一阴一阳，此即为道。继承这个思辨精神就是善，值得注意的是，这里的善是广义的善，即得之于道是为德的善，德和善是一致的。而"成之者性也"，是指广义的善的精神在与万物的交道之中进一步具象化和具体化，成为生活世界中道德伦理意义上的善。这种善，被赋予为性。此性在物为物性，在人为善性，都有本体论的意味。这个道理要通过符号来说明，虽然阴阳爻是在符示太极阴阳运动，但阴阳符号并不在太极之外。可见符号运动本身也就是太极。"成象之谓乾，效法之谓坤"，乾坤作为卦爻符号，虽不能直接代表阴阳，却包含了阴阳和太极的内容。这种逻辑同构的性状，还体现在如下的陈述之中："生生之谓易，……极数知来之谓占，通变之谓事，阴阳不测之谓神。"② 可以说，后世易学大家都在构造自己的体系，各种体系其实都在讲述同一个道理："生生之谓易"。因而，无论象数符号运动在哪一种体系之中，都在符显这个"生生"。在"生生"之流中，一阴一阳之理贯彻了极数知来的"占"，通达变化的"事"。同时，由于阴阳变化的神妙在于不可测度，要求符示变化的符号既不能具体描述，也不能做西方式的纯粹理性抽象，于是便有了卦爻这样独特的符号。这就是卦爻之"象"之能"像"的关键所在。

卦爻符号尽管可以用来预测，从而干预到事物的发展变化。但从根本上说，这属于较低的层级，意义不大。只有通过符号的牵引进入道德境遇和天地境域，才能真正与道相合，才能与不测之阴阳相通达。总的来说，《易传》所呈现的象思维是圆融的思维，它不同于西方文化的科学的直线思维，具有一种不离世界而超越世界，不离生活而在生活之中的文化特征。另外，象思维具有高度的自由，这种自由一方面源于太极阴阳的运动，另一方面又贯穿

---

① 林忠军．象数易学发展史：一［M］．济南：齐鲁书社，1999：49．
② 廖名春．《周易》经传十五讲［M］．北京：北京大学出版社，2004：354．

生活世界和伦理关系之中。由此我们领悟到：道德的自由源自太极，不是被决定的。象数的展示恰恰喻示了道德选择的自由。

二、《易传》的数思维与伦理意义

一般而言，谈象必及数，故而有象数联属之说。然而，数具有自己独有的特征，"数者，一十百千万也，所以算数事物，顺性命之理也"①。如果说象在易道中有朗现事物的功能，那么对于数而言则是关于事物的算数，它主要应用在生产和生活的筹算之中。《易传》涉文化视域下具有共同的表达性命之理的作用，因而数区别于象的独特性则在于：数虽然不能脱离算数的作用，但主要的是在辅助象来完成对于《易传》形而上学体系的解说。

最有名的是《系辞·上》一段关于世界构成之数的述说："天一，地二；天三，地四；天五，地六；天七，地八；天九，地十。天数五，地数五。五位相得而各有合。天数二十有五，地数三十，凡天地之数五十有五，此所以成变化而行鬼神也。"② 这里的数，基于最小的十个自然数，分奇偶，别阴阳，占时位而辨离合，虽有相加的自然运算，但早已超出一般的运算而上升到宇宙模式和形上本体，所谓"成变化而行鬼神"。从对数的认识方式来看，东西方存在根本的差别。且不说西方所识之数被抽象为数的运算法则，发展为一般意义上的数学，并由此展现出逻辑的世界，但就数对形而上学的述说而言，两者的旨趣也是不一样的。古希腊数论的代表毕达哥拉斯（Pythagoras）说："万物的本原是一。从一产生出二，二是从属于一的不定的质料，一则是原因。从完满的一与不定的二中产生出各种数目；从数产生出点；从点产生出线；从线产生出面；从面产生出体；从体产生出感觉所及的一切形体，产生出四种元素：水、火、土、气。这四种元素以各种不同的方式互相转化，于是创造出有生命的、精神的、球形的世界，以地为中心，地也是球形的，在地面上住着人。还有'对地'，在我们这里是下面的，在'对地'上就是上面。"③ 毕达哥拉斯说"一"是万物的本原，从一又产生二，看似与《老

---

① 班固. 汉书：律历志 [M]. 北京：中华书局，2007：110.
② 廖名春.《周易》经传十五讲 [M]. 北京：北京大学出版社，2004：355.
③ 北京大学哲学系. 西方哲学原著选读：上卷 [M]. 北京：商务印书馆，1981：20.

子》的"道生一，一生二，二生三"相同，但其实质有区别。毕达哥拉斯的"一"是确指的"一"这个数目，"二"也如此。而《老子》的一、二、三，尽管也是数目的数字，但这个数目是一种象征意味。毕氏认为一和二是一个对子，代表事物的原因和质料，其他的数目从一和二中变化出来。然后进一步解释物体的几何学属性：点线面体。然后有了形体，有了产生世界的四种元素，四种元素互相转化，遂产生了物质的、精神的世界。这是关于世界的宇宙生成论的解释，其特点是着眼于现象的有形体的几何构造和数学模型。但《系辞》的这一段天地之数的表述，其特点虽在用一定的数目解释世界的构成，但其内蕴着"太极生两仪""一阴一阳之谓道"的太极本体论，这个本体论不同于西方的形而上学（metaphysics）。西方的本体论研究的对象是"存在"，而中国道学践履的内容是道德，包括《老子》广义的道德和一般所说的道德伦理。《系辞》中"成变化而行鬼神"，其"鬼神"的概念也不完全等同于西方宗教意义上的神，可以把它看作由于把握了天地之数而达到的高明境界，"极高明而道中庸"语出《中庸》"君子尊德性而道问学，致广大而尽精微，极高明而道中庸"。这种境界含有本体的意味，是一种在世界之中而有所超越的本体论，它不脱离道德生活。

除了天地之数，还有关于大衍之数的论说："大衍之数五十，其用四十有九。分而为二以象两，挂一以象三，揲之以四以象四时，归奇于扐以象闰；五岁再闰，故再扐而后挂。"① 大衍之数当与天地之数有关。这里涉及的数，跟筮法程式有关，是一个模拟天地日月运行的模型。按照这个方法走一遍可得一筮数，三遍才能得一爻，得一六画卦则必须经过十八次揲筮。"是故四营而成《易》，十有八变而成卦。八卦而小成。"② 八卦既成，则可以用其预测天下之事，事无巨细，皆能告之："引而伸之，触类而长之，天下之能事毕矣。显道神德行。"③ "显道神德行"据《周易正义》的解释是："易理备尽天下之能事，故可显明无为之道，而神灵其德行之事。"④ 无为之道与太极相

---

① 廖名春.《周易》经传十五讲 [M]. 北京：北京大学出版社，2004：355.
② 廖名春.《周易》经传十五讲 [M]. 北京：北京大学出版社，2004：355.
③ 廖名春.《周易》经传十五讲 [M]. 北京：北京大学出版社，2004：355.
④ 孔颖达. 周易正义 [M]. 北京：九州出版社，2004：634.

第二章 象数易学史的伦理思想（一）

联，德行之事则与伦理相关。可见《易传》的数思维仍是挂搭两头，不离两头，数的本体就在伦理之事当中，故有"可与酬酢，可与佑神"的说法。"酬酢"即是与世之伦理交道，"佑神"则是有助于神行，这里的"神"非人格神，是指易道的神化之功。孔颖达说："若万物有所求为，此易道可与应答，万物有求则报，故曰可与酬酢也。可与佑神矣者，佑，助也。易道宏大，可与助成神化之功也。"①

此外，还有策数："《乾》之策，二百一十有六；《坤》之策，百四十有四，凡三百有六十，当期之日。二篇之策，万有一千五百二十，当万物之数也。"② 根据揲筮策算，每揲一爻则有相对应的策数。其无外乎四种变化，分别是：老阳三十六、少阴三十二、少阳二十八、老阴二十四。除以四营之四则得爻题之数：九、八、七、六，八、七不变，九、六当变。乾对应老阳三十六策数，坤对应老阴二十四策数，分别乘以六个爻，则乾之策二百一十六，坤之策一百四十四，两者相加则为三百六十，大致等于一年的日期。六十四卦三百八十四爻，阴阳各半，则阳爻三十六乘以一百九十二加上阴爻二十四乘以一百九十二，结果为一万一千五百二十。若用少阳少阴之策数相乘仍为一万一千五百二十。《系辞》认为这是代表了万物的数。现象界的一切变化从此数来，又将回归到此数，把握了这个万物之数的演变规律，也就与易道同在了。所以圣人说："知变化之道者，其知神之所为乎。"③

《系辞·下》："二与四同功而异位，其善不同。二多誉，四多惧，近也。柔之为道，不利远者，其要无咎。其用柔中也。三与五同功而异位，三多凶，五多功，贵贱之等也。其柔危，其刚胜邪？"④ 这一段话是在讲爻位之数，一卦之爻位从下往上分别为初、二、三、四、五、上。这几个爻位具有不同的等级划分，犹如政治伦理的要求一样。二爻和四爻都是阴性爻位，这是同功，但位置不一样。二爻多有赞誉，四爻而多咎辞，其原因是离五爻天子之位很近。阴性爻位对四爻是不利的，如果能够守住无咎的立场，用柔顺和中道行

---

① 孔颖达. 周易正义 [M]. 北京：九州出版社，2004：634.
② 廖名春.《周易》经传十五讲 [M]. 北京：北京大学出版社，2004：355.
③ 廖名春.《周易》经传十五讲 [M]. 北京：北京大学出版社，2004：355.
④ 廖名春.《周易》经传十五讲 [M]. 北京：北京大学出版社，2004：359-360.

49

事，大抵无差。三爻和五爻的爻位都是阳性爻位，此为同功，但位置也不同。三爻爻辞多凶辞，而五爻爻辞多为建功立业，这便是贵贱的区别。如果在阳性爻位呈现阴爻，那么就会危险，只有阳爻才能胜任。在这里，二、三、四、五不再是简单的数目，对于它们的贵贱之别存在两个主要的判断标准：第一，处于六画卦的上下两卦之中的爻位多为吉利，如下卦之中爻二爻以及上卦之中爻五爻。第二，奇数爻位应该阳性之爻居之，偶数爻位应该阴性之爻居之，这在汉末易学家虞翻看来叫"之正"，成为一种易例。易学体例简称易例，是易家在易注中体现出来的一系列有关方法、体式和理念的形式特征。① 至于初爻和上爻如何，《系辞·下》说："其初难知，其上易知，本末也。初辞拟之，卒成之终。"这是说初爻代表事物发展的初始阶段，吉凶表现不明显，不容易识别；而上爻表示事物已经完结，其特征一目了然，容易掌握。说到底这是事物发展的始末决定的。这在伦理观念上的启示在于，初爻不管多么不吉利，也要坚持，因为才刚刚开始，一切皆有可能。初爻的爻辞也往往是艰贞居多。上爻的爻辞不管多么吉利，好景也不会长久，因为一定范围中（某一卦）的事物已经终结，故不宜执着，应该把眼光放在长远的地方。如按现行卦序，某一卦将变为相应的错卦或者综卦，该卦的上爻将成为错综之卦的初爻，如屯卦上爻成为其综卦蒙卦的初爻；或者跳出错综对子之卦，成为下一卦，如蒙卦之后为需卦，如此等等。

《左传·僖公十五年》有言："龟，象也。筮，数也。物生而后有象，象而后有滋，滋而后有数。"② 其意为以龟卜为代表的占法主要看烧灼的兆象，而以《易经》为代表的卜筮则主要依据策数。事物产生才有形象，品物流行，形象和形象之间产生关系，逐渐繁复，于是有了数。也可以这样理解：事物有形象之后才有对于形象的模拟符号，模拟符号经过一定的程式，数便出现了。这大概是最早关于象和数之间关系的论述，其核心观点是"象"是事物的关键属性，而数则是对诸"象"的把握。我们所说象数，象在先而数在后是有原因的。所以，数虽有独立的特征，那也是为了明象，故《系辞·下》说"易者，象也"。

---

① 文平. 虞翻易学思想研究 [M]. 北京：光明日报出版社，2003：3.
② 陈戌国. 春秋左传校注 [M]. 长沙：岳麓书社，2006：205.

但《系辞·上》又说："参伍以变，错综其数。通其变，遂成天地之文，极其数，遂定天下之象。"参伍变化，错综复杂，于是用数来通变，使得各种事物交相成文。所谓"极其数，遂定天下之象"，《周易正义》解释为："谓穷极其阴阳之数，以定天下万物之象。犹若极二百一十六策，以定乾之老阳之象，究一百四十四策，以定坤之老阴之象。"[①] 穷究阴阳之数，以便判定天下事物的形象，包括事物之间的关系。好比二百一十六策数定为乾卦，一百四十四策数定为坤卦。这里说到的"老阳之象""老阴之象"指的是卦象。因此定天下之象的象指的是卦爻象，是象数符号之象。这与前述"象而后有滋，滋而后有数"是不矛盾的，做出判定是主体结合符号而言，是对"能值"的确定。而决定和被决定的关系是根据事物和事物的属性而言，是卦爻"所指"的方面。借用西方哲学的概念，实体和属性具有从属的关系，是物决定了"象"，物"象"决定了物"数"，而非相反。《说卦》言"易，逆数也"，恰好说明了这一点：事物决象决数，数亦可定象定事物。这个"定"，实际上含有推断、预测的意思，其要义在于料定将来，"《周易》的主要功用是逆推来事"[②]。

由此，我们明确了象和数的基本关系。如此，方能体会到宇宙大化的以物决象，以象决数；同时又能积极地以数逆象，以象统物。这是一个辩证的过程，对于我们理解象数符号在表达本体精神和伦理生活时是有帮助的。林忠军对春秋时期象数的关系有一个基本的阐述，我们认为是颇为中肯的："春秋时，在象、数关系上，只注重了象先数后，忽略了以数定象这个侧面。《易传》立足于新的学术背景，将这一问题与《周易》筮法有机结合起来，对象、数及其关系进行了深入的、辩证的阐发，使象数易学冲破了狭隘的术数的束缚，在理论上得到了升华，为后世研究象数易开辟了道路。"[③]

[①] 孔颖达. 周易正义 [M]. 北京：九州出版社，2004：637.
[②] 黄寿祺，张善文. 周易译注 [M]. 上海：上海古籍出版社，1989：617.
[③] 林忠军. 象数易学发展史：一 [M]. 济南：齐鲁书社，1999：40.

第三节　西汉占验派的伦理思想

易学就其本身而言是象数符号的运动体系，从其开创之初就承载了伦理的使命，就预示着随着社会的复杂变化，伦理思想在表达手段上将会有不断更新的要求。从远古直到春秋战国时期，这种变化还局限在古代筮法的范围之内。到了汉代，已经有了很大的不同。

自汉初田何传《易》，易学主要承担着传播儒家思想的使命，田何所传，是为儒门易。"汉兴以后，在诸经残缺的情形下，田何振袂而起，承担起复兴儒门易学的责任。"① 据《汉书·艺文志》《汉书·儒林传》所载，田何所传授者，主要有服生、王同、周王孙、丁宽以及项生。其中，影响广泛的有王同和丁宽。王同一系的传人著名的有司马谈、梁丘贺，梁丘贺逐渐形成了梁丘氏易学。丁宽传田王孙，田王孙亦传梁丘贺，梁丘贺还有两个著名的同学：施雠和孟喜，施雠易后来形成施氏易，梁丘易和施氏易俱是官方正统，治之者可受官学博士。田何所传，还有费氏易，其重要代表是马融和郑玄。田王孙一系出了一个孟喜，据《汉书·儒林传》载，孟喜原是正统儒门易，后因某种机缘获得所谓"《易家候阴阳灾变书》"，遂改师法，开始倡导象数占验易学。孟喜易学的著名代表是东汉的虞翻。同受《易家候阴阳灾变书》影响的还有焦延寿及其弟子京房，京房后来形成京氏易，郑玄亦受其影响。以上是汉代传易的最简要脉络，真正代表汉代易学的是由孟喜发其端，焦延寿、京房续其脉，并影响了郑玄和虞翻的占验派易学。

占验派不同于儒门易发挥义理，也不同于汉末的魏伯阳和管辂，后二人近乎仙道。占验派重在占测来事，以验卦效，其手段是极尽发挥卦爻象数之能事以达其效。后来京房腰斩，占验派衰落，其丰富的象数方法和创造程式却保留下来，直接影响了郑玄和虞翻。此二人不重占验，却将象数手段用于注释《周易》经文，试图达成卦爻辞的文字和象数体例之间的融合，形成了

---

① 高怀民. 两汉易学史 [M]. 桂林：广西师范大学出版社，2007：26.

注经派。总的来说，孟、京、焦这一脉才真正体现了汉代易学的特征，表现了不同以往以及标立后世的学术风格。

一、孟喜和焦延寿的象数体例及其人文关怀

京房的象数体系体大思精，极具创造性和很高的测准率。这与他的老师焦延寿以及同受《易家候阴阳灾变书》影响的孟喜有着重要的关系。谈到孟喜，除了他极具勇气"改师法"，最重要的就是他的几个独创的易学体例。

孟喜，西汉东海兰陵人，字长卿。汉代今文《易》"孟氏学"的开创者。孟喜从田何的再传弟子田王孙受《易》，各成一家，因此西汉易有施、孟、梁丘之学。孟喜好自我称誉，尝得《易家候阴阳灾变书》。汉宣帝时，众人举荐孟喜，帝闻喜改易师法，遂不用。① 孟喜象数易学的内容主要是他的卦气说。卦气，也就是用卦爻符号代指气候节律的变化，通过卦爻符号的推演从而把握自然界的运动，从而进一步预测人事的吉凶祸福。卦气说是一种象数符号的演算模型。卦气说影响巨大，是一种十分重要的象数易学体例。为了解孟喜卦气说以窥其文化理想，现录其独存资料以做简要分析。卦气说出于《孟氏章句》，幸唐代僧人一行在论易文章《卦议》中引用孟喜才得以保存下来。孟文如下：

"自冬至初，中孚用事，一月之策，九六七八，是为三十。而卦以地六，候以天五，五六相乘，消息一变，十有二变而岁复初。坎、震、离、兑，二十四气，次主一爻，其初则二至、二分也。坎以阴包阳，故自北正，微阳动于下，升而未达，极于二月，凝涸之气消，坎运终焉。春分出于震，始据万物之元，为主于内，则群阴化而从之，极于南正，而丰大之变穷，震功究焉。离以阳包阴，故自南正，微阴生于地下，积而未章，至于八月，文明之质衰，离运终焉。仲秋阴形于兑，始循万物之末，为主于内，群阳降而承之，极于北正，而天泽之施穷，兑功究焉。故阳七之静始于坎，阳九之动始于震，阴八之静始于离，阴六之动始于兑。故四象之变，皆兼六爻，而中节之应备矣。"②

---

① 张善文. 历代易家与易学要籍 [M]. 福州：福建人民出版社，1998：22.
② 欧阳修，宋祁. 二十四史全译：新唐书 [M]. 上海：汉语大词典出版社，2004：484.

此文前两句是在解释卦气图①的基本原理。卦气图第一卦是中孚卦,比拟冬至一阳生。筮法的九六七八,分别为老阳老阴、少阳少阴,一月三十天之内,相继用事。一卦六爻,五卦三十爻,为"卦以地六";五天为一候,卦爻配候,五六相乘为一月,对应两个节气,"中节之应"。十二月卦对应每月更替,"复初"指经过一个循环周期,又来到十一月复卦。六十四卦中的坎、震、离、兑是四正卦,分别对应二十四节气中的六个节气。坎、震、离、兑的初爻分别统辖"二至二分":从冬至到惊蛰,这六个节气为坎卦用事,坎卦初六为冬至,九二为小寒,六三为大寒,六四为立春,九五为雨水,上六为惊蛰;从春分到芒种为震卦用事,震卦初九为春分,六二为清明,六三为谷雨,九四为立夏,六五为小满,上六为芒种;从夏至到白露为离卦用事,离卦初九为夏至,六二为小暑,九三为大暑,九四为立秋,六五为处暑,上九为白露;从秋分到大雪为兑卦用事,兑卦初九为秋分,九二为寒露,六三为霜降,九四为立冬,九五为小雪,上六为大雪。

卦气说的特点在于卦中阴阳爻的变化,以此象征阴阳二气消长,说明寒来暑往的节气变化。在八卦中,坎卦的卦象,为外部两个阴爻夹中间一个阳爻,居正北,比拟阳气受制而不能上升,故坎卦主十一月冬至以后的节气;震卦的卦象,为上面两个阴爻托下面一个阳爻,居正东,比拟阳气生发而缓缓上升,故震卦主二月春分以后的节气;离卦的卦象,为外部两个阳爻夹中间一个阴爻,居正南,比拟阴气受制而不能上升,故离卦主五月夏至以后的节气;兑卦的卦象,为下面两个阳爻托上面一个阴爻,居正西,比拟阴气渐长而缓缓上升,故兑卦主八月秋分以后的节气;阴气运行正北,万物潜藏,又开始坎卦用事,如此周而复始,寒暑相递而岁成。

卦气说大概出自孟喜所得《易家候阴阳灾变书》,该理论一出马上成为占验派和象数派的主要内容和解经体例。它把"日月运行,一寒一暑"的模拟做到极致:十二月卦对应太阳运行轨迹,卦气卦序对应月亮一月运行,四正卦对应二十四节气,除四正外的六十卦对应七十二候。其基本原理则在于阴阳二气的此消彼长,这种模拟方法同于《说卦》"万物出乎震"一段文字,

---

① 孟喜卦气图始见于《旧唐书》卷二十八上,参阅朱伯崑.易学哲学史:上册 [M]. 北京:北京大学出版社,1986:112-113.

但比《说卦》更加细致，可以说形成了一个气候变化的系统。这个体系还包括六日七分说，即用卦爻模拟一年的岁实365.25天，其与当时的大衍筮法、律法和历法都能对应起来。孟喜所创并不只是通过卦爻模拟阴阳消长，通过符号象征宇宙运行，一行评论说："十二月卦出于《孟氏章句》，其说《易》本于气，而后以人事明之。"① 虽然孟喜是为了解释阴阳二气的运行法则，"本于气"，但他的最终目的是说明社会人伦事理，并给人的行为定一个准则。所以他的"目的不在于说明气象历法本身的变化规律，用来占验阴阳灾异，实质上是一种新的占法，其理论基础就是汉代占统治地位的天人感应论"②。孟喜不是要揭示气候变化的科学规律，而是以汉代天人感应论为基础，创造出不同以往的占验方法。通过卦气说明了天意，又以此天意指导人事，这就是天人相感。经此一占法程式，吉凶自明，善恶的观念也就清楚了。可以说，孟喜的占验发挥了春秋时期《左传》和《国语》以象数占筮显现吉凶，以符号解释善恶的方面，为后来的焦延寿以及京房的占验伦理打下了基础。

焦延寿介绍如下："延寿字赣。赣贫贱，以好学得幸梁王，王共其资用，令极意学。既成，为郡史，察举补小黄令。以候司先知奸邪，盗贼不得发。爱养吏民，化行县中，举最当迁，三老官属上书愿留赣，有诏许增秩留，卒于小黄。"③ 从上文可知，焦延寿出身低位，贫贱好学，察举为县令。由于他深得易理，以至邪僻奸小均不得发，郡县大治。由于治理有功，被举荐升官，焦延寿却顺应民意留了下来，可见焦氏是有高尚品行的人。关于焦氏易学渊源，《汉书》说："京房受《易》梁人焦延寿。延寿云尝从孟喜问《易》。……党焦延寿独得隐士之说，托之孟氏，不相与同……繇是《易》有京氏之学。"④ 大意是焦延寿受学于孟喜，所谓的隐士之说大概是指《易家候阴阳灾变书》，后传于京房，京房则开创了京氏易学。

焦延寿相与授受的易学，其内容不出孟氏易学卦气说的占验体系："赣常曰：'得我道以亡身者，必京生也。'其说长于灾变，分六十四卦更直日用事，

---

① 欧阳修，宋祁.二十四史全译：新唐书[M].上海：汉语大词典出版社，2004：484.
② 余敦康.汉宋易学解读[M].北京：华夏出版社，2006：20.
③ 班固.汉书：眭两夏侯京翼李传[M].北京：中华书局，2007：748.
④ 班固.汉书：儒林传[M].北京：中华书局，2007：877.

以风雨寒温为候：各有占验。房用之尤精。"① 六十四卦配置时令气候，以风雨寒温为表征，验证有效。最为突出的一个例子就是焦氏对于其弟子京房的预测，一方面说他"得我道"，也就是能传承光大卦气说；另一方面又说因此"亡身"的必是京房。焦氏所测，虽千载以下，读来仍不免谨慎惕惧。焦延寿的象数体例主要体现在他的《焦氏易林》中。焦氏易学象数体系的原理来自春秋时的筮例，由一个本卦变为之卦，如晋文公占例为"大有之睽"，即本卦为大有卦，三爻动变为睽卦。这是一爻变的例子，也有多爻变的例子。理论上讲，一个卦可以变为其他六十三卦。《焦氏易林》所涉及的占辞有几方面：第一，表示自然现象的，如泰之小过："桃李花实，累累日息。长大成熟，甘美可食，为我利福。"尚秉和注曰："震为桃李，兑为花。艮为实，为成。巽为长，兑为食。震为福，巽为利。"② 其意为小过卦之上卦为震卦，有桃李之象，上互卦兑卦，兑为花象；小过的下卦为艮卦，艮象果实，小过下互卦为巽卦，巽为成长，上互卦兑又有食、口福之象，上卦震为福，下互卦巽为利。综合起来，以自然现象的开花结果比喻结果有福利。第二，表示社会现象的，如泰之节："龟厌江海，陆行不止。自令枯槁，失其都市。忧悔为咎，亦无及矣。"尚秉和注曰："艮为龟，兑为河海。震为行，艮为陆。互大离为枯槁。巽为市，坎为忧。"③ 其意为节卦上互卦为艮卦，艮卦有龟之象，下互卦为震卦，出行之象，节之下卦为兑，兑为江海，又兑卦之综卦为巽，巽为市镇，上互卦艮又有陆地之象，合起来则是龟离河海市镇往陆地前行。此去吉凶如何？二爻至五爻互大离卦，离卦有枯槁之象，上卦坎又有忧心之象，则可断为有忧悔。此例以龟之行动喻指人的行为选择。第三，表示历史事实的，如无妄之小过："伊尹智士，去桀耕野。执顺以强，天佑无咎。"尚秉和注曰："震为士，为耕。兑刚卤，故曰'桀'。艮手为执，巽顺，故曰'执顺'。震为强健，艮为天。"④ 这一类比较明显，它说明了作者运用象数符号，借历史事实来表达其道德理想和伦理价值。小过上卦为震，为士象，又为耕作之象。

---

① 班固. 汉书：眭两夏侯京翼李传 [M]. 北京：中华书局，2007：748.
② 尚秉和. 焦氏易林注 [M]. 北京：九州出版社，2010：96.
③ 尚秉和. 焦氏易林注 [M]. 北京：九州出版社，2010：96.
④ 尚秉和. 焦氏易林注 [M]. 北京：九州出版社，2010：205.

小过上互卦为兑，兑有刚鲁之性，故以桀来喻指。小过的下卦为艮，艮象执手，下互卦为巽，巽为顺。上卦震为强健，下卦艮为天。综合来看，与伊尹野耕，不同流合污之事相合。其断辞则必然是上天相佑的吉辞。

　　历史事实这一类例子较多，初步呈现用象数符号解释伦理现象的特征。焦氏亦有专门讨论伦理秩序的例子，如恒之大畜："不孝之患，子孙为残。老耄莫养，独坐空垣。"尚秉和注曰："巽为孝，二至四巽覆，故曰'不孝'。伏坤为患。震为子，艮为孙；皆履乾上，而兑毁折，故曰'残'。乾为老，坤为养，坤伏，故莫养。艮为垣，为坐，为独。"① 巽为顺，引申为孝，大畜下互兑，为反巽，故不孝。大畜下卦乾，伏坤为隐患。上互震为子，上卦艮为孙，子孙均在下卦乾上，乾为老人，下互兑为毁折，为不敬孝老人，坤为养，伏在下卦而不现，为不养。上卦艮为门垣，亦为独坐之象。整体来看，便是一幅不敬老人图，悲戚哉！社会和谐首在人心和谐，人心之正需要楷模和模范，焦氏对圣人之德进行了象数解说。师之鼎曰："子畏于匡，厄困陈蔡，德行不危，竟脱厄害。"尚秉和注曰："通屯。震子坎畏。匡，目匡，离象。坎陷，故厄困。震为陈，艮为龟、为蔡，事皆见《论语》。震为行，艮安，故不危，故脱厄害。坤为害。"② 这是一个把象数符号与圣人及其德行直接进行比拟的例子，鼎卦旁通屯卦，屯卦下体震卦，震为长子，拟圣人。屯上体坎卦，坎为险为畏惧。匡地包括蔡地，亦能被符号解释，鼎卦上体离，离为目，亦是目之匡，离伏坎，坎为陷，故陷于此地。屯卦上互艮卦为蔡，下体震为陈，这两个地名的具体易象联系，尚秉和未给出依据。艮有道德行为之当止则止的意味，震为行，故为德行，又艮静为安，即不危，因有德行而不危，屯下互坤卦，有德之行向上，困为害，脱害之象，故能究竟无咎。这里需要借助师卦的旁通卦屯卦，至于原因，焦氏与尚秉和未给出解释。问题在于，象和辞虽有一定的对应关系，但是不是每一个文辞都有可能且有必要进行象数上的解释。林忠军认为："使林辞每一个字与卦象对应，这种创作的方法，在古代，包括《周易》创作在内，是根本不可能的……尚氏关于易辞每个字皆根

---

① 尚秉和. 焦氏易林注 [M]. 北京：九州出版社，2010：257.
② 尚秉和. 焦氏易林注 [M]. 北京：九州出版社，2010：61.

于象的说法欠妥。"① 但我们看到，孟氏易的主要传人虞翻就是这样做的，并且形成了很大的体系。史载，焦延寿和虞翻都是预测大家，且其测算奇准，这说明还不能早早对一些重要的易学问题下结论，在新的材料还未出现之前，我们应该继续进行钻研。

焦氏象数体系中的伦理思想是通过象数符号的拟指来给出的，这既不同于《左传》德占的以"德"解"占"的方法，也不同于孟喜自然哲学式的道德暗示，这是一种以易象解释道德伦理的思路，这给后来的京房，尤其是汉末解经派代表虞翻以启发。总的来说，孟喜体例与伦理思想之间的关系需要跳出其象数体例来看；而焦延寿的体例与伦理思想的关系则需要在"象"和"辞"的对应上来把握。京房在二者的基础上，把对于道德的解释动机有机地吸纳到象数体例内部，并且成为其体系的一个部分，也形成了他关于政治伦理思想的主要表达手段。

二、京房的象数体系与政治伦理思想

京房是易学史上少有的几个具有开创意义的易学家。关于京房的事迹，主要从《汉书·京房传》和《汉书·儒林传》获得。

《汉书·京房传》记载："京房字君明，东郡顿丘人也。治《易》，事梁人焦延寿。……其说长于灾变，分六十四卦，更直日用事，以风雨寒温为候：各有占验。房用之尤精。好钟律，知音声。初元四年以孝廉为郎。永光、建昭间，西羌反，日蚀，又久青亡光，阴雾不精。房数上疏，先言其将然，近数月，远一岁，所言屡中，天子说之。数召见问，房对曰：'古帝王以功举贤，则万化成，瑞应著，末世以毁誉取人，故功业废而致灾异。宜令百官各试其功，灾异可息。'诏使房作其事，房奏考功课吏法。……石显、五鹿充宗皆疾房，欲远之，建言宜试以房为郡守。元帝于是以房为魏郡太守，秩八百石居，得以考功法治郡。……房自知数以论议为大臣所非，内与石显、五鹿充宗有隙，不欲远离左右，及为太守，忧惧。房以建昭二年二月朔拜，上封事曰：'辛酉已来，蒙气衰去，太阳精明，臣独欣然，以为陛下有所定也。然

---

① 林忠军.象数易学发展史：一[M].济南：齐鲁书社，1999：73.

少阴倍力而乘消息。臣疑陛下虽行此道，犹不得如意，臣窃悼惧。守阳平侯凤欲见未得，至己卯，臣拜为太守，此言上虽明下犹胜之效也。臣出之后，恐必为用事所蔽，身死而功不成，故愿岁尽乘传奏事，蒙哀见许。乃辛巳，蒙气复乘卦，太阳侵色，此上大夫覆阳而上意疑也。己卯、庚辰之间，必有欲隔绝臣令不得乘传奏事者。'房未发，上令阳平侯凤承制诏房，止无乘传奏事。房意愈恐，去至新丰，因邮上封事曰：'臣前以六月中言遁卦不效，法曰：道人始去，寒，涌水为灾。至其七月，涌水出。臣弟子姚平谓臣曰：'房可谓知道，未可谓信道也。房言灾异，未尝不中，今涌水已出，道人当遂死，尚复何言？……今臣得出守郡，自诡效功，恐未效而死。唯陛下毋使臣塞涌水之异，当正先之死，为姚平所笑。'房至陕，复上封事曰：'乃丙戌小雨，丁亥蒙气去，然少阴并力而乘消息，戊子益甚，到五十分，蒙气复起。此陛下欲正消息，杂卦之党并力而争，消息之气不胜。强弱安危之机不可不察。己丑夜，有还风，尽辛卯，太阳复侵色，至癸巳，日月相薄，此邪阴同力而太阳为之疑也。臣前白九年不改，必有星亡之异。臣愿出任良试考功，臣得居内，星亡之异可去。议者知如此于身不利，臣不可蔽，故云使弟子不若试师。臣为刺史又当奏事，故复云为刺史恐太守不与同心，不若以为太守，此其所以隔绝臣也。陛下不违其言而遂听之，此乃蒙气所以不解，太阳亡色者也。臣去朝稍远，太阳侵色益甚，唯陛下毋难还臣而易逆天意。邪说虽安于人，天气必变，故人可欺，天不可欺也，愿陛下察焉。'房去月余，竟征下狱。……石显微司具知之，以房亲近，未敢言。及房出守郡，显告房与张博通谋，非谤政治，归恶天子，诖误诸侯王，语在《宪王传》。初，房见道幽、厉事，出为御史大夫郑弘言之。房、博皆弃市，弘坐免为庶人。房本姓李，推律自定为京氏，死时年四十一。"[1]

《汉书·儒林传》载："京房受《易》梁人焦延寿。延寿云尝从孟喜问《易》。会喜死，房以为延寿《易》即孟氏学，翟牧、白生不肯，皆曰非也。至成帝时，刘向校书，考《易》说，以为诸《易》家说皆祖田何、杨叔元、丁将军，大谊略同，唯京氏为异，党焦延寿独得隐士之说，托之孟氏，不相

---

[1] 班固. 汉书：眭两夏侯京翼李传［M］. 北京：中华书局，2007：748-750.

与同。房以明灾异得幸，为石显所潜诛，自有传。房授东海殷嘉、河东姚平、河南乘弘，皆为郎、博士。由是《易》有京氏之学。"①

以上两段文字所传递的主要信息是：第一，京房乃汉元帝时人，受《易》的传承来自焦延寿，是为汉代占验派的主要代表。其主要方法与孟喜以来卦气说原理同，"其说长于灾变，分六十四卦，更直日用事"。第二，京房易学用于占验收效很大，"所言屡中，天子说之"。其占验程式是：占卦气用事，观日常现象，定伦理规则。若有灾异出现，比如，"日蚀""阴雾"之类，则是有所谓"蒙气"侵夺，"蒙气复乘卦，太阳侵色"。也就是说，日常现象与卦象是对应的。第三，这种对应主要强调蒙气乘凌卦象的一面，天人虽相感，但"人可欺，天不可欺"。这时，就需要人能主动做点什么以补偿天意。既然"以功举贤"与"瑞应著"相对应，而"功业废"对应"致灾异"，那么，若从人的主动谋划和行为入手，"百官各试其功"，则"灾异可息"，这便是京房称之为"考功课吏法"的伦理规范。通过此法，则"蒙气衰去，太阳精明"，帝王安定、臣子欣然，一派和谐之象。第四，京房充分意识到"考功课吏法"将会引起嫉恨和猜疑，"臣出之后，恐必为用事所蔽，身死而功不成"，最终，果然以权贵石显为代表的众臣对自己进行了"潜诛"。尽管如此，为实现政治理想，虽时有忧惧，也要迎难而上。这种献身精神应该来自研究《周易》的体会，即君子当见机而作，所谓"强弱安危之机不可不察"。下面以京氏易学的象数体例分目，将其对应的伦理思想分述之。

（一）八宫卦

一个易学家有没有从根本上具开创贡献，主要从是否建立了六十四卦的变化体系来评判。虞翻的卦变图，邵雍的方圆图，焦循的旁通—相错—时行的系统等都具有划时代的意义。京房的象数体系首先表现在八宫卦之中。所谓八宫卦，即按照乾、震、坎、艮、坤、巽、离、兑的秩序，逐一在每卦之内进行爻的运动变化，变化的规则在于从初爻变至五爻，再回头变四爻游魂，变下体卦归魂。这样，便产生了不同以往的新的卦序。八宫卦蕴含的道德观念和伦理思想如下：

---

① 班固. 汉书：儒林传 [M]. 北京：中华书局，2007：877.

<<< 第二章 象数易学史的伦理思想（一）

第一，最首要的当是所谓"乾坤生六子"的家庭伦理观，其说出自《说卦》："乾，天也，故称乎父；坤，地也，故称乎母。震一索而得男，故谓之长男；巽一索而得女，故谓之长女；坎再索而得男，故谓之中男；离再索而得女，故谓之中女；艮三索而得男，故谓之少男；兑三索而得女，故谓之少女。"八宫卦按照长幼有序、男女有别的观念进行排序：乾坤为父母，震巽为长，坎离为中，艮兑为少；乾震坎艮为男，坤巽离兑为女。这种编排方式映射出当时社会的伦理规范和要求。

第二，其伦理规范不仅限于现实人生，还适用于鬼神。突出表现是京房设置了所谓"游魂"和"归魂"爻的变化，即每宫从初爻变至五爻后，不再变上爻，而是回头变四爻，这是游魂，然后再变下体卦成为归魂。游魂和归魂比拟的是鬼神之运动，这里有宗教的色彩。从象数体例上看，京房充分吸纳了孟喜十二月卦的阴阳消息、阴阳相荡、阴阳转化的模式，同时也吸取了《系辞》三才之道的思想："易之为书也，广大悉备。有天道焉，有人道焉，有地道焉。兼三才而有两之，故六。六者，非它也，三才之道也"，"若夫杂物撰德，辨是与非，则非其中爻不备"。这是说，有天、地、人三种存在者，每一存在者均由阴阳构成。如果要考察道德生活与是非观念的发生和变化，则一定要从三爻和四爻这样的中爻即人爻细细分辨。京房说："孔子云：易有四易，一世二世为地易，三世四世为人易，五世六世为天易，游魂归魂为鬼易。"[①] 他在《易传》三才的基础上，加上了"鬼易"，"鬼易"不占三才之道，但它存在于三才的流通变化之中，这是一个重要的创造。

第三，八宫卦作为一种新创的形而上学体系，涵括了宇宙人生甚至方外世界的一切，表达了阴阳相生相克推动世界变化的至理。"建子阳生，建午阴生，二气相冲，吉凶明矣。积算随卦起宫，乾坤震巽坎离艮兑，八卦相荡，二气阳入阴，阴入阳，二气交互不停。故曰：'生生之谓易。'天地之内，无不通也。"[②] 天地的一切变化在于阴阳的作用关系，阴阳明，则吉凶明。《系辞》说"生生之谓易"的"生生"包含了阴阳生克的变化，不只是说阴阳的相生。生克变化推动着阴阳的转化，这就是"八卦相荡"，所有变化构成了世

---

① 卢央．京氏易传解读：下 [M]．北京：九州出版社，2004：520．
② 卢央．京氏易传解读：下 [M]．北京：九州出版社，2004：521．

界的现象，这就是"生生"。"生生"当然也包含了人伦秩序。"八卦建，五气立，五常法象乾坤，顺于阴阳，以正君臣父子之义"①，这里的"五常"与后一句的"君臣父子之义"对应，指的是"仁义礼智信"五种道德要求和封建伦理规范。

可见，京氏之所以要开展"考功课吏法"，乃循"生生"的阴阳之理而动。"阴阳运行，一寒一暑，五行互用，一吉一凶。以通神明之德，以类万物之情。故易所以断天下之理，定之以人伦，而明王道。"② 吉凶从阴阳之中来，卦爻这样的象数符号只不过是对阴阳的模拟。它既可以比类自然万物，也可以通达神妙的道德境界。《易》之所以能包含天地神人，不仅在于它能晓明事实，还在于能揭示高明的境界，由此推定人伦规范，而使王道政治昌明起来。京氏和其他封建时代的易学家一样，其道德旨归落实在"明王道"，王道的理想表现在政治生活中，构成了一系列政治伦理观念。

(二) 世应说和卦主说

一卦占出来以后，就要根据该卦所在八宫确定发生变化的爻位，这就是所谓的世爻，世爻相隔两个爻位是为应爻。比如，姤卦是乾宫一爻变的结果，则姤卦初爻为世爻，四爻为应爻。世应爻确立下来，才能进一步进行占筮演算。世爻来自对待世界的行为和动机，有动之机才有事物的相互对待。京氏说："八卦分阴阳，六位，五行。光明四通，变易立节，天地若不变易，不能通气。五行迭终，四时更废，变动不居，周流六虚，上下无常，刚柔相易。不可以为典要，惟变所适。吉凶共列于位，进退明乎机要，易之变化，六爻不可据，以随时所占。"③ 只有变易，才能出现征兆，不变就"不能通气"。变化之几是进退的根据，也是吉凶的原因，卦之变在爻，爻就是时机的符显。同时，世爻把变化的主体确定下来，使行为的发出者和行为责任的承担者确定下来。这样，吉凶悔吝和道德评价才有确定的对象。而与世爻相应的应爻则喻指主体打交道的具体事物，其他爻可以理解为环境。主体、客体、环境一一呈现，一个完整的象数模拟和占筮程序就此完结。"从社会意义说，京氏

---

① 卢央. 京氏易传解读：下 [M]. 北京：九州出版社，2004：521.
② 卢央. 京氏易传解读：下 [M]. 北京：九州出版社，2004：521.
③ 卢央. 京氏易传解读：下 [M]. 北京：九州出版社，2004：520.

的世应说也适应了当时的政治需要,其作用在于以此作为准则来明王道,正人伦,调节社会政治的秩序。"①

如果说世应爻主要来自占筮程序的需要,那么"卦主"的概念就是在哲学观念上确定一个主体。京房是第一个讲卦主的易学家。卦主就是一卦的主爻,一般是六爻中的某一个爻,如坤宫复卦:"月一阳为一卦之主。"②复卦是坤卦的一爻变,初爻为卦主或主爻。同是确立主体,但卦主与世应爻有异:卦主可以是两个爻,而世爻只能是一个爻,如坤宫临卦:"二阳合体,柔顺之道不可贞。吉凶以时配于六位,用于阳长之爻,成临之义。"③临卦初二两阳合体为卦主,用于阳长之势。此卦世爻在二爻。一阳五阴或一阴五阳则以爻性少的那个爻为卦主,如兑宫谦卦:"一阳居内卦之上,为谦之主。"④此卦世爻为五爻。另外,由于五爻处尊位,有的卦以五爻为卦主,如离宫旅卦:"六五为卦之主,不系于一。"⑤此卦世爻在初,卦主却在六五。

卦主之说源于《系辞》对爻位的论述,如"列贵贱者存乎位""三多凶,五多功,贵贱之等也"。爻位有贵贱,这是对社会地位的反映,而且这种地位似乎是天定的:"卑高已陈,贵贱位矣。"可见,卦主说不仅和世爻一样确定主体,还在于它符号化地反映了社会伦理秩序,并通过象数的一系列手段将此秩序合理化。卦主说影响了后世易学家,如王弼、俞琰、吴澄、李光地等。

(三)六亲说和爻位说

"六亲"源于父、母、兄、弟、妻子、子女的六种家庭关系。《汉书·贾谊传》:"建久安之势,成长治之业,以承祖庙,以奉六亲,至孝也。"唐颜师古注引应劭曰:"六亲,父母、兄弟、妻子也。"京房纳甲筮法的六亲,包含家庭关系但不限于家庭伦理。京房说:"八卦鬼为系爻,财为制爻,天地为义爻,福德为宝爻,同气为专爻。"⑥这是把六亲的人伦关系扩充到与世爻道的方方面面,即生我者父母,我生者子孙,克我者官鬼,我克者财帛,同我者

---

① 林忠军.象数易学发展史:一[M].济南:齐鲁书社,1999:83.
② 卢央.京氏易传解读:下[M].北京:九州出版社,2004:483.
③ 卢央.京氏易传解读:下[M].北京:九州出版社,2004:484.
④ 卢央.京氏易传解读:下[M].北京:九州出版社,2004:516.
⑤ 卢央.京氏易传解读:下[M].北京:九州出版社,2004:501.
⑥ 卢央.京氏易传解读:下[M].北京:九州出版社,2004:520.

比劫。系指系我者，束缚之意；制为我所掌控；义为天地生生之大义，天地即父母也，人伦唯父母可当；宝者可得护佑，福德即子孙也；专为专气，同我者，兄弟爻也。养育、爱护、滋生我的皆为父母，如长辈、房子等；得我护佑的都为子孙，如晚辈、学生等；束缚我的都为官鬼，如官府、上司等；我控制的都是财帛，如妻子、田产、玉帛等；同我的皆为兄弟，如平辈、同事等。从六亲扩大到世界万物，遵循的是以类相推的原则，《系辞》"方以类聚，物以群分"蕴含了此理。六亲相配是以五行的相生相克为基础的，京房注乾卦说："水配位为福德，木入金乡居宝贝，土临内象为父母，火来四上嫌相敌，金入金乡木渐微。宗庙上建戌亥，乾本位。"① 乾卦是乾宫本卦，乾在五行中属金，金生水，故水为福德子孙；金克木，故木为宝贝财帛；土生金，故土为义爻父母；火克金，故火为相敌官鬼；金专气，故金见金为入金乡，为比劫。五行、干支、卦爻同在一个系统之中，相生相克，秩序井然，生生之世界"通阴阳之数也。新新不停，生生相续，淡泊不失其所，确然示人"②。

卦爻如何与干支五行相配呢？这与京房的纳甲、纳支以及战国以来流行的五行生克说相关。京房所创纳甲内容是：乾纳甲壬，坤纳乙癸。乾坤又分内外卦，乾下体纳甲，上体纳壬；坤下体纳乙，上体纳癸。震纳庚，巽纳辛，坎纳戊，离纳己，艮纳丙，兑纳丁。京房说："分天地乾坤之象，益之以甲乙壬癸，震巽之象配庚辛，坎离之象配戊己，艮兑之象配丙丁。"③ 而六亲所配主要跟地支相关，相配内容是：乾之初爻从子配顺数，从初爻以至上爻为：子寅辰午申戌，震卦同；坎卦从初爻以至上爻为：寅辰午申戌子；艮卦从初爻以至上爻为：辰午申戌子寅。以上阳卦。坤之初爻从未配逆数，从初爻以至上爻为：未巳卯丑亥酉；兑卦从初爻以至上爻为：巳卯丑亥酉未；离卦从初爻以至上爻为：卯丑亥酉未巳；巽卦从初爻以至上爻为：丑亥酉未巳卯。以上阴卦。纳支原则是："阴从午，阳从子，子午分行。子左行，午右行，左

---

① 卢央．京氏易传解读：下［M］．北京：九州出版社，2004：442-443．
② 卢央．京氏易传解读：下［M］．北京：九州出版社，2004：521．
③ 卢央．京氏易传解读：下［M］．北京：九州出版社，2004：519．

右凶吉。吉凶之道，子午分时。"① 干支相配后，以乾卦为例，六亲即可配定：初爻甲子水是乾之子孙，二爻甲寅木是乾之财，三爻甲辰土是乾之父母，四爻壬午火是乾之官鬼，五爻壬申金同位伤木，上爻壬戌土是乾之父母。"八八六十四卦，分六十四卦配三百八十四爻，成万一千五百二十策，定气候二十四，考五行于运命，人事天道，日月星辰，局于指掌，吉凶见乎其位。"②这样便通过六亲说，以世应为主，天道人事无一不在测算范围之内。

如果六亲说源自人伦之理，扩展为天道世事，反过来又测算和指导人伦生活，那么，爻位说就是对政治伦理的直接模拟。爻位说实际上是爻位贵贱的思想，它来自《系辞》对爻位贵贱的归纳，比如，除初爻上爻的二爻和五爻相对而言比较尊贵，三爻和四爻就卑贱一些。京房将六爻分为六等，直接对应现实的政治伦理和规则：初爻为元士，二爻为大夫，三爻为公卿，四爻为诸侯，五爻为天子，上爻为宗庙。如注姤卦初爻："与巽为飞伏，元士居世"③，世爻处元士之位。注遁卦："与艮为飞伏，大夫居世"④，世爻处大夫之位。注大有卦："三公临世，应上九为宗庙"⑤，这里三爻居大夫位，上爻为应爻，为宗庙。注晋卦："诸侯居世，反应元士"⑥，四爻在诸侯位，与元士相应。注剥卦："天子治世，反应大夫"⑦，则是五爻天子居世，与二爻大夫爻相应。需要注意的是，爻位贵贱只取封建统治阶级的贵贱等级，一般贩夫走卒并不在此列。但若有百姓占问成卦，则可以世爻所居论人生起伏。总之，爻位贵贱反映了京房的阶级立场和等级观念。

（四）飞伏说

京房的飞伏之说是一个很重要的创新观点，该理论基于对阴阳的深刻理解。所谓孤阴不生、独阳不长，其意为阴阳是相互包含的，没有绝对的阴或者绝对的阳。飞伏就是阴阳相对待、相融合的一种状态。飞，就是显现；伏，

---

① 卢央. 京氏易传解读：下[M]. 北京：九州出版社，2004：520.
② 卢央. 京氏易传解读：下[M]. 北京：九州出版社，2004：519.
③ 卢央. 京氏易传解读：下[M]. 北京：九州出版社，2004：444.
④ 卢央. 京氏易传解读：下[M]. 北京：九州出版社，2004：446.
⑤ 卢央. 京氏易传解读：下[M]. 北京：九州出版社，2004：452.
⑥ 卢央. 京氏易传解读：下[M]. 北京：九州出版社，2004：451.
⑦ 卢央. 京氏易传解读：下[M]. 北京：九州出版社，2004：450.

就是隐藏。另外，有无、来往也在飞伏的范畴之内。飞伏的本质在爻性，一个阳爻为飞，阴则伏；一个阴爻为飞，阳则伏。如坤宫归魂卦比卦京氏注曰："与乾为飞伏。"① 此卦三爻持世，阴爻为飞，阳则伏矣，故说与乾飞伏。这里所说乾并非乾卦，而是指与乾卦的第三爻飞伏，根据阴阳对立统一的这种关系，可以推定卦和卦之间亦可飞伏。例如，乾与坤飞伏，震与巽飞伏，等等。京房的飞伏之说来自他在《京氏易传·下》有关阴阳的总论之中。他说："夫作易所以垂教，教之所被，本被于有无，且易者包备有无。有吉则有凶，有凶则有吉。生吉凶之义，始于五行，终于八卦。从无入有，见灾于星辰也。从有入无，见象于阴阳也。阴阳之义，岁月分也，岁月既分，吉凶定矣。故曰：八卦成列，象在其中矣。六爻上下，天地阴阳运转，有无之象，配乎人事。八卦仰观俯察，在乎人；隐显灾祥在乎天。考天时，察人事，在乎卦。八卦之要，始于乾坤，通乎万物。故曰：易穷则变，变则通，通则久。久于其道，其理得矣。"② 这是说人伦之理和伦理之教从形而上学的有无观念之中来。有无的观念是通过阴阳的符号进行展现的，吉凶的道理也是从有无之中来，并且和五行、八卦、星辰、灾异、岁月形成了一个大的系统，宇宙之事无所逃于这个系统。所以，只要是通过八卦展现出的阴阳之象，就一定能判定吉凶，究其根本乃在于"阴阳运转"。这里的运转，也就是阴和阳的有无、消长、显隐、流转和变化，其飞伏之理便在这之中。把握了阴阳的有无和飞伏，也就能"配乎人事"，也就能定夺人伦，天理和人理是一致的。

飞伏说在伦理学上的启示在于：首先，事情的变化发展存在一个场域。对事情不能仅从显现的、既有的、生成的方面去看待，还要善于从隐藏的、没有的、消失的方面发现征兆。"塞翁失马，焉知非福"就是从全域的场态看问题。其次，在某一场域中，必有主体合之于事物发展的道德要求，这就是价值。依主体的不同可能导致价值观念的不同，在价值观念的冲突与融合之中，主体一方面意识到共同价值的重要性，另一方面又领悟到此种共同价值的同一性和相对性之间的矛盾。这个矛盾贯穿于一切生活，形成了各种各样的"境遇"。最后，事实本身即蕴含着价值，价值本身即是事实的某种运动。

---

① 卢央. 京氏易传解读：下 [M]. 北京：九州出版社，2004：490.
② 卢央. 京氏易传解读：下 [M]. 北京：九州出版社，2004：521-522.

第二章 象数易学史的伦理思想（一）

若把对事实的超越与境界联系起来，在生活中领悟到生活，这便是包含着境界含义的"境域"。它要求在"境域"之中不离"境遇"，在"境遇"之中通达"境域"。可以说，飞伏说以它特有的形而上学属性向人们展示了阴阳互藏、阴阳相待、阴阳对立和阴阳变通的大义，其中的道理是自然而然贯通到伦理领域的。

以上观点是京房易学比较显见的与伦理思想相联的易例分析。不可否认，京氏易具有汉代前期象数占验派的典型特征，其思想的逻辑进路是：首先，设定一个宇宙生成论的模式并用易例符示之，如八宫卦。同时，这也是一个天人相互感应的模式，在世应说中，世爻、应爻和动爻就在一个六爻周流的环境中相互感发、生生不息。其次，通过察天时以推人事的方法，京房的占筮体系蕴含着丰富的伦理思想和道德观念，比如，以卦主说确定道德主体、以六亲说比附人伦规范、以爻位贵贱说强调封建伦理纲常等，表现了具有开创意义的象数易学的精神风貌。最后，从京房的经历中可以看到，京氏易学的创立有着鲜明的政治追求。我们跳出六爻八宫的符号体系，把占筮和考功课吏结合起来，它表达了一种政治自觉和政治理想。这种思想包含生活现实和理想范式的矛盾运动，恰如京房创立的飞伏说，一切都有隐显、有无、来往的辩证统一。而这一切，均来自他对阴阳八卦之根本性质的深入考查："故易卦六十四，分上下，象阴阳也。奇偶之数，取之于乾坤。乾坤者，阴阳之根本；坎离者，阴阳之性命。分四营而成易，十有八变而成卦。卦象定吉凶，明得失。"① 京房易学不是简单地将象数体系和生活现象做一个类比，也不是简单地将天象与人事做一个比附，而是寓政治理想于生活世界，借助于符号系统在世俗之中考察人间灾祥，从而奠定人生之价值，其象数思想已经融入文化层面，成为对后世文化发展和民族心理建构有重要影响的易学范式："汉初《周易》一方面作为五经之首、大道之原而被尊奉，另一方面与阴阳五行术数结合，形成了一种与当时政治和社会生活相适应的俗文化，京氏八宫卦及以八宫卦为基础建立起来的筮占体系就是当时具有代表性的俗文化，而且波及汉以后千余年，倍受历代术数家所推崇。"②

---

① 卢央. 京氏易传解读：下［M］. 北京：九州出版社，2004：519.
② 林忠军. 象数易学发展史：一［M］. 济南：齐鲁书社，1999：81.

第四节　东汉解经派的伦理思想

易学发展到东汉，具有政治干预能力的占验易学逐渐衰落，易学研究呈现出以探究象数符号与卦爻辞之间的对应关系为主的现象，这也是一种用于注释《周易》的方法。从易学内部来说，形而上学在言辞和象数之间的灌注是通过象辞的矛盾而展现的，易学家在整个东汉时期都在一定程度上为解决这个矛盾而付出努力。同时，易学家在这个过程中也寄寓了自己的道德观念和伦理理想，从郑玄始，经荀爽，直至汉末的虞翻，便存在着易学对于道德映射的这种"关系张力"，它主要表现在道德本体的追寻、对传统伦理的求变思维以及最为重要的诸种易例创生之上。这种创生，既可以从外在历史条件进行观察，也可以从易学内部的发展进行考察。无论是外部的治乱兴衰还是内部象数体例变化，都要求《周易》在表达道德思想上更具丰富性，易学的发展尤其是象数易学的发展就展示了这种规律。

一、郑玄的礼象说

郑玄（127—200），东汉北海高密人，字康成。世称"后郑"，以别于郑兴、郑众父子。入太学受业，师事京兆第五元先，通今文京氏易、公羊《春秋》等。又西入关，问业于扶风马融。郑玄以古文学为主，兼采今文经说，著述囊括群经，凡百余万言，今多已亡轶。于《易》，先治京氏，后增以费氏，创六十四卦爻辰说。[1] 作为东汉时期的经学大师，郑玄在象数易学方面有颇多创造，他以古文经学为主，兼采今文经学，于众家皆有涉猎，他的易学资料流传下来的仅见其《易纬》注和唐人李鼎祚的《周易集解》中。郑玄易学在象数涵摄伦理思想方面主要在于它的礼象说，而礼象说的基础又是爻辰说，毕竟汉代易学从根本上是同于董仲舒思想的，即有意无意地在做一个宇宙系统，并进行神道设教。

---

[1] 张善文. 历代易家与易学要籍 [M]. 福州：福建人民出版社，1998：48.

第二章 象数易学史的伦理思想（一）

郑玄易学首先通过他的爻辰说构建一套天人体系。讲郑玄爻辰之前，先简要讲一下爻辰说的历史。爻辰也就是把地支纳入八卦体系之中，每一爻纳一支，此地支还可以承载诸如天行星象、五运六气、音声律历等，可以说是一个宇宙大系统。这个系统当然也是人事行为的价值来源，正如京房所说："夫易者，象也；爻者，效也。圣人所以仰观俯察，象天地日月星辰，草木万物。顺之则和，逆之则乱。"① 爻辰说来自西汉，以京房纳甲筮法为突出代表。更为系统地运用爻辰说的是西汉末年的《易纬》，《易纬·乾凿度》认为，世界经历了一个气化、形化和质化的过程，八卦只不过是对它的模拟："易变而为一，一变而为七，七变而为九。九者气变之究也，乃复变而为一。一者形变之始，清轻者上为天，浊重者下为地。物有始、有壮、有究，故三画而成乾，乾坤相并俱生。物有阴阳，因而重之，故六画而成卦。"② 这是典型的宇宙生成论，为了表达这个宇宙的生成，《易纬》将六十四卦分为三十二对，每对卦十二个爻，代表一年十二个月，三十二为宇宙变化的一个周期，是气变、形变和质变的循环往复的一个阶段。扩充来说，三十二年即六十四卦三百八十四爻，一万一千五百二十策（据大衍筮法），三百八十四个月，一万一千五百二十天（按"当期之日"一年三百六十天算）。《易纬》爻辰纳支虽然借用了京房的方法，但二者有很大的不同。京房以八宫卦为基础进行纳支，而《易纬》则以传统通行本《周易》卦序为基础进行纳支，其原则一样从乾坤始。乾自下而上纳子寅辰午申戌，坤自下而上纳未巳卯丑亥酉。但《易纬》有一些特例，比如，泰否二卦按照十二辟卦分属正月和七月，则泰卦自下而上纳寅卯辰巳午未，否卦自下而上纳申酉戌亥子丑。中孚卦和小过卦同于乾坤二卦。另外，京房的六十四卦分上下阴阳卦，阴阳卦所纳地支的阴阳有严格的对应关系，但《易纬》的阳卦可以纳阴支，阴卦可以纳阳支，京房纳支主要用于占测其爻辰五行重生克制化、刑冲克害等作用关系，目的在于通过预测吉凶来指导人事，"于六十四卦，遇王则吉，废则凶，冲则破，刑则败，死则危，生则荣。考其义理，其可通乎"③；《易纬》纳支则更注重历

---

① 卢央. 京氏易传解读：下 [M]. 北京：九州出版社，2004：519.
② 常秉义. 易纬 [M]. 郑玄，注. 乌鲁木齐：新疆人民出版社，2000：7-8.
③ 卢央. 京氏易传解读：下 [M]. 北京：九州出版社，2004：521.

法，强调日月星辰运动的规律和八卦的对应，并因此构造一个形而上学的体系。

尽管有不同，但两者在如下方面却是一致的，比如，天地人事的宇宙论框架；有阳必有阴、阴阳不离的交错运行论；天道左旋、地道右旋的运动方向说；以乾坤为始基，以坎离为用的体用论；等等。总之，京房和《易纬》在爻辰上的相同其实都来自易学象数的思维方式，主要原因在于其宇宙生成论、卦爻符合论上是大致相同的。详细的爻辰纳法总结可参见清人惠栋的《易汉学》以及张惠言的《易纬略义》《周易郑注》《周易郑荀义》等资料。

郑玄不同于京房和《易纬》的爻辰说主要是坤卦的纳法。京氏和《易纬》都是乾纳子寅辰午申戌，坤纳未巳卯丑亥酉，而郑玄乾卦同，唯坤卦顺行，即坤纳未酉亥丑卯巳。虽有不同但是坤卦爻位所代表的月份实则一样，比如，初爻都是六月，京氏和《易纬》二爻巳为四月，三爻卯是二月，四爻丑是十二月，五爻亥是十月，上爻酉是八月。郑玄坤卦纳法则是二爻酉为八月，三爻亥为十月，四爻丑为十二月，五爻卯为二月，上爻巳为四月。相同的原因是地支所代表的月份是一定的，而不同的原因在于郑玄并没有遵循所谓的"天道左行，地道右行"的规则，也就是说阴阳都是左旋。在爻辰说的应用上，郑玄主要是为了把卦爻象数和卦爻断辞统一起来，其方法是运用象数手段解释言辞，这为后世开了先风，尤其影响了象数易学的集大成者虞翻。

所谓礼象说，也就是通过"三礼"（《周礼》《仪礼》《礼记》）来解释《周易》卦爻辞的方法和思想。这在易学史上是郑玄独创的。如果只是用"三礼"或其他儒家经典解释《周易》，那便和易学的义理学派无异。郑玄虽有直接解释的词条，但他的独特之处在于，对有一些词条能紧紧抓住象数的特征来贯穿礼学和卦爻辞。郑氏礼象涉及泰卦、同人卦、讼卦、豫卦等二十多卦，《周易集解》收集其礼象注有三十多条，另外还有其对《易传》文辞的礼象注。郑玄礼象涉及礼学门类，包含婚礼、祭礼、宾礼、封礼、刑礼等，下面择其主要分类阐述。

泰卦六五："帝乙归妹，以祉元吉。"郑玄注曰："五爻辰在卯。春为阳中，万物以生。生育者，嫁娶之贵，仲春之月。仲春之月，嫁娶男女之礼，福禄大吉。"① 按郑氏爻辰，泰卦六五纳卯，卯为二月，故称阳中。阳气处五爻尊贵之位，万物滋长。仲春之月适宜嫁娶，可得福禄。此条郑玄用《周礼·地官·媒氏》"中春之月，令会男女"来解释爻辞"帝乙归妹"，但不是直接用《周礼》解释，而是通过象数的爻辰说，时令六五值卯来转释，更有说服力。

同人卦六二："同人于宗。"郑玄注曰："天子诸侯后夫人，无子不出"，张惠言补正："《仪礼·士昏礼》疏、《仪礼·内则》正义。"② 按古礼女子无后当废黜，此条之所以"不出"，乃在于六二得正得中，与九五相应，则是夫妻相亲，家庭和睦之象。

坎卦上六："系用徽纆，置于丛棘，三岁不得，凶。"郑玄注曰："系，拘也。爻辰在巳。巳为蛇，蛇之蟠曲似徽纆也。三五互体艮，又与震同体。艮为门阙，于木为多节，震之所为有丛拘之类。门阙之内有丛木。多节之木是天子外朝、左右九棘之象也。外朝者，所以询事之处也。左嘉石，平疲民焉；右肺石，达穷民焉。疲民，邪恶之民也。上六乘阳，有邪恶之罪，故缚约徽纆，置于丛棘，而后公卿以下议之。其害人者，置之圜土而施职事焉，以明刑耻之能复者。上罪三年而赦，中罪二年而赦，下罪一年而赦。不得者，不自思以得正道、终不自改而出圜土者，杀，故凶。"③ 坎卦上六纳巳，巳在属相为蛇，蛇盘身之所在丛棘。三爻至五爻互体艮象，二爻至四爻互体震象。艮有门阙之象，震有蟠曲多节的树木之象，联合起来则是门内有丛棘。据《周礼·秋官·朝士》，周天子诸侯有三朝，有外内之别。外朝左右种植九棘之树，有处理犯人的丛棘之象。外朝也是公卿大夫断狱决案、处理上诉案件之场所。公卿大夫所对付的，乃是穷恶之民。其易理根据在于："上六乘阳，有邪恶之罪。"上六处于九五之上，为阴乘凌阳，在象数易家看来，是不好的征兆，故对上六有邪恶的价值评判。邪恶之人，当然要"置于丛棘"，以等待判决。据《周礼·秋官·大司寇职》，外朝嘉石所立处，为评判犯人；肺石（赤石）所立处，为处理生活无靠而上诉者。圜土，即狱牢。有做恶事者，但

---

① 张惠言. 周易郑注 [M]. 续修四库全书本. 上海：上海古籍出版社，2002：80.
② 张惠言. 周易郑注 [M]. 续修四库全书本. 上海：上海古籍出版社，2002：81.
③ 张惠言. 周易郑注 [M]. 续修四库全书本. 上海：上海古籍出版社，2002：88.

未触及刑律，应当施之以类似劳教之类的惩罚，使其"以明刑耻之能复"，也就是重新做一个好老百姓。能改正行为的，"上罪三年而赦，中罪二年而赦，下罪一年而赦"。仍不知悔改而又放出监牢的，则格杀之。整体看来，此爻主凶。

上例颇能代表郑玄礼象说的精要，一方面，郑玄用到传统象数学的互体、乘承、《说卦》诸象，为用《周礼》揭示爻辞打下基础；另一方面，郑玄通过礼学展开论说，使一句简单的爻辞"三岁不得，凶"获得了礼法上的意义。联系"系用徽纆，置于丛棘"的诸象，坎卦上六具有了生活场景和道德内涵。可以说，此爻的解释之所以获得后世的认可，不仅是郑玄将象数和义理做了完美的结合，还在于其道德感召和伦理解释的力量。当然，囿于时代和阶级局限，郑氏所谓"穷民""疲民""恶民"的产生是有其阶级根源的。

离卦九四："突如其来如，焚如，死如，弃如。"郑玄注曰："震为长子，爻失正，又互体兑，兑为附决。子居明法之家而失正，何以自断，其君父不志也。突如，震之失正，不知其所如，又为巽，巽为进退，不知其所从。不孝之罪，五刑莫大焉。得用议贵之辟刑之，若如所犯之罪。焚如，杀其亲之刑；死如，杀人之刑；弃如，流宥之刑。"[①] 离卦九四为阳爻，若正位为阴，则三四五爻互体震卦，按《说卦》震为长子。现失其正，三四五爻互体兑卦，兑为附决指断狱。二三四爻互体巽卦，进退失据之象。离卦上下皆体离，是为明法之家。四爻的错误在于失正，也就是犯错误，子在家犯错为不孝。故郑玄引《周礼·秋官·大司寇职》的不孝之罪譬之。又据《周礼·秋官·掌戮》《周礼·夏官·司圆》，对不孝者最严厉的惩罚是"焚如""死如"的杀戮之刑，最轻也是"弃如"的流宥之刑。这一例最明显的莫过于四爻失正，这在虞翻易学中成为一个很平常的易例，即"之正"。失正即阳爻位阴居之，阴爻位阳居之，这在象数易家看来，即不合于卦气的征兆，这将带来灾殃。关于正位、中正、相应易例的道德解释还存于咸卦卦辞注、家人卦六二爻注中。

姤卦卦辞："女壮，勿用取女。"郑玄注曰："一阴承五阳，一女当五男，

---

① 张惠言. 周易郑注［M］. 续修四库全书本. 上海：上海古籍出版社, 2002：89.

苟相遇耳，非礼之正，故谓之姤。女壮如是，壮健以淫，故不可娶。妇人以婉娩为其德也。"① 阳在阴上为"据"，这也是郑玄的发明，后被荀爽、虞翻反复用之。但这里的据，应从初阴着手看。阴在阳下为承，本来是合度的，但自承五阳就阴阳失度了，因此郑玄说"非礼之正"，初阴不正，已失其德。这个例子很直观，象数直接把礼象和卦辞联系起来，给人印象深刻。

旅卦初六："旅琐琐，斯其所取灾。"郑玄注曰："琐琐，犹小小。爻互体艮，小石，小小之象。三为聘客，初与二，其介也。介当以笃实之人为之，而用小人琐琐然。客主人为言，不能辞，曰非礼；不能对，曰非礼。每者不能以礼行之，则其所以得罪。"② 旅卦初爻之所以有"琐琐"的小义，乃在于初爻为全卦之始，萌小之本义。下体艮卦，小石之象。初虽与四应，但在旅卦下体之中，初以三爻为主人，二爻与初爻一样，都是"介人"，按《仪礼·聘礼》《礼记·聘义》，所谓介人是指受聘主人的佣侍。要想达到受聘的目的，主人必定需要有才能有担当的介人。二爻处中正之位，非初爻能比，实为"笃实之人"。一个介人，既不善于辞令，又不能给主人出主意，那这就不符合礼法的规范了。可见，初爻的结局一定是动辄得咎的。

蛊卦上九："不事王侯，高尚其事。"郑玄注曰："上九艮爻，艮为山。辰在戌，得乾气，父老之象。是臣之致事也，故不事王侯。是不得事君，君犹高尚其所为之事。"③ 蛊卦上体艮为山，故称艮爻。爻辰在戌，戌亥之地在后天八卦中为乾金，故得乾气，乾有老父之象。此卦既为亲子关系，又可看作君臣关系。老父年事已高，故虽致事，已不能有实际用处。不事王侯，非不为也，不能也。为报老臣忠心，君王亦诚心应对，虽上九尊而无位，但亦能使其尊贵。据《礼记·表记》《礼记·曲礼上》，君王对于留任以备咨询的老臣厚待之。

以上是郑玄易学礼象说的大体内容，郑氏兼采象数派和义理派，其道德思想和伦理内容往往通过象数符号的运动进行揭示，如上所论。从《易纬》到郑玄，上承西汉占验派，下启荀爽、虞翻的进一步改革象数派。我们发现

---

① 李鼎祚. 周易集解［M］. 北京：中华书局，2016：271.
② 张惠言. 周易郑注［M］. 续修四库全书本. 上海：上海古籍出版社，2002：102.
③ 张惠言. 周易郑注［M］. 续修四库全书本. 上海：上海古籍出版社，2002：83.

象数符号对于解释道德内容具有广阔的空间，同时，由于符号和言辞之间的矛盾运动的张力变化也给自身提出了问题。《易纬》和郑玄不同于汉末虞翻的地方还在于：郑氏易学和《易纬》一样，仍然在构筑一个形而上学的体系，道德的表述就在这个体系之中。象数是也只能是这个构建工作的手段；而到了虞翻易学，他更加看重这个所谓的手段本身，宇宙论体系化的变化不在象数符号的改革之外，因而在某种程度上手段就是目的，而伦理理想就嵌在这些象数符号的变化之中，有待人们进行领悟。平心而论，作为象数派集大成者的虞翻易学若没有郑玄以象数释卦爻辞开风气之先，是很难靠想象凭空产生出来的。

郑玄易学结合象数和义理的巧妙与他注《易纬》脱不开关系。正是《易纬》的六日七分说、八卦卦气说、九宫说构成了一个宇宙生成的蓝图，《易纬·稽览图》更是列出了一个帝王和圣人受命的图式。这个图式经过了四十二次易姓，其预测人类政治的时间竟然长达三万一千九百二十年。不得不说这是一种怪异的迷信，然而在《易纬》看似反理性的冲动之中，实则处处透露着象数占算的理性法则。这个法则将人类道德生活也包括进来，并成为类似自然规律的一部分。《易纬》确实具有某种政治伦理色彩，其神道设教来自它的道德起源说。《乾凿度》说："八卦之序成立，则五气变形。故人生而应八卦之体，得五气以为五常，仁义礼智信是也。夫万物始出于震，震，东方之卦也，阳气始生，受形之道也，故东方为仁。成于离，离，南方之卦也，阳得正于上，阴得正于下，尊卑之象定，礼之序也，故南方为礼。入于兑，兑，西方之卦也，阴用事而万物得其宜，义之理也，故西方为义。渐于坎，坎，北方之卦也，阴气形盛，阴阳气含闭，信之类也，故北方为信。夫四方之义，皆统于中央，故乾坤艮巽，位在四维，中央所以绳四方行也，智之决也，故中央为智。故道兴于仁，立于礼，理于义，定于信，成于智。五者，道德之分，天人之际也。圣人所以通天意，理人伦而明至道也。"[①] 这是说仁义礼智信非后天经验中形成，而是主体自生时便具有，是秉气而成的。这个五常可由后天八卦中的八个经卦进行比拟：震在东方，初爻一阳滋生，万物

---

① 常秉义. 易纬 [M]. 郑玄，注. 乌鲁木齐：新疆人民出版社，2000：6.

生成，体天地生生之德，故为仁；离在南方，三爻阴阳定位，尊卑已成，体天地礼义之德，故为礼；兑在西方，二阳一阴用事，收益已定，体天地利宜之德，故为义；坎在北方，一阳二阴用事，闭藏已定，体天地信望之德，故为信。以上震离兑坎为四正。四正的德义应该有所统属，何时何地行仁义礼信，由智所决，故中央之地为智。四维乾坤艮巽分处，代表行德之行。四维之行受中央智之决。所以大道之行，发端于仁，序齐于礼，和理于义，定望于信，统成于智。这五常，分管道德之各个领域，既含有自然规律的部分，又统摄人的行为智慧，所以才称为"天人之际"。也就是说，伦理纲常非纯粹的自然现象，亦非简单的人的行动，它在天人之"间"。只有圣人才能通晓这个道理，所以圣人要做的就是理序人伦而使大道昌明。

郑玄承续了这个思想，他在注《易纬·乾凿度》的"太一"时说："太一者，北辰之神名也……下行八卦之宫，每四乃还于中央。中央者，北神之所居，故因谓之九宫。天数大分，以阳出，以阴入。阳起于子，阴起于午。是以太一下九宫，从坎宫始。坎，中男，始亦言无适也。自此而从于坤宫，坤，母也。又自此而从于震宫，震，长男也。又自此而从于巽宫，巽，长女也。所行者半矣，还息于中央之宫。既又自此而从于乾宫，乾，父也。自此而从兑宫，兑，少女也。又自此从于艮宫，艮，少男也。又自此从于离宫，离，中女也。行则周矣，上游息于太一天一之宫，而返于紫宫。行从坎宫始，终于离宫。"[1] 这是郑玄的九宫理论，即太一之神巡行于九宫的说法。九宫是八方加上中央之地。郑氏的九宫说立足于易学象数、天文学以及八卦所对应的人伦规范，比较合理地解释了自《管子》《吕氏春秋》《礼记》以来的九宫说法，包括《太一九宫占盘》《灵枢经》等占算系统，特别是《易纬》的九宫说。这是一个后天八卦、五行方位与九宫数的所谓"数学幻方"相结合的图式，应该是北宋图书学的来源之一。其在本书中的意义在于郑玄加上了《说卦》中八卦的人伦规范，使得太一的运行路线打上了伦理秩序的色彩。郑玄进一步解释道："数自太一行之，坎为名耳。出从中男，入从中女，亦因阴阳男女之偶，为终始云。从自坎宫，必先之坤者，母于子养之勤劳者。次之

---

[1] 常秉义. 易纬 [M]. 郑玄，注. 乌鲁木齐：新疆人民出版社，2000：23.

震，又之巽，母从异性来，此其所以敬为生者。从息中而复之乾者，父于子教之而已，于事逸也。次之兑，又之艮，父或老顺其心所爱，以为长育，多少大小之行，已亦为施，此数者合十五，言有法也。"① 这是说伦理亦由太一运行之数来定，从北方坎一出，至南方离九入，是一个太一运行的完整过程。中男中女承担繁衍人类之责，自然应落入伦理秩序之轨范，这就是"阴阳男女之偶，为终始云"的意思。从北方坎一入西南坤二，理由是追溯生身之来由，所谓"母于子养之勤劳"，此合于礼法。入东方震三、又入东南巽四者，乾坤生长子长女也，阴阳错落，长幼有别，此所谓"敬为生者"。入中宫五，再入西北乾六，其理在"父于子教之"，于是承有少男少女。入西方兑七，再入东北艮八，最后入中女离九。父母之爱子教子，不管"多少大小之行"，皆为"父或老顺其心所爱，以为长育"，这个规范和法度在数理中是有表现的，那就是"此数者合十五，言有法也"，即九宫之数无论横竖斜相加，均为十五，十五这个数字表现出了一定的法度。这不禁使人联想到古希腊数本原说的代表人物毕达哥拉斯，他认为万物皆出于数，包括人伦规范、道德善恶也是如此，比如，他说："十个本原（引者注：即十个自然数），把它们排成平行的两列：有限和无限，奇和偶，一和多，右和左，阳和阴，静和动，直和曲，明和暗，善和恶，正方和长方。"② 尽管东西方对世界的哲学表达有体系上的不同，但在某些细节上，我们发现人类存在一些哲学思维上的相同之处。

郑玄所处时代，今文经学已经大行其道，作为对《周易》进行解释的易学也开始变得烦琐，"自武帝立五经博士，开弟子员，设科射策，劝以官禄，治于元始，百有余年。传业者寖盛，支叶蕃滋，一经说到百余万言，大师众到千余人，盖禄利之路然也"③。有感于此，郑玄把古文经学和今文经学结合起来，融合象数派和义理派，创立了"郑学"。郑氏易学一度成为学界正宗，其影响已经逸出易学和经学本身，成了一个文化符号。

---

① 常秉义. 易纬 [M]. 郑玄, 注. 乌鲁木齐：新疆人民出版社，2000：23.
② 北京大学哲学系. 西方哲学原著选读：上卷 [M]. 北京：商务印书馆，1981：19.
③ 班固. 汉书：儒林传 [M]. 北京：中华书局，2007：884.

二、虞翻的象数易例及其伦理思想

在象数易学思想发展史上，真正完全把象数符号作为手段阐释卦爻辞，并尽力做成一个体系的，大概只有汉末的虞翻了。可以说，他是象数学解经派的典型代表，又是象数符号创制的终结者。他既是开风气的一代人物，又是一个学术时代的终结者。他上承整个汉代占验派和解经派，下启以王弼为代表的义理学派，称得上是易学史上的"蓄水池"。虞氏易的象数体例浩繁，但其结构性和体系性强，在象数符号的运动当中，往往寄寓了他浓厚的伦理精神、道德理念和社会理想。

虞翻（164—233），三国时期吴国会稽余姚人，字仲翔。孙权时为骑都尉，常随军划谋。性疏直，数犯颜谏争；又不协俗情，多见毁谤。后被徙交州，虽处流放，仍讲学不倦。为《老子》《论语》《国语》训注，尤精易学，长于纳甲、旁通、之正、卦变诸法。[①] 现存虞氏易注主要见于唐人李鼎祚《周易集解》中，另清人孙堂、黄奭多有辑录，清代易学家惠栋、张惠言、曾钊、方申、纪磊、胡祥麟、李锐皆有虞氏易学研究，民国徐昂对其有进一步阐发。诸人之中，研习最深且有独到造诣者，首推清人张惠言。

（一）传统易例的改造

虞翻对传统易例的改造主要表现在之正说、特变、权变等易例上。[②]

所谓易例的"之正"，也就是对传统当位说的改造。之正和当位都是爻性根据爻位而变，比如，初爻之爻位是阳位，如果是阴爻居此，则为不正，即不当位。当位说到这里其意义就停止了，所以当位说是一种静态的观察。而之正是动态的联系，不正当变，变成阳爻则当位。之正还与整体卦利乃至卦与辞的一致性相关。这种复杂的变化就为之正模拟道德创设了条件。例如，损卦九二："利贞，征凶，弗损益之。"虞翻注曰："失位当之正，故利贞。征，行也。震为征，失正毁折，故不征。之五则凶，二之五成益，小损大益，

---

① 陈寿.三国志：吴书[M].北京：中华书局，2006：780-787.
② 关于虞翻易学伦理思想，可参见笔者拙著《虞翻易学伦理思想研究》光明日报出版社2022年版，其中有关于虞翻易例的详尽解说。限于篇幅，本书仅就典型易例给出分析。

故弗损益之矣。"① 失位是指九二，九二变阴爻则下体震卦，震为行，为有所征。而现实则为下体兑卦，兑为毁折，前路不吉之象，故有"征凶"之说。从当位说来看，如果只是静观二爻，不当位可能就不吉了。从卦变说来看，二爻不变爻性，而是直接与五爻相应而动，则卦变而成益卦。之正往往动态联系卦变、旁通、成既济定等易例，展现了它的丰富内涵和高度的能象之能力。所谓之五则凶，不是说二爻不之正，而是与五爻交易变为益卦，那么从全卦而言，二爻虽变为阴，但仍受损，二五小大之损益，故弗损益之为佳。二爻虽需变为阴爻，但此变化不是一蹴而就的，所幸处中，前景可期。故其小象说"中以为志"，虞翻说"动体离中，故'为志也'"②。是说二爻之正之后，乃为离卦之中爻，爻处正位，由刚入柔，刚柔相济则事可成也。由此例可见，之正易例不是当位说机械式的持守正道，而是善于从全局的角度，从变化的几微之处发现道德主体的内在动力和外在因缘。如果之正容易理解，那么由正变不正的所谓"特变"和"权变"就不容易把握了。

特变是从一个正位之爻变为相反的爻。例如，归妹之九二："眇而视，利幽人之贞。"虞翻注曰："视，应五也。震上兑下，离正，故眇而视。幽人，谓二。初动，二在坎中，故称幽人。变得正，震喜兑说，故利幽人之贞。与履二同义也。"③ 一般的理解是虞翻为了解释幽人为坎卦，而把初爻变为阴爻。李道平说："'变得正'者，二当与五易位。卦主在四，四正，然后初正，二乃得上之五，爻序盖如此也。"④ 这是说要变得爻正，需要二爻阳爻与五爻阴爻交易。但变化之前，先需初爻与四爻交易，因为四爻不正。唯有变初爻为阴爻，才能与四爻阴阳交易，于是乎初爻特变。此例也可以理解为归妹卦变向旁通卦渐卦的过程中，初二皆变，下卦兑变为震，所以说震喜兑悦。按照李道平的变法，明显是趋向成既济定，是乾元创生原则；从旁通看，则是事物朝向对立一方转变，这是坤阴终成原则。无论如何，特变具有大局观、辩证的方法和具有某种精神上的理想性。以上讲的是一般特变，还有一种被

---

① 李鼎祚. 周易集解 [M]. 北京：中华书局，2016：253.
② 李鼎祚. 周易集解 [M]. 北京：中华书局，2016：253.
③ 李鼎祚. 周易集解 [M]. 北京：中华书局，2016：332.
④ 李道平. 周易集解纂疏 [M]. 北京：中华书局，1994：475.

称为震巽特变。震巽特变的结果是震变巽或者巽变震，从爻位来讲，不管当不当位都要如此来变。例如，巽卦上九："丧其齐斧，贞凶。"虞翻注曰："变至三时，离毁入坤。坤为丧，巽为齐，离为斧，故丧其齐斧。三变失位故贞凶。"荀爽曰："军罢师旋，亦告于庙，还斧于君，故丧齐斧。正如其故，不执臣节，则凶。故曰丧其齐斧，贞凶。"① 上爻与三爻敌应，为使三上相应，可使下体巽变震，这就是所谓"变至三"。下体震，则下互坤卦，上互离卦毁坏。坤为丧，巽离俱坏，故丧其齐斧。三上虽相应了，但是俱不当位，故贞凶。荀爽的解释主要从上爻居宗庙之位而言，至于执不执臣节，仍然要从相应、当位的角度判断，不如虞翻来得直接。此例三爻有舍小家顾大家而不惜违反规则的意味，表达了在道德冲突之中的价值取向。尽管上九不当位，九三仍然需要面对。

特变给人以伦理上的启迪：凡事应该从全局、从长远考虑，应注意到手段和目的、个体和集体的辩证关系。与特变不同在于，"权变"是有明确的经权关系，更像是一种阶段性的安排。例如，家人卦上九："有孚威如，终吉。"虞翻注曰："谓三已变，与上易位，成坎。坎为孚，故有孚。乾为威如，自上之坤，故威如。易则得位，故终吉也。"② 家人卦上九不正，欲使其正，需变三爻然后交易之，如此则全卦成既济定。有孚威如皆是三变之后阴阳上下所得之象，得位之后终吉。权变有两个动力：一个是成既济定的社会伦理理想，另一个则和巽卦"行权"之义相关。我们先看第一点。家人卦上九《象》曰："威如之吉，反身之谓也。"虞翻曰："谓三动，坤为身。上之三，成既济定，故反身之谓。此家道正，正家而天下定矣。"③ 三动权变而反身，乾阳复归三位，在下互坤卦之中，坤为身，故有反身之说。反身如何与家道、天下联系起来呢？这是因为乾阳被赋予了道德意义，如复卦初爻一样。因此权变并非所有上体居巽的皆从之，而是根据具体的卦爻辞特别是关涉儒家伦理思想而定，这充分展现了注经派的鲜明特色。

权变的另一解释，动力与巽卦之义相关。《系辞·下》："巽，德之制

---

① 李鼎祚. 周易集解 [M]. 北京：中华书局，2016：353.
② 李鼎祚. 周易集解 [M]. 北京：中华书局，2016：232.
③ 李鼎祚. 周易集解 [M]. 北京：中华书局，2016：232.

也。"虞翻注曰："巽风为号令，所以制下，故曰德之制也。"① 这是说巽风为号令，具权威之象，能制其下。"巽称而隐"《周易集解》引崔觐曰："言巽申命行事，是称扬也。"② 意为巽可发布命令，依政而行。如此，巽卦被赋予了调整爻位，在变化之中自持德义的权力的重要地位。说到底，以巽行权是与既济和谐的成既济定的人文理想结合在一起的。

（二）成既济定

"成既济定"是虞翻易学中的一个易例，也就是一卦之中要求六个爻全部变正之后所呈现的既济卦的卦象，这既是理想的目标也是推动现实的力量。从爻变上看，是要求每个爻变正。从卦上看，其意为：虽然众卦都不是处在既济卦的状态，但是都应该趋向或者变为既济卦，这里强调一种价值的引领。既济卦六爻皆正，所以成既济定便是虞翻寄寓在易学体例上的人文理想，也是他对于太极流通、阴阳对待以及动静有常的深刻理解。

屯卦六二："匪寇婚媾，女子贞不字，十年乃字。"虞翻曰："匪非也。寇谓五。坎为寇盗，应在坎，故匪寇。阴阳德正，故婚媾。字，妊娠也。三失位，变复体离。离为女子，为大腹，故称字。今失位为坤，离象不见，故女子贞不字。坤数十。三动反正，离女大腹。故十年反常乃字。谓成既济定也。"③ 此条虽为解释六二，但实际上是引出六三当变，直至联系到全卦成象的过程。这里除了之正易例，还用到相应、互体以及卦数的方法。上体坎卦，五爻处中，代指坎，与二相应，故非为寇盗之事。除了三爻，其他爻都为正，故有阴阳正位之说。二爻正，阴阳相通相应，应婚事。三爻失位，若正位则为离卦之女子，大腹便便之象，为妊娠之象。但现实是下互为坤卦，为阴消阳，离象消隐不见。据《系辞·上》，天九地十，坤数十，故有十年之说（也有根据月体纳甲象所得数十的观点）。三爻变动反回阳爻，大腹之象重现，下互坤卦是反常的，因而六三当变，以利生产。六三变，则全卦为既济，最为理想，故能成就既济卦，则将鼎定安宁、泰和之状态。此条对六二的解释实际上强调了二爻和三爻的统一，也就是讲究全局平衡、阴阳和顺以及顾全大

---

① 李鼎祚. 周易集解 [M]. 北京：中华书局，2016：482.
② 李鼎祚. 周易集解 [M]. 北京：中华书局，2016：483.
③ 李鼎祚. 周易集解 [M]. 北京：中华书局，2016：49.

局。这是把全局和细节结合起来考虑的经典例子，对于生活中的伦理价值的冲突有借鉴意义。

损卦上九："弗损益之，无咎，贞吉。"虞翻注曰："损上益三也。上失正，之三得位，故弗损益之，无咎，贞吉。动成既济，故大得志。"① 除了上九宜正，虞翻还提到了九二宜正。上爻和三爻有相应关系，上爻变正和三爻变正是应该要结合起来的，即使不考虑相应和卦变，从"成既济定"的角度看也应该如此。从之正的角度看，上爻和三爻皆得正，因此上爻和三爻俱正，谈不上有损。而从卦变的角度看，站在三爻的立场，确是通过损上而益三，故有"无咎，弗损益"的表述。得正为吉。在虞翻看来，既济卦即牵引运动趋向缘构（众易例对于太极的有机构成）的理想图式，故说大得其（指趋向太极氤氲）志。革卦九三象辞："革言三就，又何之矣。"虞翻注曰："四动成既济定，故又何之矣。"② 这条象辞的意思是三已经近于四，而四不正，正当变革之时，四正则成既济定。革命即将功成，三应当坚持正见，继续努力。此条看上去是在解释三爻，实际上重点在四爻的之正。此条在爻和爻之间有相互提示的作用，这是适时应变的要求。

益卦九五："有孚惠心，勿问元吉。"虞翻注曰："谓三上也。震为问。三上易位，三五体坎，已成既济。"③ 清代易学家曾钊说："三上易位，震体不见，故勿问。成既济，故元吉。"④ 虞翻所谓三上是指三上不正，当易位而变。震为问，三上变，则下体离卦，震卦不见，故"勿问"。既济卦成，上体坎，下互坎，坎为心，六爻俱正位，故"有孚惠心"。夬卦九二："惕号，莫夜有戎，勿恤。"虞翻注曰："惕，惧也。二失位故惕，变成巽故号。剥坤为莫夜。二动成离，离为戎，变而得正，故有戎。四变成坎，坎为忧，坎又得正，故勿恤，谓成既济定也。"⑤ 夬卦九二爻不正当变，则下互巽卦，巽为号。夬旁通剥，剥下体坤卦，坤为莫（暮）夜。二变下体离卦，离为兵戎。四爻也属不正，当变为阴爻，则上体坎，坎为忧心。尽管有忧，由于坎卦爻

---

① 李鼎祚．周易集解［M］．北京：中华书局，2016：255.
② 李鼎祚．周易集解［M］．北京：中华书局，2016：305.
③ 李鼎祚．周易集解［M］．北京：中华书局，2016：261.
④ 曾钊．周易虞氏义笺［M］．续修四库全书本．上海：上海古籍出版社，2002：527.
⑤ 李鼎祚．周易集解［M］．北京：中华书局，2016：267.

正，故不必过于担心。革卦辞："己日乃孚，元亨利贞，悔亡。"虞翻注曰："遁上之初，与蒙旁通。悔亡，谓四也。四失正，动得位，故悔亡。离为日，孚谓坎。四动体离，五在坎中，故己日乃孚。以成既济，乾道变化，各正性命，保合太和，乃利贞，故元亨利贞，悔亡矣。与乾象同义也。"①遁卦初上易位为革卦，革卦旁通蒙卦。至此，唯四爻不符合成既济定。四爻变则为既济。失正当变，则得位，动静有常，当然悔亡。四动变阴，上互离卦，上体坎卦，则水火既济。己日者，依月体纳甲说比况离卦，水火既济是为孚，言阴阳和谐，互根互成。既济象成，实则为乾阳入坤阴，阴阳凝位，品物成章即"首出庶物"的开端。乾卦之象辞道出了这样一个理：事物经阴阳变化各正性命，性命成则有联系和发展的前提。利于贞正，万物融洽则保合太和。太和者，依理而流通故，因此元亨利贞只是一个流动，通畅无碍当然悔亡矣。这不仅是存有论上的揭示，也是心性论上的启示。

　　成既济定例子还可见于咸卦象辞、恒卦象辞、渐卦象辞、节卦象辞以及《系辞·下》的某些注释之中。总的来说，虞翻的成既济定理念基本上从乾坤二卦的阴阳大义入手，通过"乾元"或乾阳的先验德性和元气一元立论，元气分阴分阳而体现太极，在太极之用的阴阳二气方面则注重崇阳和阴阳相济的态度。阴阳相济是生生精神，而崇阳则是对乾元的复归，是面对"太和之境"的一种理想，是对宇宙创生原则的重视。阴阳是相互依存的，创造性的理想的实现当然需要现实的条件和自身的努力才行，因而成既济定所内含的太极乃是包含了理想和现实两重因素的东西。虞翻在其易注中，显现出一种开放和统一的态度，在对有关"成既济定"的注解中形成了道德形而上学的理论基础，而这个基础又是在对太极的德性化的领悟和象数化的解释方法上奠定起来的。

---

① 李鼎祚. 周易集解 [M]. 北京：中华书局，2016：301.

第三章

象数易学史的伦理思想（二）

象数易学伦理思想史的第二阶段，也就是从魏晋时期到两宋时期。这个阶段的主要特点是图书学的兴起。在图书学兴起之前，比较成体系的象数易学家有：陆绩、干宝、李鼎祚。其他如姚信、翟元、蜀才、崔憬、侯果等稍有可观。陆绩的贡献主要是对京氏易学的研究，保存了一些重要文献，挖掘了一些重要易例。李鼎祚的主要贡献仍在于保存了两汉象数易学的重要资料，为后人的研究奠定了坚实的基础。其中，干宝的象数体系在承续京氏易学的基础上，比较注重创造，尤有可观。两宋学人之中，陈抟有首开风气之先，值得关注。周敦颐倡太极图说，刘牧、雷思齐注重图书，朱震、吴澄偏象数总结。朱熹一派以象数为基，兼采象数和义理。邵雍一派注重易数，强调数的本体地位。此外，尚有援道家入易的俞琰，承继陈图南的张理等人，于象数均有贡献。单从象数表达伦理思想的角度言，可讨论的有干宝、陈抟、周敦颐、邵雍、朱熹等人。

第一节 干宝的易学

干宝，东晋新蔡人，字令升。生卒年不详。年少勤学，博览群书。元帝时，以佐著作郎领修国史，著《晋纪》二十卷，又撰《搜神记》二十卷。好阴阳术数，留思京房、夏侯胜等传，注《周易》。[1] 今传其易注多存于李鼎祚

---

[1] 张善文. 历代易家与易学要籍 [M]. 福州：福建人民出版社，1998：69.

《周易集解》、陆德明《经典释文》中。干宝承续吴国陆绩之京氏易学，在京氏易学即将失传之际起到了接续传承的重要作用，因而其学以京房为宗。他善于通过象数易例结合史实表达自己的政治理念和伦理思想。这一点在整个象数易学发展史上是别具一格的。元人胡一桂评价说："其学以卦爻配月，或以配时日，传诸人事，而以前世已然之迹证之。"① 京房的体系庞大覃思，有通过卦爻吞吐宇宙之气概："运机布度，其气转易，王（通旺）者亦当则天而行，与时消息。安而不忘亡，将以顺性命之理。极蓍龟之源，重三成六，能事毕矣。"② 干宝通过陆绩易学直承这种京氏的易学精神，他在注《系辞·下》"爻有等，故曰物"时说，"爻中之义，群物交集。五星四气，六亲九族，福德刑杀，众形万类皆来发于爻，故总谓之物也。象'颐中有物曰噬嗑'，是其义也"③。此条注释充分表达了干宝的象数观，他认为宇宙之内的事物，包括自然天象、亲族伦理、吉凶祸福、品物流行都可以"发于爻"，即通过卦爻运动来模拟，而这一切都可以以"物"来称之。就像颐卦之中有"东西"的话，就可以看作噬嗑卦。这个比喻是典型的易学的象思维，象思维讲究既抽象又形象，不是抽象却有抽象的特征，不是形象亦有形象的性质。干宝易学在传统伦理学上值得注意的主要有两点。

第一，干宝在承续京房易学的纳甲、纳支注易时，注意运用汉代以来象数时空系统中包含人的七情六欲的特点。如注蒙卦初六之象辞"利用刑人，以正法也"说："戊寅平明之时，天光始照，故曰发蒙。此成王始觉周公至诚之象也。坎为法律，寅为贞廉，以贞用刑，故利用刑人矣。此成王将正四国之象也。说，解也。正四国之罪，宜释周公之党，故曰'用说桎梏'。既感金縢之文，追恨昭德之晚，故曰'以往吝'。初二失位，吝之由也。"④ 蒙卦初六纳戊寅，寅时为凌晨平明之时，此时"天光始照"，故称之为发蒙。这里干宝用凌晨天光比喻周公之至诚感动了周成王，有成王始觉之象。下体坎卦，坎为律法。寅为贞廉，贞廉即廉贞，廉贞在古代天文学中属于北斗七星中第

---

① 胡一桂. 周易启蒙翼传 [M]. 北京：中华书局，2019：331.
② 卢央. 京氏易传解读：下 [M]. 北京：九州出版社，2004：519.
③ 李鼎祚. 周易集解 [M]. 北京：中华书局，2016：493.
④ 李鼎祚. 周易集解 [M]. 北京：中华书局，2016：56.

五星，主情恶之事。"南方之情，恶也。恶行廉贞，寅午主之。"① 情恶之人必以正，故"以贞用刑"。以刑法正人，可比周成王将正四国。正四国则须释周公之党，故"用说桎梏"。金滕之文，出自《尚书·周书》，记叙成王追恨昭德之晚，叔侄和好的故事。之所以"吝"，从爻上解，乃是初二失位，行无所措。此条注释具有干宝易学的鲜明特色，象数体例用到了纳甲爻辰、卦爻象、天文配属、之正等。同时，他把人的情恶纳入象数体系之内，运用周公和成王的史实进行解释，使得蒙卦初爻之义尽显。

注比卦六二"比之自内，贞吉"曰："二在坤中，坤，国之象也。得位应五而体宽大，君乐、民人自得之象也。故曰比之自内，贞吉矣。"② 坤为国，二爻得正得中，与五爻相应，能得天子眷顾。且比卦六二纳乙巳，乙巳主西方之情喜，"西方之情，喜也。喜行宽大，巳酉主之"③。再注比卦六三象辞"比之匪人，不亦伤乎"曰："乙卯，坤之鬼吏。在比之家，有土之君也。周为木德，卯为木辰，同姓之国也。爻失其位，辰体阴贼，管蔡之象也。比建万国，唯去此人，故曰比之匪人，不亦伤王政也。"④ 六三纳乙卯，乙卯主"东方之情，怒也。怒行阴贼，亥卯主之"⑤。六三之所以称鬼，按京房纳甲筮法，乃是卯克下体坤土为官鬼，同时乙卯主东方怒气，阴贼之情，故为鬼。按五德终始说，周旺木德，卯为木，故六三能比拟周国。三位阳而居阴，失位不正，乙卯鬼爻，故有阴贼反叛之象，比拟管叔蔡叔。然比卦有众之象，泱泱大国，若能去除贼人，重建王政，则自能万邦咸宁。

注噬嗑卦初九"屦校灭趾，无咎"曰："趾，足也。屦校，贯械也。初居刚躁之家，体贪狼之性，以震掩巽，强暴之男也。行侵陵之罪，以陷屦校之刑，故曰屦校灭趾。得位于初，顾震知惧，小惩大戒以免刑戮，故曰无咎矣。"⑥ 足上套械，惩治恶人之象。初九居震爻，震为躁卦，又初九纳庚子，

---

① 班固. 汉书：翼奉传 [M]. 北京：中华书局，2007：751.
② 李鼎祚. 周易集解 [M]. 北京：中华书局，2016：80.
③ 班固. 汉书：翼奉传 [M]. 北京：中华书局，2007：751.
④ 李鼎祚. 周易集解 [M]. 北京：中华书局，2016：80.
⑤ 班固. 汉书：翼奉传 [M]. 北京：中华书局，2007：751.
⑥ 李鼎祚. 周易集解 [M]. 北京：中华书局，2016：146.

庚子主北方,"北方之情,好也。好行贪狼,申子主之"①。贪狼是古代天文学的星象。属水木,北斗第一星,主凶暴之祸。下体震卦伏巽卦,为震伏巽,震男巽女,男凌女之象。必得屦校之刑,方知震慑。初爻得正位,知刑戮之残,小惩以大戒,故能无咎。

注益卦六三象辞"益用凶事,固有之矣"曰:"固有如桓文之徒,罪近篡弑,功实济世。六三失位而体奸邪,处震之动,怀巽之权,是矫命之士、争夺之臣,桓文之爻也。故曰益之用凶事。在益之家,而居坤中,能保社稷、爱抚人民,故曰无咎。既乃中行近仁,故曰有孚中行。然后俯列盟会、仰致锡命,故曰告公用圭。"② 益卦六三纳庚辰,庚辰主"上方之情,乐也。乐行奸邪,辰未主之"③。六三爻失位,又处爻辰奸邪,震为动,巽为权,权变奋勇之象。因而其行为至少看上去罪同篡弑。但三爻应六爻之阳,卦变中实从泰来,泰之三阳上阴下,故有齐桓晋文之事比喻之。齐桓晋文,王霸之业,功同济世。矫命者,上体巽权;争夺者,下体震动,皆近齐桓晋文之事。益卦此爻,虽有凶事,然可资用。下互坤卦,为国为家,在益之家,而居国中,故言能保国爱民,因此而无咎。三当变,处二四之阴中,若能力行仁义,必能深孚众望。至于俯列盟会、仰致锡命,熠耀景从、众望所归,那都是自然而然的事了。

第二,把象数符号与历史事实结合起来,表达了干宝的政治理想和伦理观念。这一点在前述中已有所表达。下面择其要补充几个例子:注比卦卦辞"原筮元永贞,无咎。不宁方来,后夫凶"曰:"比者,坤之归魂也。亦世于七月,而息来在巳。去阴居阳,承乾之命,义与师同也。原,卜也。周礼三卜,一曰原兆。坤德变化,反归其所,四方既同,万国既亲,故曰比吉。考之蓍龟,以谋王业,大相东土,卜惟洛食,遂乃定鼎郏鄏。卜世三十,卜年七百。德善长于兆民,戬禄永于被业,故曰'原筮元永贞'。逆取顺守,居安如危,故曰无咎。天下归德,不唯一方,故曰'不宁方来'。后服之夫,违天

---

① 班固. 汉书:翼奉传 [M]. 北京:中华书局,2007:751.
② 李鼎祚. 周易集解 [M]. 北京:中华书局,2016:260.
③ 班固. 汉书:翼奉传 [M]. 北京:中华书局,2007:751.

失人，必灾其身，故曰'后夫凶'也。"① 此条用到京房八宫卦理论，比卦是坤卦的归魂卦，坤宫最后一卦。三爻是比卦的世爻，上爻为应爻。若按京房纳甲，三爻纳卯，当为二月，但此处言七月，应指三爻建月为阳建寅正月，阴建月为申七月，三爻归魂当指七月，此与《史记·律书》和京房纳支的原则是一致的。② 三应上，五位阳居之，得中得正，故将息来，指阳将上行，谓息来，故上爻取阳建巳四月。还可理解为：坤卦在后天八卦之中处西南，西南配地支未、申，故按八卦卦气为七月。所谓"息来在巳"，是指比卦依孟喜卦气说在巳月，巳为四月，与旅、师、小畜、乾同处四月，为卿卦。综合这两则来看，三爻处坤之归魂卦的下体，在下体之上，作为世爻因而能代表下体坤卦，故有七月、四月之说。此爻归魂，从坤之初爻变阳直至五爻变阳为夬卦，一路为变阳，只是到游魂、归魂方回变到阴。且三爻不正，当变之正，故有"去阴居阳"之说，三爻与他爻共承卦主五爻乾阳之命，又比、师、乾俱在四月，故"义与师同"。"义与师同"还在于师卦卦主在二爻，与比卦类似，皆为一阳秉卦主。周礼有三卜，原兆在其中。坤变至归魂，复变回坤，坤属土，土于九宫明堂中处中央，土能笼络四方，故有"四方既同，万国既亲"的断辞。接着干宝比附了一件历史事实，即周公平管蔡之后，为确保东土安全营建洛邑的故事。事见《尚书·洛诰》，"考之蓍龟，以谋王业，大相东土，卜惟洛食，遂乃定鼎郏鄏"，讲的便是此事。而"卜世三十，卜年七百"见于《左传·宣公三年》，这里用于解释"原筮"。至于"德善长于兆民"是为释"元"，可见"元"本身具有道德的含义。而"戬禄永于被业"用于释"永贞"，连起来即"原筮元永贞"。"逆取顺守，居安如危"，"天下归德，不唯一方"，都是对周公及其先王的称颂，"无咎""不宁方来"也就成为德性化解释的结果了。据《史记·卫世家》，"后服之夫，违天失人，必灾其身"讲的是管蔡伙同武庚作乱，武庚、管叔被杀，蔡叔被流放，内乱终被周公平息的故事，故有"后夫凶"的说法。③

---

① 李鼎祚. 周易集解 [M]. 北京：中华书局，2016：78.
② 卢央. 京氏易传解读：上 [M]. 北京：九州出版社，2004：115；胡一桂. 周易启蒙翼传 [M]. 北京：中华书局，2019.
③ 李道平. 周易集解纂疏 [M]. 北京：中华书局，1994：140.

注井卦卦辞"羸其瓶，凶"曰："水，殷德也。木，周德也。夫井，德之地也，所以养民性命，而清洁之主者也。自震化行至于五世，改殷纣比屋之乱俗，而不易成汤昭假之法度也，故曰'改邑不改井'。二代之制，各因时宜，损益虽异，括囊则同，故曰'无丧无得，往来井井'也。当殷之末，井道之穷，故曰'汔至'。周德虽兴，未及革正，故曰'亦未繘井'。井泥为秽，百姓无聊，比者之间，交受涂炭，故曰'羸其瓶，凶'矣。"① 采用五德终始说，殷商水德，周为木德。水木与井卦同，井卦上坎下巽，坎水巽木。水井，乃养命洁身之所，故为"德之地"。井卦为震宫五世卦，世爻在五，应爻在二，故"至于五世"。井卦虽有革新之事，但"改邑不改井"，故旧制比屋乱俗须改，而成汤革命之法度不可改。殷周制度，因时而异，因地而异，对旧制各有损益，继承和创新并举，则同在"括囊"。括囊者，无可谈论，无丧无得，无咎无誉也。殷之末世，世道败坏。犹井道之穷，干涸之极，不可养人，故曰"汔至"。周德甫兴，实百废待兴，尚须改革以使旧制入正轨，故称"亦未繘井"。革新一途，始发维艰，犹井泥沉秽，须用扼腕之力，大刀阔斧浚疏之。功成之前，百姓无所依凭，因此"羸其瓶，凶"。井尚不能养人，比邻村社，只能备受煎熬。李道平说："初二失位，不能正应，坎水涸，斯至矣。故未有繘井之功，而终有羸瓶之凶也。"② 井卦初二不正当变，又与四五敌应，坎水不能至。所以非但繘井不成，还有破坏汲水之具的凶事发生。

注丰卦卦辞"勿忧，宜日中"曰："丰，坎宫，阴世在五。以其宜中而忧其侧也。坎为夜，离为昼，以离变坎，至于天位，日中之象也。殷水德，坎象昼败而离居之，周伐殷，居王位之象也。圣人德大而心小，既居天位，而戒惧不息。勿忧者，劝勉之言也。犹诗曰：'上帝临汝，无贰尔心。'言周德当天人之心，宜居王位，故宜日中。"③ 丰卦实借天象以明人事。丰为坎宫五世卦，世在五，应在二。四爻五爻不正，四宜上至五位，处中即坎象成，故"其宜中而忧其侧"，侧，又作"昃"④，日偏斜之意。坎夜离昼，坎宫自初爻

---

① 李鼎祚. 周易集解 [M]. 北京：中华书局，2016：295.
② 李道平. 周易集解纂疏 [M]. 北京：中华书局，1994：429.
③ 李鼎祚. 周易集解 [M]. 北京：中华书局，2016：336.
④ 李鼎祚. 周易集解 [M]. 北京：中华书局，2016：336.

变化，实以离变坎，变至五爻天子之位，为日中之象，然日中之象毕竟未成，上爻尚为阴爻。上体震动，故日昃。殷商为水德，离变坎，水德渐去，故以周伐殷故事比拟之。坎象昼败，昼当为"纣"，李道平疏曰："昼当作纣，纣败而离日居之"①，离日已变至五，占居王位之象。武王伐纣，圣人德施普而心戒惧，离卦喻德照万物，坎卦为心有忧患。离德既居天位，而尚在坎宫，故能戒惧不怠。圣人德广而心小，方能使百姓无忧，此为劝勉百姓兢兢业业之言。借《诗经·大明》喻之："上帝临汝，无贰尔心。"言自文王以来，周德鼎盛，天人相协，武王宜秉承文德而居天子位，此为"宜日中"之意。干宝结合象数和史实解易，实为《周易集解》一大特色，干氏易学以史解易之处较多，不赘。

干宝易学的最大贡献与陆绩相同，即保存了京房易学的核心部分。但干宝有与京氏不同的地方，展现了他在易学上的创造性。比如，对京房易学做出适当取舍，并有一些改造，如上述以干支天象应情解易，重在解释经文而非占验测候等。干宝的创造其实正与京氏的精神相同，京房说："卜筮非袭于吉，唯变所适。穷理尽性于兹矣。"② 这是说，占测也好，解经也罢，宜唯变所适。唯变不是为了变而变，而是有所待而变，即为了穷理尽性而已。

第二节　陈抟的《龙图序》

宋代象数易学的传播者当推道士陈抟。宋代图书说的起源皆可追溯到陈抟，据传宋代的河图洛书、太极图、先天图都是陈抟传下来的。《宋史·朱震传》载陈抟传承脉络："陈抟以先天图传种放，放传穆修，修传李之才，之才传邵雍。放以河图洛书传李溉，溉传许坚，坚传范谔昌，谔昌传牧。"③ 可以说，陈抟影响了整个宋代易学。

陈抟（871—989），字图南，号扶摇子，赐号"白云先生""希夷先生"。

---

① 李道平. 周易集解纂疏 [M]. 北京：中华书局，1994：480.
② 卢央. 京氏易传解读：下 [M]. 北京：九州出版社，2004：522.
③ 许嘉璐. 二十四史全译：宋史 [M]. 上海：汉语大词典出版社，2004：9455-9456.

亳州真源（今河南省鹿邑县）人，另说出生在今亳州市（安徽省），或谓普州崇龛县（今重庆市潼南区崇龛镇），或西蜀崇龛县（今四川省安岳县）。曾隐于武当山、华山，终于华山张超谷，享年一百一十八岁。《宋史·隐逸传》载其一生行状及其超越常人的地方。① 陈抟平生修道，精于易学。《宋史》《东都事略》《通志》等均有记载，著述颇多，今存仅有《龙图序》。《龙图序》存于《宋文鉴》。

且夫龙马始负图，出于羲皇之代，在太古之先也。今存已合之序尚疑之，况更陈其未合之数耶！然则何以知之？答曰：于仲尼三陈九卦之义，探其旨，所以知之也。况夫天之垂象，的如贯珠，少有差，则不成其次序矣。故自一至于盈万，皆累累然，如系之于缕也。且若龙图便合，则圣人不得见其象，所以天意先未合而形其象，圣人观象而明其用。是龙图者，天散而示之，伏羲合而用之，仲尼默而形之。始龙图之未合也，唯五十五数。上二十五，天数也。中贯三五九，外包之十五，尽天三天五天九并十五之位。后形一六无位，又显二十四之为用也。兹所谓天垂象矣。下三十，地数也，亦分五位皆明五之用也。十分而为六，形地之象焉。六分而成四象，地六不配。在上则一不配，形二十四。在下则六不用，亦形二十四。后既合也，天一居上为道之宗，地六居下为地之本，三干地二地四为之用。三若在阳则避孤阴，在阴则避寡阳。大矣哉！龙图之变，歧分万途。今略述其梗概焉。②

上文"龙马负图"，即《易传》所谓"河出图、洛出书，圣人则之"，据说此图出自远古的羲皇时代。龙图，引龙马负图而出传说，指河图洛书。此文是对河图洛书的精要进行概说。前几句主要讲河图洛书可分为河图与洛书，龙图虽可分，亦可合。分合之间，从圣人孔子所陈述的"三陈九卦"进行探索，可得其大要。既得其旨，则宇宙之小大内外，无不合其理。然天意如氤氲之气，只列天地之象，龙图分则可辨其象，龙图合则可析其理。所以"天

---

① 许嘉璐．二十四史全译：宋史［M］．上海：汉语大词典出版社，2004：9894-9895．
② 吕祖谦．宋文鉴［M］．齐治平，点校．北京：中华书局，2018：1208．

意先未合而形其象"，至于"圣人不得见其象"只是天地已合，若回溯之，无所观其象，这是天地回溯的原点，可从生成论和本体论两方面理解。龙图合无形无象，分则有形有象，圣人则据此观象，象通则天地之用可明，如此可接入人类生活的全体大用。天地一体，品物流行，万象分而散之，伏羲本初心，溯源头，因此"合而用之"；仲尼悬一理，据形象而反求，故"默而形之"。说到底，龙图可上可下，彻内彻外，其大无外，其小无内，可概一切。此类似于《易纬》所谓"太易""太初""太始""太素"的宇宙变化。《易纬·乾凿度》对宇宙的描述具有阶段性的生成论的特征："太易者，未见气。太初者，气之始。太始者，形之始。太素者，质之始。"郑玄注曰："太易之始，漠然无气可见者。太初者，气寒温始生也。太始，有兆始萌也。太素者，质始形也。诸所为物，皆成苞裹，元未分别。"[1] 据郑玄注，太易为不可思议、难以言说的"漠然无气可见者"的阶段，这一阶段可设想为"无"，同于老子《道德经·第四十章》"反者道之动，弱者道之用。天下万物生于有，有生于无"。太初阶段，开始有物质性的气，并且气有寒温的区别。太始阶段，气有聚散运动，开始形成万物生发的征兆。到了太素阶段，形因质立，质倚形成，"质始形也"，形质须臾不可分。这个阶段也可以从乾元之气的变化角度观之。《乾凿度》说："易无形畔。易变而为一，一变而为七，七变而为九，九者气变之究也。乃复变而为一。一者，形变之始。清轻者上为天，浊重者下为地。"[2] "易"指的是太易阶段，既是变化原点，也是本体预设。"一""七""九"以乾阳运动为主线，分别对应太初、太始、太素。太素亦可复变为一。这个"一"，可指有形征兆的初阳"一"，也可以理解为回复到太易无所分别之处。太易在有无之间、在一动一静之间，对太易的领悟存乎一心。"一""七""九"的形质之变也是清浊、轻重、上下的天地变化过程。

  此文后几句涉及数理，主要运用象数易学特有的象数符号对龙图进行解说。"五十五"数即《系辞》中的天地之数。龙图未合，则定然有数、有象、有形。有形象的万物都有其数理基础，此处"数理"非西方哲学和数学的数理，但与之有一定的交互。数理是象数学中的概念，春秋时便有对数理的讲

---

[1] 常秉义.易纬[M].郑玄，注.乌鲁木齐：新疆人民出版社，2000：20.
[2] 常秉义.易纬[M].郑玄，注.乌鲁木齐：新疆人民出版社，2000：7-9.

述，如《左传·僖公十五年》有言："龟，象也。筮，数也。物生而后有象，象而后有滋，滋而后有数。"① 这是说龟卜看烧灼之后的兆象，筮法则是一个贯穿数理的程式。在事物确立之后，其物"象"是比较原始的，物象并非静止，而是不断在运动，象和象之间的关系越来越复杂，这就是"滋"，然而不管多么繁复，一定有一个是这样而非那样的"数"理。这个数理，不仅是自然规律的数学逻辑，也是对人伦规范的理念表达。《说文解字》言："数，计也。"② 计，也就是计数。计，会也。段玉裁解为"会，合也"③。合，是用算筹和事物相对应的过程。可见，在中国文化视域中，数不仅是抽象的数学，还是生活中的某一场景，某一过程。《汉书·律历志》则直接说："数者，一十百千万也。所以算数事物，顺性命之理也。"④ 数不仅是一十百千万，使数能具有"一十百千万"的表达的根源，还是天人之间的性命之理以及人的认识和体察。

林忠军据张理《易象图说内篇》提出，陈抟所论之数关乎河图的生成。河图生成由三个阶段组成，分别是：第一阶段，龙图天地未合之数；第二阶段，龙图天地已合之位；第三阶段，龙图天地生成之数。⑤ 第一阶段有天数和地数，天数二十五，地数三十，共五十五。天数以五为一元，纵横为三组，三三得九。一三五七九积为二十五。每一元亦为五，纵横三组，每一纵或每一横为三五十五数。天数一和地数六虚二不用，故天数二十四为用。这就是所谓"中贯三五九，外包之十五，尽天三天五天九并十五之位。后形一六无位，又显二十四之为用也。兹所谓天垂象矣"。地数三十，亦分五组，每组以六为一元，五六三十，二四六八十积为三十。三十除以五为六，此所谓"下三十，地数也，亦分五位皆明五之用也。十分而为六，形地之象焉"。第一阶段有五十五数，但未合成龙图。第二阶段开始复杂的变化。有天数变和地数变。天数上五去四得一，下五去三得二，左五去一得四，右五去二得三，中五不动。一为阳二为阴，中五意为四象五行。中五左上一元为太阳火，右上

---

① 陈戌国.春秋左传校注 [M].长沙：岳麓书社，2006：205.
② 汤可敬.说文解字今释 [M].长沙：岳麓书社，1997：438.
③ 汤可敬.说文解字今释 [M].长沙：岳麓书社，1997：331.
④ 班固.汉书：律历志 [M].北京：中华书局，2007：110.
⑤ 林忠军.象数易学发展史：二 [M].济南：齐鲁书社，1999：137-140.

第三章 象数易学史的伦理思想（二）

一元为少阴金，左下一元为少阳木，右下一元为太阴水，中央一元为中宫土。此配置略不同于周敦颐《太极图》，不同之处在于，周子置太阴水为右上，而置少阴金为右下。相比之下，龙图更有动态的意味，而《太极图》则注意阴阳太少的分野。中元右三左四，象征八卦三爻和四时运行。故一二三四皆有意味。一三五为"参天"，配二四为"两地"。一二三四五积为十五，故十五为五行之生数。地数变是，增一在上为七，增二在左为八，增三在右为九，下六不配为六，六七八九则为阴阳老少之筮数。此为"六分而成四象，地六不配。在上则一不配，形二十四。在下则六不用，亦形二十四"。天数图一二三四为五行之生数，象天。地数图六七八九则五行之成数，法地。此时阴阳开始相交，天地开始形成，天图有偶数，地图有奇数。如此上下相交，象形归位。第三阶段为龙图始成。龙图是天图地图旋转相合而成。一二三四天象右旋，则上一居下位，下二居上位，左四居右位，右三居左位，五居中。这是河图即龙图内圈。地图静而正位，则一与六合为水在下，二与气合为火在上，三与八合为木在左，四与九合为金在右，五与十合为土居中。至此龙图成。此即所谓"后既合也，天一居上为道之宗，地六居下为地之本，三干地二地四为之用。三若在阳则避孤阴，在阴则避寡阳。大矣哉！龙图之变，歧分万途"。

陈抟所谓圣人"三陈九卦"之德，实际上被理解为是龙图变化的三个阶段。但《龙图序》并无六十四卦之卦象，故"三陈九卦"如何由孔子结合天道人伦之道德来阐述天地龙图之变，到底"于仲尼三陈九卦之义"如何，其情殊未可知。下面从不同于陈抟的数的角度，试用"德义"来解释"三陈九卦"，看看除了孔子"三陈九卦"喻示龙图生成之外，是否有别的解释的可能性。

所谓"三陈九卦"，是指三次陈述九个卦，阐明九个卦具有的德义。这九个卦分别是：履、谦、复、恒、损、益、困、井、巽。"三陈九卦"是出现在《系辞·下》中的一段文字："是故履，德之基也；谦，德之柄也；复，德之本也；恒，德之固也；损，德之修也；益，德之裕也；困，德之辨也；井，德之地也；巽，德之制也。履，和而至；谦，尊而光；复，小而辨于物；恒，杂而不厌；损，先难而后易；益，长裕而不设；困，穷而通；井，居其所而迁；巽，称而隐。履以和行，谦以制礼，复以自知，恒以一德，损以远害，益以兴利，困以寡怨，井以辩义，巽以行权。"①

这段文字在历史上被不少人讨论过，朱熹认为，孔子说出这九个卦只是偶然的，九个卦看不出有什么规律。他说："三说九卦，是圣人因上面说忧患，故发明此一项道理，不必深泥。如困德之辨，若说蹇屯亦可，盖偶然如此说。"② 圣人系辞果然只是偶然说到这九个卦吗？笔者认为这不是偶然的，一定是经过了慎重的选择。从义理上看，九卦不是简单随意列出的，张载说："《系辞》独说九卦之德者，盖九卦为德，切于人事。"③ 陆九渊也说："九卦之列，君子修身之要，其序如此，缺一不可也，故详复赞之。"④ 从象数上看，胡煦说："煦按上经三卦与下经六卦相配，前后皆依经序。上三卦至复言本，大体也。下六卦至巽言制，大用也。来氏以履下七卦皆言持己，并作施泽于人说。煦按基谓后有可增，柄谓心有所持，本谓大体已具，固谓杂感不摇，修谓去其有余，裕谓充其不足，辨谓智生，地谓体安，制谓用行也。龚括苍曰三陈初德也，次体也，次用也。胡云峰曰夫子偶即九卦言之，然上经自乾至履九卦，下经首恒至损益亦九卦。上经履至谦五卦，下经益至困井亦五卦。上经谦至复又九卦，下经井至巽亦九卦。上经自复而八卦为下经之恒，下经自巽而未济，亦八卦，转为上经之乾。非偶然者，于此见文王之心焉。凡十卦置乾不言，乾为君也，无离而互离，用晦而明也。"⑤ 根据清代易学家胡煦的意见，九卦不是随意说出的，因为九卦之间的序列具有规律性，能被理解为是一种理性的判断和抉择。其理由是：第一，上经中，履、谦、复三卦与下经中恒、损、益、困、井、巽六卦相配，前后都是按照通行本顺序来的。所谓相配，是指履、谦、复三卦表示德性本体，恒、损、益、困、井、巽六卦表示本体所用即德行。即胡氏所说"上三卦至复言本，大体也。下六卦至巽言制，大用也"。就本体而言，前三卦实际上是在说明复卦而已，履、谦旁通对举共同说明复，后文详述。后六卦在"用"的层面，经历两个层次，

---

① 廖名春.《周易》经传十五讲［M］.北京：北京大学出版社，2004：359.
② 朱熹.朱子语类［M］.黎靖德，编.北京：中华书局，1994：1952.
③ 张载.张载集［M］.北京：中华书局，1978：227.
④ 陆九渊.陆九渊集：语录上［M］.北京：中华书局，1980：418.
⑤ 胡煦.周易函书［M］.北京：中华书局，2008：809.

一是"修德",二是"成德"。① 修德阶段对应恒、损、益三卦,成德阶段对应困、井、巽三卦。胡氏接着说:"来氏以履下七卦皆言持己,井作施泽于人说。煦按基谓后有可增,柄谓心有所持,本谓大体已具,固谓杂感不摇,修谓去其有余,裕谓充其不足,辨谓智生,地谓体安,制谓用行也。龚括苍曰三陈初德也,次体也,次用也。"这一段不仅适用于所引胡氏全文的象数考察,也适用于义理说明。第二,胡氏引元代易学家胡炳文,说明了三陈九卦在数理排列上的规律:"胡云峰曰夫子偶即九卦言之,然上经自乾至履九卦,下经首恒至损益亦九卦。上经履至谦五卦,下经益至困井亦五卦。上经谦至复又九卦,下经井至巽亦九卦。上经自复而八卦为下经之恒,下经自巽而未济,亦八卦,转为上经之乾。非偶然者,于此见文王之心焉。凡十卦置乾不言,乾为君也,无离而互离,用晦而明也。"胡炳文是研究推广朱熹的易学家,但他本人对于朱熹的论断是否定的。他从两个方向论说:其一,上经从乾卦到履卦,历数为"九",下经从恒卦到损、益卦也是九卦。上经履卦到谦卦历数为"五",下经益卦到困、井卦也是五。上经谦卦到复卦历数"九",下经井卦到巽卦也是"九"。上经复卦经过八个卦接续到下经恒卦,下经巽卦也是经历八个卦过渡到上经乾卦。这样强的对应关系很难说是偶然的,为什么"凡十卦置乾不言"?因为"乾为君也"。其意为:乾为本体,虚乾不说,乾就像人君,人君的管理是渗透在事事物物之中的。这就像大衍之数五十,其用四十九,虚一不用,此"一"是本体。其二,从象上看,九卦的上下体除了离卦,其他七个经卦都用到了,胡炳文的解释是"无离而互离,用晦而明也"。其意为:上经履卦下互离卦,此为本体照"用"。下经困、井、巽三卦均有互卦离卦,此为用不离体。为何恒、损、益三卦无离之互卦?恒、损、益三卦处修德阶段,离之"用晦",到成德阶段,则都有互离,说明德性在自身,若不反身而求,则德不明照,但经过磨炼,"德"也就一时明白起来了。这基本上是按照"明德—修德—成德"的思路来解释三陈九卦的。笔者将按照"初陈""再陈""三陈"的秩序一一分说。

初陈。首先是明德三卦履、谦、复。"是故履,德之基也。"虞翻曰:"乾

---

① 周广友. 易传三陈九卦的义理结构及其德性修养论[M]//北京大学《儒藏》编纂与研究中心. 儒家典籍与思想研究:十一. 北京:北京大学出版社,2019:179-193.

为德。履与谦旁通。坤柔履刚，故德之基。坤为基。"① 所谓乾为德，是从乾元的先验德性而言，如前述，乾虚不用，但乾元一旦与坤阴结合而成形，则一定会表现出来乾之性。首谈履卦，其实是在讲复卦，复卦乾初出，则众阴受统，寓示乾变坤化之时，众物开始接受乾性和禀赋乾性。按照《说卦》在天为阴阳，在地为刚柔，在人为仁义的说法，三爻是人位之始，是乾元在天地赋形之后对于人的特赋。因此履卦三爻为阴，履为礼之说是符合乾元运动的。侯果曰："履，礼。蹈礼不倦，德之基也。自下九卦，是复道之最，故特言矣。"② 德之基，此基即从人开始赋德之基。只要人"蹈礼不倦"，人才成为人，这就是基，是奠基，也是永续不断的基因。九卦之中，履卦最能体现复卦精神，故首先言履卦。履卦与另一个表达复卦的谦卦是旁通卦，谦卦是履卦的反面，同时谦之三为阳，说明乾阳已臻三位人位，谦与履在共同示现复卦之乾元、复初。履卦所"履"，乾阳精神贯之于人道，谦之所"谦"，人伦践履欲联通内外，故所施者必当谦卑而行。坤柔履刚，不是凌乘于刚，而是阴阳相济、刚柔相合，如此则仁义相生。坤为基与履为德基意思一样，言乾触坤阴，于人道必成仁义。"谦，德之柄也。"虞翻曰："坤为柄。柄，本也。凡言德，皆阳爻也。"③ 因为德之最后由来是在乾元，故说"德"必然涉及乾阳或者阳爻。今阳在谦三，寓示阳已及人，须由人弘道此阳，以及万物。这就是谦三的真义，谦之九三："劳谦，君子有终，吉。"君子需要勤劳谦虚，方能有始有终，获得吉利。勤劳是对自身而言，是立于天地之间的必然，同时需要沟通上下内外，谦虚卑下，故谦虚是作用于内外。其《象》曰："劳谦君子，万民服也。"这说明，"九三位处上、下之际，行事颇多艰难。故既要守谦不骄，又要勤劳不息。胡炳文曰：所谓劳者，即乾之终日乾乾。"④ 此处所引胡注，说明谦之三实则乾之三，同于"终日乾乾"之义。因此，乾元作用于坤阴三爻时，行事勤劳、做人谦卑乃是人之为人的根本，此之谓"柄"。干宝曰："柄，所以持物。谦，所以持礼者也。"这是以柄喻谦而以物喻礼也。

---

① 李道平．周易集解纂疏 [M]．北京：中华书局，1994：660．
② 李道平．周易集解纂疏 [M]．北京：中华书局，1994：660．
③ 李道平．周易集解纂疏 [M]．北京：中华书局，1994：660．
④ 黄寿祺，张善文．周易译注 [M]．上海：上海古籍出版社，1989：140．

"复，德之本也。"虞翻曰："复初乾之元，故德之本也。"① 乾元复初，一阳初出，乾性始发，坤形始布。在乾坤始交之时，突出乾阳一元，在创发万物之时亦不忘回归太极的始终。履谦旁通，一体两面，乾元复初，太极之道。先说履卦实则是隐去了乾卦的本体，乾卦即乾元，乾卦蕴含在九卦之中，当然，六十四卦即乾坤二卦，即乾卦。履谦之后，再说复卦，一阳复始，是欲凸显乾卦的乾元精神，即乾变坤化之中的创发精神。至此，履、谦、复三卦实现了对太极乾元以及其先验德性的符示。

其次是修德三卦恒、损、益。先说恒，其旨在立明修养其德的总的宗要。"恒，德之固也。"虞翻曰："立不易方，守德之坚固。"② 所谓"立不易方"，来自恒卦大《象》之辞："君子以立不易方。"虞翻曰："君子谓乾三也。乾为易，为立；坤为方。乾初之坤四，三正不动。故立不易方也。"三爻在恒卦下互乾卦之中，可以说代表了乾卦的精神，乾卦触阴而有天地万物，此为上经所示。下经自咸恒始，自人伦大要婚姻始，实则是乾元已进至三爻。乾元入三不同于上述乾元在履谦的表达，乾元在谦三，是一种德性本体的结构。而这里乾元在恒三，是指乾元触及人伦的现实，它主要不是形上的，而是某种道德原则的生成，即欲体乾修德，首要当遵循何种原则和规范。乾为"易"，指的是乾元开始在人伦之中变化；乾为立，指的是首要该立起来的人际实践原则；坤为方，指的是实践原则所面对的条件和世界。乾初之坤四，乾卦之初爻与坤卦之四爻在卦际之间上下爻体交易，则乾卦下体巽，坤卦上体震，上震下巽是为恒卦也。三正不动，三在乾卦不变，变恒卦三爻正，亦不变。寓示乾元已经立基于人道，道德总原则已立，不可轻易改变，故"立不易方"也。人道总原则在虞翻看来是"守德之坚固"，也就是在修道过程中决不放弃德性，要让乾元德性与主体合一，在道德行为中不断夯实基础，成为坚固的堡垒。损益之卦实则是从另一方面来验证恒卦的坚守，损卦和益卦是综卦关系，综卦实则是换一个角度看问题，是转换视角给出的不同视域。修德之恒就是在事物有损有益的变化过程中确立起来的，损益，三阴三阳之卦，阴阳刚柔之性在形成仁义之德的过程之中充分融合，同时，主体和对象

---

① 李道平. 周易集解纂疏 [M]. 北京：中华书局，1994：661.
② 李道平. 周易集解纂疏 [M]. 北京：中华书局，1994：661.

化的主体也已经确立起来，这样便形成了道德实践的基础。恒，下互乾，乾有进阶之象。进阶者，三四爻人位，说明修德才能成就人道。"损，德之修也。"荀爽曰："徵忿窒欲，所以修德。"①"徵忿窒欲"来自损卦大《象》，其《象》曰："山下有泽，损。君子以徵忿窒欲。"虞翻曰："君子，泰乾。乾阳刚武，为忿。坤阴吝啬，为欲。损乾之初成兑说，故徵忿。初上据坤，艮为止，故窒欲也。"虞翻主要从卦变角度解释"徵忿窒欲"。修德者，君子。损卦自泰卦来，泰卦下卦乾为君子。乾阳刚，故为"忿"，坤吝啬，故为"欲"。泰卦初爻"连动"以至上爻为损，则下体兑说，上体艮止。初变为上，消乾，得兑悦，故言"徵忿"。初爻变上爻，损上互坤阴，上爻据之，又上体艮，故言"窒欲"。"徵忿窒欲"，不是尽消乾刚忿，或尽灭坤阴欲。乾初之用意在于阴阳和合，勿使隔离，因此，德之修在于平衡阴阳，调节仁义而已。此与明德之三卦履、谦、复不同的是，先立道德总原则：恒固，再从不同视域观察和体会世界，也就表现为损益的互为综卦，即互为视角。因而益卦实则可以理解为是从另一个角度看世界的损卦。"益，德之裕也。"荀爽曰："见善则迁，有过则改，德之优裕也。"② 荀爽是直接以传统德性论来解释益卦。李道平于此疏曰："唐韵益，饶也。说文裕，衣物饶也，是裕主乎增益其德。故益动而巽，日进无疆，天施地生，其益无方。周语曰布施优裕，故云德之优裕。损象专言徵忿窒欲，益象先言迁善，后言改过。盖迁善则过自改。孟子曰好善优于天下，故曰德之裕也。"③"益""裕"在丰饶的意义上联系起来。故益之德也就是在修德过程中不断"增益"其德，如果增益是稳固，那么不妨把益卦看作是对恒卦的解释。"益动而巽，日进无疆，天施地生，其益无方。"来自益卦的《彖》辞和《象》辞。其《象》曰："益动而巽，日进无疆。"虞翻曰："震三动为离，离为日。巽为进，坤为疆。日与巽俱进，故曰进无疆也。"下震上巽，震动巽进。三爻不正当变，则下体离为日，益之下互坤卦为邦之疆域，今三爻变，毁折坤象，故言与日巽进，进则无疆也。"天施地生，其益无方。"虞翻曰："乾下之坤，震为出生，万物出

---

① 李道平．周易集解纂疏［M］．北京：中华书局，1994：661.
② 李道平．周易集解纂疏［M］．北京：中华书局，1994：661.
③ 李道平．周易集解纂疏［M］．北京：中华书局，1994：661.

震,故天施地生。阳在坤初为无方,日进无疆,故其益无方也。"乾卦之四爻下往坤卦之初爻,二爻爻体交易,则乾卦上体巽,坤卦下体震,合而为益卦。万物出生乃阴阳交合之结果,故万物出震,震者,刚柔始交。天之所施者乾初,秉德而与阴成,地始生物。震初阳在坤,坤为方,今折毁,同于无疆,故言"益无方"。"凡益之道,与时偕行。"虞翻曰:"上来益三,四时象正。艮为时,震为行,与损同义,故与时偕行也。"六十四卦皆是与时俱行的,益卦也不例外。益卦三上不正,上来三爻体交易,则成既济定。所谓四时象正,下震上巽,巽者倒兑,三上交则成既济卦,上坎下离,故言四时象正。益上互艮为时,下体震行,与损上体艮下互震同。故言与时行。益卦之《象》曰:"风雷,益。君子以见善则迁,有过则改。"虞翻曰:"君子,谓乾也。上之三,离为见。乾为善,坤为过。坤三进之乾四,故见善则迁。乾上之坤初,改坤之过。体复象,复以自知,故有过则改也。"益自否来,否上转为初,"连动"为益。否上体乾为君子。益上之三下体为离为见。三爻变阳为乾善,折毁下互坤,坤为过,"改过"之象。否上来初"连动",三位阴爻进居四位,四爻得正,故言见善则跟变。否上来初,坤之体毁亦为"改过"。初爻以至于四体大互复象,复者,一阳初现,有自知之明,故"复以自知","有过则改"。比较损卦主要强调"惩忿窒欲",损卦可以说重在"减法"而居德,益卦则先说迁善,向善而发,有什么过错也就自然改正了,这像是做"加法"。总之,无论损益加减,修而后裕,裕而后固,是进德修业的一般过程。

最后是成德三卦困、井、巽。"困,德之辩也。"郑玄曰:"辩,别也。遭困之时,君子固穷,小人穷则滥,德于是别也。"[1] 君子和小人的区别是在窘困之时。"君子固穷,小人穷则滥"来自《论语·卫灵公》,是说君子在进退无据时仍然坚持原则,但小人就不这样,其行为没有一定的准则。所以德性修养应该从一开始就要严格,然后持之以恒,不能动摇,"慎之在始,明矣"[2]。成德不同于明德和修德,明德主要讲德之本体,上等根器之人一契即悟,但大部分人是在生活世界之中渐渐修持而得乾性的。修德和成德实际上是一个过程,修德主要从损益之道,持之以恒的角度言之,讲究以小积大,

---

[1] 李道平.周易集解纂疏[M].北京:中华书局,1994:661.
[2] 李泽厚.论语今读[M].北京:中华书局,2015:286.

渐渐而成；成德主要描述在关键的修德节点应该怎么做，如果不坚持原则，那么就失去了德义，坤阴暗积而失去人的主动之德性，有降之为物的危险。如果在关键节点持守正道，以己度世，那么德义即成，换一个角度，也可以看作是德义的考验。困卦即一个具有典型意义的考验境遇。"井，德之地也。"姚信曰："井差而不穷，德居地也。"地是水井赖以存在的基础。有井之地，无论岁月变迁，物是人非，但作为重要生活条件的水井仍然在，这就是象征为德不变，居德永续的重要点。因而井为德之地。有学者认为井中之水是德义的象征，"人自其所拥有的'德泉'所涌出的不竭'德水'那里得到充分的滋养之后，其形而上的精神生命与形而下的肉体生命，皆洋溢出人文德性化的光辉"①。此说亦可通。井与困是综卦关系，困卦转换视角即为井卦。成德之困、井卦既是在关键变化之点出现的，那么在关键的时候就应该提供一个助成为德的外在条件，以之与内在持守一阴一阳共同成德。此外在条件就表现为巽卦。"巽，德之制也。"虞翻曰："巽风为号令，所以制下，故曰德之制也。孔颖达曰：此上九卦，各以德为用也。"② 巽有发号施令之象，令下则有制。"制"，不仅仅是外在制度，它应该内化为主体行动的规范，故真正的制是统一了内在外在，统一了心物两头。巽，风也。无形而有力，无孔而不入，刚刚好可以成为德义相成的寓示。孔氏所言乃极简之语，所谓德为用，德乃乾元之性，这是本根。用者，乾元触阴而生万物，万物有自性亦为乾性。故在生活世界中，乾元之德化为九卦之具体道德境遇，人之"明德—修德—成德"皆在此各个不同的境遇之中，人依此渐渐成就人本身。

再陈。以上初陈，也即陈"初"，初者，根本性的事物。初陈中，九卦之间的阶段性、辩证观、对立统一这些根本的性质得到阐发。再陈接续初陈，进一步说明九卦本身的德性要义。可以说是从具体德性本身进行考察，以此使人明白九卦所代表德性的尊贵，吸引人从事积极的道德修养。仍然是从履卦开始。"履和而至"，虞翻曰："谦与履通，谦坤柔和，故履和而至。礼之

---

① 王新春，吕广田.易传三陈九卦的人文理念［J］.济南市社会主义学院学报，2000(6)：112.
② 李道平.周易集解纂疏［M］.北京：中华书局，1994：662.

用，和为贵者也。"① 履卦与谦卦旁通，两卦是一体两面的东西，故用谦之坤柔说明之。谦卦之上体坤，柔和之象，以之说履之上体乾，乾因此有"和"义，故履"和而至"。"礼之用，和为贵"来自《论语·学而》，和的意思是恰到好处，"恰到好处即恰当。恰当为和、为美，这也就是度"②，李泽厚认为，"度"在中国实用理性中是一种"分寸感"，"这是行动中掌握火候的能耐，而大不同于仅供思辨的抽象（如质、量）。这是中国辩证思维的要点，也就是中庸"③。因此，三陈九卦首提履卦，实际上是亮出了中国原伦理中的实用理性思维方式，这是中国文化所特有的。"谦尊而光。"荀爽曰："自上下下，其道大光也。"④ 若按虞氏卦变，谦卦自复卦系而来，复初即乾阳，秉德而生，初至三，地山为谦。谦卦在六十四卦中是卦爻均无凶辞的唯一一例，可见，秉德者尊崇而辉光。荀氏所谓"自上下下"，是从乾坤相磨生别卦的角度言之，乾之上来坤之三，坤体变为谦卦，乾阳触坤阴三位，三位者，人位。乾阳所动，寓示人伦大用即将展开，故言其道大光。"复小而辨于物。"虞翻曰："阳始见，故小。乾，阳物。坤，阴物。以乾居坤，故称别物。"⑤ 一般称阳为"大"，阴为"小"，但是这里谓"小"为复初之阳，因为是始见，力量微弱，故"小"。乾四来坤之初，坤体成复卦，乾阳坤阴，乾入坤，阴阳交，赋德为居，物物之际的分别开始形成，故言分辨于物。物物一体，均秉乾元，这是"同"，物物分际，各有其遇，这是"异"。复卦具有这两层意思。"恒杂而不厌。"荀爽曰："夫妇虽错居，不厌之道也。"李道平疏曰："震为长男，巽为长女，故称夫妇。恒自泰来，泰初四易位而成二长。虞下注云阴阳错居称杂是也。乾坤交，故杂。终则有始，恒久而不已，故不厌之道也。"⑥ 根据李氏疏解，恒卦之杂在于恒卦自泰来，泰初四易位，使初四由当位变为不当位，此之谓"杂"，这也是荀爽所言"夫妇错居"之意。但是，"杂"的主要含义在于乾坤阴阳相交，杂而有文，初四不正此为"有始"，初

---

① 李道平．周易集解纂疏 [M]．北京：中华书局，1994：662.
② 李泽厚．论语今读 [M]．北京：中华书局，2015：16.
③ 李泽厚．论语今读 [M]．北京：中华书局，2015：16.
④ 李道平．周易集解纂疏 [M]．北京：中华书局，1994：662.
⑤ 李道平．周易集解纂疏 [M]．北京：中华书局，1994：662.
⑥ 李道平．周易集解纂疏 [M]．北京：中华书局，1994：662.

四必正，众卦必向成既济定，这是"有终"。物相杂，有始有终，便是明德、修德、成德的过程。恒久不息则必有成，这就是不厌之道。"损先难而后易。"虞翻曰："损初之上，失正，故先难。终反成益，得位于初故后易。易其心而后语。"① 损初益上，上失位，上由初来故先难。初至上"连动"成益卦，益为损之综。益初得正，益由损反而来，故后易。所谓"易其心而后语"，李道平疏曰："易其心而后语，虞彼注云乾为易，益初体复心，震为后语。盖据益以释彼，故引之以证后易也。"② 益卦初爻以至四爻体大互复卦，复初震阳出，乾元乃天地之心，又震为语，故言易心后语。"益长裕而不设"，虞翻曰："谓天施地生，其益无方。凡益之道，与时偕行，故不设也。"③ 益之德在于加固其乾性，此性上天施与，独行不息，坤阴承之而生物。益之道与时相通，不以方所而定，"益卦教人施益他人，故己德长裕而其益不虚设"④。此为长裕不设，不设即不虚设。"困穷而通"，虞翻曰："阳穷否上，变之坤二，成坎。坎为通，故困穷而通也。"⑤ "穷"是从事实上言，"通"是从价值上言。困卦之境遇实则包含了如何改善现实之意，并非一味强调穷，穷即无路可走，是困之极。物极必反，穷则思通，欲通则有主体之理性谋划，道德考量亦在其中。困自否卦来，否上之二则为困。阳穷在否卦之上爻位置，否卦阴阳相隔，上爻更是在助成这种乖悖。今上来之二，阴阳交合，自有生意。下体变为坎卦，坎为通，又为心，即通过心的谋划，力行之，自能变穷为通。"井居其所而迁"，韩康伯曰："改邑不改井，井所居不移，而能迁其施也"⑥。井卦以井为喻，"井"一旦形成不会轻易改变，改变的是周边物事，以此喻德性一旦形成不会轻易改变，困井为成德之要。"巽称而隐。"崔觐曰："言巽申命行事，是称扬也。阴助德化，是微隐也。自此以下，明九卦德之体者也。"⑦ 成德之巽如风，无形而有力。德成即有称扬，申命行事，此"命"实为乾性之

---

① 李道平. 周易集解纂疏 [M]. 北京：中华书局，1994：662.
② 李道平. 周易集解纂疏 [M]. 北京：中华书局，1994：663.
③ 李道平. 周易集解纂疏 [M]. 北京：中华书局，1994：663.
④ 黄寿祺，张善文. 周易译注 [M]. 上海：上海古籍出版社，1989：595.
⑤ 李道平. 周易集解纂疏 [M]. 北京：中华书局，1994：663.
⑥ 李道平. 周易集解纂疏 [M]. 北京：中华书局，1994：663.
⑦ 李道平. 周易集解纂疏 [M]. 北京：中华书局，1994：663.

德，把德性自觉化为自身的生命运动，是阴阳的高度融合。因而，作为坤质的阴也在助成此德之化，其作用是微妙而隐藏的。九卦德之体，尽在乾元。

三陈。关于三陈之间的关系，有学者概括地认为："三陈既然指向同一个卦象，则其必然存在着内在的逻辑关联，但三者是否层层递进的展开就存在着开放性的解释空间。初陈显然以德为中心，而卦是德在一种特定情境下的展开，是对卦德的一种总说，再陈则对卦本身的德性内涵进行了阐释，三陈对卦的功用或者用卦之义进行解说。"① 笔者认同这个看法，即"初陈"是总说，"再陈"是展开阐释卦德，"三陈"主要就卦的功能作用在德义方面进一步展开论说。虞氏易虽然没有明确说到三陈之间的逻辑内涵，但他主要通过卦象以及象和象之间的关系进行德义方面的说解，人们对"三陈"的理解也就在说解之中。"三陈"的视角是在转换，存在解释学的"视域融合"的特征，"这样说来，强调德性的人来看，初陈似乎是一种总说和中心，再陈是对初陈的解释，而三陈也是对前二者的进一步解释；强调德行的人来看，初陈则是名义上解释，而再陈是对初陈的具体解释，目的在于三陈之用卦之效验。因此，阐释者关注问题的角度和视野决定了解释侧重点的转移"②。"再陈"解释"初陈"，"三陈"解释"再陈"，从虞氏易三陈明显减少象数用例来看，确乎是这种逻辑。虞氏易减少象数易例，客观上看很可能是在转移解释侧重点，也就是说从"象"的关系的解释进入直接对于德义的阐释了。"三陈"首条明履之德。"履以和行"，虞翻曰："礼之用，和为贵，谦震为行，故以和行也。"③ 虞翻在这里直接用《论语·学而》篇的语句来解释履卦卦德。以"和"来行为实践是履德之用，"和"在这里是阴阳相通，义利相济，履与旁通谦构成了阴阳和衷共济之"和"，"以和而行"是对履卦初陈、再陈的功用总结，以和而行也是道德践履的总原则。"谦以制礼"，虞翻曰："阴称礼，谦三以一阳制五阴，万民服，故以制礼也。"④ "礼"是反映等级秩序和伦理规

---

① 周广友．易传三陈九卦的义理结构及其德性修养论［M］//北京大学《儒藏》编纂与研究中心．儒家典籍与思想研究十一．北京：北京大学出版社，2019：179-193．
② 周广友．易传三陈九卦的义理结构及其德性修养论［M］//北京大学《儒藏》编纂与研究中心．儒家典籍与思想研究十一．北京：北京大学出版社，2019：179-193．
③ 李道平．周易集解纂疏［M］．北京：中华书局，1994：663．
④ 李道平．周易集解纂疏［M］．北京：中华书局，1994：664．

范的，礼从秩序之中来，又回到秩序之中成为比较固定的道德应该和道德规范。不是说谦卦五个阴爻就是礼了，关键是三爻是阳爻，阳爻与众阴形成一种尊卑秩序，五阴应该尊崇三爻之德，以一阳使众阴臣服，就像君王之于万民。所以要以谦卦的精神制礼作乐，如此方能内外和谐，上下一心。"复以自知"，虞翻曰："有不善未尝不知，故自知也。"① 虞氏不说有善即能知，而是说有不善即能知，其用意在于复卦初爻之德性与外物相合的可能性和必然性。复卦是明德之总要，明德之德乃乾元精神。乾元尚不与坤阴交时很难被察觉和体悟到，但只要乾阳触阴，变化就开始了，"善"与"不善"的区别也开始了。复何以自知，复以初爻阳出而自知。变化之微末，德义之始践，"复初"在触阴之时领悟到阴阳不济不合导致的不善，"复初"秉德而行，故能自知，并能以德除不善。"恒以一德"，虞翻曰："恒德之固，立不易方，从一而终，故一德者也。"② 恒在修道驻德中强调坚持、持守，这是变化中的不变。"一"是有始有终，一心一意，以此心面对世界，必将稳固德性，恒久德行。"损以远害"，虞翻曰："坤为害，泰以初止坤上，故远害。乾为远。"③ 损既以惩忿窒欲的方式来锻炼德行，也就说明所损者非德性，而是不利于德性修养的因素，"害"即是此意，"害"在这里并非笼统指对于主体的伤害。乾远坤害，用初爻抑止坤阴即是欲和合乾坤，不使德性之害损乾元。"益以兴利"，荀爽曰："天施地生，其益无方，故兴利也。"④ 损不言利，固守其德。益德之裕，当兴之于两方面：一是利于德行，无有定所，天地阴阳和美之时，当与时偕行，此之谓"天施"；一是利于事业，天施之，也要地成之，亦即符合德性的欲望、事业可以拓展增广。此之谓"地生"。"困以寡怨"，虞翻曰："坤为怨，否弑父与君，乾来下，折坤二，故寡怨。坎水性通，故不怨也。"⑤ 成德之时，更要持守初心。光是自身操持尚为不够，成德，必然是德之流布，不仅仅在自身之内。"怨"，乃是德义不通之情。处困之时，宜以此心减损其怨，使得坎水自然流淌，方能通达。坤阴之积，当用乾元精神破除之。"井以

---

① 李道平. 周易集解纂疏 [M]. 北京：中华书局，1994：664.
② 李道平. 周易集解纂疏 [M]. 北京：中华书局，1994：664.
③ 李道平. 周易集解纂疏 [M]. 北京：中华书局，1994：664.
④ 李道平. 周易集解纂疏 [M]. 北京：中华书局，1994：664.
⑤ 李道平. 周易集解纂疏 [M]. 北京：中华书局，1994：664.

辨义"，虞翻曰："坤为义，以乾别坤，故辩义也。"① 义者宜也，井以不变辨别可变之事物，所适宜者，从根本上讲是"义"也。坤虽为"义"之一方，但乾以自性来改变坤阴，故井能分辨德义之变与不变者。"巽以行权。"《九家易》曰："巽象号令，又为近利。人君政教、进退、释利而为权也。春秋传曰：权者，反于经然后有善者也。此所以说九卦者，圣人履忧济民之所急行也。故先陈其德，中言其性，后叙其用，以详之也。西伯劳谦，殷纣骄暴，臣子之礼有常，故创易道以辅济君父者也。然其意义广远幽微，孔子指撮解此九卦之德，合三复之道，明西伯之于纣不失上下。"② 巽是成德之总义，困井考验其究在用巽行权。"权"，权变。巽之号令来自乾元自身，从内部出发。巽之"尽利市三倍"，以外利变化为切身。乾变坤化有局部性和阶段性，其必然表现在阴阳进退、政治得失、道德损益和义利否宜之中。权变，就是形成在生活世界用"度"的理性和行为。广义的权变即是中庸之道。一般所说权，是因称而行。权者，可以绕过甚至违反道德规范，但是，权一定是要回到自身，即回到德义。因为权"有善者"，过程中的违背只是在面对规则和规则之间的矛盾时不得不采取的选择。圣人之忧，在于忧民之不能用"度"，不能行中庸。所以德义的人间代表圣人先陈德，中言性，后叙用。圣人辅以史实，将人伦礼常嵌入所创大易之道中，以此开民智。这九卦的意义广远而幽微，圣人用此九卦之德，三陈其道，明德、修德、成德亦可统一看待。

关于三陈九卦的解释，有人侧重在"意"，把三陈的九卦逐一解释出来，直指德义。有的侧重于"法"，法就是三陈中的结构，在三陈的比对、每一陈中卦和卦的比对之中把德性揭示出来。有的侧重于"象"，既不是直言德义，也不是层层剥笋式的对于核心的趋近，而是把所指的意义落实在"能指"（"能象"）之上，通过卦象的展开式的解读，人回溯到对于乾变坤化以及乾元运动的领悟之中。这里运用以象解卦的方法，使九卦的特征在象与象的勾连、差异和融合之中自然显现出来。当然，重象的好处即是在语言和象示的张力之中，意义自然而然呈现。其缺陷在于容易限于一种至少表面看来支离破碎的象与象的重叠之中，象所要揭示的对象反而有可能在烦琐的易例之中

---

① 李道平. 周易集解纂疏 [M]. 北京：中华书局，1994：664.
② 李道平. 周易集解纂疏 [M]. 北京：中华书局，1994：665.

消失。这便是揭示缘构境域的具体道德境遇的"象"的解说方式。比较陈抟及其解说者言数,对本体的言说有较大不同,这里给出这种不同,以便能够领悟陈抟所说"于仲尼三陈九卦之义"。

第三节 周敦颐的《太极图》

陈抟所传,有象(如太极图)有数(河图洛书),大体可以将之划入象数派,说他是图书派,乃划分标准不同。北宋周敦颐得太极图,著《太极图说》《通书》,其说言简而意赅,融合儒道,实开理学之先河,在理学史、易学史、思想史上具有举足轻重的地位。联系上节,我们发现,其实周敦颐所做工作的要旨,在陈抟《龙图序》的微言大义之中已经有了表达。周敦颐接续陈抟,援道入儒,在伦理本体上把象数易学推进到一个新的高度。

周敦颐(1017—1073),北宋道州营道(今湖南道县)人,字茂叔,后人称濂溪先生。多处为官,有政绩。二程尝师事之,黄庭坚高其人品。"其学说根底于《周易》,主张以'太极'为理,以'阴阳五行'为气,并据以解释大自然及人类社会的发展规律,对宋明理学影响甚大"①,《宋史·道学传》列其为首要。周敦颐改造儒家,主要表现在其绘制的太极图。许多易学家、思想家在其著作中收录了太极图,其画法大同小异,其中流传最广的是北宋和南宋之际的朱震所收太极图。兹以朱震所收太极图为准,对周子太极图的结构做一番研讨。本节所及周子太极图,收录于《周敦颐集》②。

太极图的主要作用在于,它给儒家宇宙观和价值观做了一个形而上学的"托底"。众所周知,自孔子以来,儒家形而上学的基座并不牢固。即便是孔子,对于天道也三缄其口,明言"夫子之言性与天道,不可得而闻也","祭如在,祭神如神在","子不语怪力乱神"等。但如果通观儒家,我们可以发现儒家之道、儒家形而上学原来没有也不必诉诸超越的存在,它的本体就在生活世界之中。尽管如此,形而上学仍然有一个说与不说、明与不明的区别,

---

① 张善文. 历代易家与易学要籍 [M]. 福州: 福建人民出版社, 1998: 100.
② 谭松林, 尹红. 周敦颐集 [M]. 长沙: 岳麓书社, 2002: 1.

只是百姓日用而不知罢了。不说的原因或者不必诉诸超越还在于人的智识和境界不一，孔子说："中人以上，可以语上也；中人以下，不可以语上也。"普通之人只要在伦理生活之中遵循道德就可以领略所谓超越的境界，正如《弟子规》借用孔子说"弟子入则孝，出则弟，谨而信，泛爱众而亲仁。行有余力，则以学文"。司马迁在《外戚世家序》中说："孔子罕称命，盖难言之也。非通幽明，恶能识乎性命哉？"① 司马迁的意思是，性和命这样形而上学的东西是不好讲的，所以孔子才很少讲，只是引导大家好好生活。如果一定要讲通这个东西，则要"通幽明"，不是落在"幽"和"明"的两头，而是在幽明之间，这才是难度所在。

对于"中人"以上的人，孔子认为应当"君子不器"，在世之中而又不汲汲于俗世，才能智周天地。李泽厚解释为"人不要被异化，不要成为某种特定的工具和机械"②，人在世间创造了很多工具和器具，人是能创造和使用工具的存在者。但人很有可能被自己所创造的东西束缚，结果自己变成了工具性的存在。"人应使自己的潜在才能、个性获得全面发展和实现"③，这才是真正的属于人的自由的生活。既然人是全面的，自由的，他就不能仅仅是在制造物的世界之中，他应该也必须从形而上学的本体上来寻找。正是在这个意义上，周敦颐的太极图和太极图说才具有智慧的属性。下文将探讨太极图的结构以及该结构所涵摄的伦理思想。

最上一圈为"无极而太极"，是宇宙最高的本体。太极从字面上讲，太为"泰"字的隶省字，徐灏认为是"隶省作太"，段玉裁说："后世凡言大而以为形容未尽则作太，如大宰俗作太宰，大子俗作太子，周大王俗作太王，是也。"④ 可知太字之意为大。极，本作"極"。《说文解字》说"栋也"，其意为屋子的中栋。居中之栋为一屋之最高，段玉裁说："引申之义，凡至高至远皆谓之极。"⑤ 太极，合而言之，也就是至高、至远、至大的意思。作为最高的哲学范畴，《庄子》是最早阐释"太极"的，庄子说"大道，在太极之上

---

① 司马迁. 史记 [M]. 北京：中华书局，2006：337.
② 李泽厚. 论语今读 [M]. 北京：中华书局，2015：33.
③ 李泽厚. 论语今读 [M]. 北京：中华书局，2015：33.
④ 汤可敬. 说文解字今释 [M]. 长沙：岳麓书社，1997：1595.
⑤ 汤可敬. 说文解字今释 [M]. 长沙：岳麓书社，1997：780.

而不为高，在六极之下而不为深，先天地而不为久，长于上古而不为老"①。在这里，"太极"作为"道"的阐释内容而出现，说明了"道"的"高而不高""深而不深""久而不久"以及"老而不老"的本体特征。太极与"六极"对举，与作为时间性的"久"和"老"相对，具有空间性的意味，而且是极度高远的空间。《系辞·上》中"易有太极，是生两仪，两仪生四象，四象生八卦"的"太极"应该是兼具了时间和空间的本体概念，这里的"生"既可以理解为宇宙生成论，也可以理解为本体论。何谓太极？太极的"太"和"极"都具有极限和极度的意思，可以用来表达宇宙的无穷无尽和无始无终。这个极限，可以是"生生之谓易"的永恒流变，阴阳未分的氤氲状态，又可以指时间和空间的"其大无外、其小无内"，因此可理解为宇宙演化中的最终根据和原因。

"无极"源自《老子·二十八章》"复归于无极"。关于"无极而太极"这个表述，历来有不少说法，但更多的时候可以理解为无形无象的宇宙原始状态。张立文在评价周敦颐无极概念时认为，"无极"应该理解为本原和根据的统一。"无极是其哲学逻辑结构的最高范畴，它既是天地万物的本原，亦是人类社会最高的道德伦理原则。无极自身安置自己，或者说无极的安顿、挂搭处，便是太极。"② 无极实际上是追问出来的，太极从何而来？从不能涉所谓"恶的循环"的意义上讲，生太极之物不能是"有"，所以老子才说"天下万物生于有，有生于无"③。据此，我们可以理解为无极是一种逻辑的设定。还有一种解释是它是"不可思议"的，尽管它是设定的逻辑，但它究竟是何物，是不能进一步通过人的智识所知道的。《金刚经》有一种固定的句式，可以借用来理解此无极。《金刚经》从第五品开始有这种句式，可以说贯穿了全文。例如，"斯陀含名一往来，而实无往来，是名斯陀含"，"庄严佛土者，即非庄严，是名庄严"，"如来说世界，非世界，是名世界"，"如来说庄严佛土者，即非庄严，是名庄严"，等等。④ 此种句式可以总结为"是……，

---

① 王先谦. 庄子集解 [M]. 北京：中华书局，1987：60.
② 张立文. 中国哲学范畴发展史：天道篇 [M]. 北京：中国人民大学出版社，1988：368.
③ 陈鼓应. 老子注译及评介 [M]. 北京：中华书局，1984：223.
④ 宣方，译注. 金刚经译注 [M]. 北京：中华书局，2012：67，74，87，117.

非……，名……"。在这里，"是"固然是肯定，是对现象界的认可。而"非"包含了否定，但不能简单地认定为就是否定，毋宁说是一种修行的言语上的方便。通过"非"的修行，让我们领悟到本体的根据和原因。它是超越肯定和否定的形式逻辑的范围的。人虽然能够通过非认识的方式连接有和无，但他毕竟就在世间生活着，因此才有"名"这个范畴。"名"朝向两个方向：一个是面对"是"的世界，需要通过命名来把握事物；另一个是面向"非"的世界，也就是司马迁所谓"幽明"之"幽"，因为它"非"这个"是"，因而"非"的世界具有无限丰富的意义，可以说是意义之源，老子所言"有生于无"便是从有和无的意义的连接处思考的。

总而言之，无极具有三种含义：第一，它是太极的来源，是一种逻辑的设定，是太极的根据和原因；第二，它是一种无可名状的不可思议的事物，必须落实在具体的修行之中才能体会到而不是认识到；第三，无极不离太极，太极具有某些"无"的属性，因此才对太极有这个修饰语。简单说，如果把无极看作太极的形容词，则无极是一种无形状、无方所的状态；如果认为太极之上还有一个无极的构架，那么无极可以理解为根据和本体。朱熹说："上天之载，无声无臭，而实造化之枢纽，品汇之根底也，故曰'无极而太极'，非太极之外复有无极也。"① 这是说，无极就在太极之中，太极的一切展现就有无极的属性。这是典型的中国思维，有别于西方的超越式哲学维度。

从上往下的第二个圆图是黑白环抱图，黑白环抱的动力来自阴阳动静。在第一个圆圈和第二个圆圈之间左右有两行字，分别是"阳动""阴静"。这说明在一阴一阳的微妙动静之间，便有了黑白环抱的重大变化。周子说："太极动而生阳，动极而静，静而生阴，静极复动。一动一静，互为其根。分阴分阳，两仪立焉。"② 再下一图是五行图，水、火在上，金、木在下，土居其中。水为阴之盛，居右阴之地；火为阳之盛，居左阳之地；金为少阴，居右下之地；木为少阳，居左下之地。在金、木之间的小圆圈指的是五行体太极，其意为太极即阴阳即五行，无有分割。"五行一阴阳也，阴阳一太极也。太极

---

① 周敦颐. 周敦颐集［M］. 长沙：岳麓书社，2002：3.
② 周敦颐. 周敦颐集［M］. 长沙：岳麓书社，2002：4.

本无极也。五行之生也，各一其性。"① 太极之静为无极，无极之动为太极，动而分阴分阳，阴阳环抱而有五行化生，五行性质各异，所谓"各一其性"。

第四个圆图方有男女人伦之事：该圆图与第一个圆图并无分别，但是经过阴阳黑白环抱图、五行图，世界已经有了从"品物流行"中绽出的人类，人秉坤阴而坤道成女于右，人秉乾阳而乾道成男于左。此图虽然只配了左右两行字，但可以品味出很多意思。这个图上承太极动静以来的生生世界，下启"万物化生"的圆图，是对人类世界的高度图式化的模拟。第一，自然界的出现虽然繁复，但不是一个有意义的世界，只有人类世界才具有价值和意义。此图之所以同于第一个图，就在于它是从第一个图获得了意义和价值的源泉。不同之处在于，价值的落实和确立是在男女分别的基础上，通过男女分别的活动实现的。第二，意义世界虽然是"五行"物质的高级运动的表现形式，但不是"五行"物质本身。这与人类意识的产生及其伴随意识而行的实践活动有很大关系。第三，意识首先通过左右阴阳而有男女之别，同时又将男女的分别连接起来并使之领悟到阴阳分合的辩证统一，并体味到某种有中之无、无中之有的境界，这便是对于"无极而太极"或对于太极的无极之性的领略。第四，价值和意义的表现不仅在于太极图"往上"回溯的意识与本体的同构性，还表现在太极图"往下"的生活世界与意识的相合，即人类合目的性与合规律性的创造实践活动。通过创造展现人的自由，只有人的自由的创造才流通无碍地展现"万物化生"的图景。第五，万物虽然纷扰，但都在人的观照之下而呈现出秩序，秩序循理而伸展，以至无穷无尽的境域之中。虽然创造活动是一个发生发展的过程，表现出时间性，但永恒的发展实际上只是一个分男分女，分阴分阳的五行运动。从本体上言，只是因"无极而太极"而动，但"无极而太极"本身是没有时间性的。这个道理在逻辑上同于西方哲学的诸如"第一推动力"之类的理论，但又有一些根本的差异。因此，太极图的运动从上往下看呈现出"无极太极—分阴分阳—五行运动—男女乾坤—万物化生"的总体时间性。同时，我们关注到，第二个到第五个圆圈（确切地说，第二个图不是圆圈，但它包含了体太极圆圈而动的五行小

---

① 周敦颐. 周敦颐集［M］. 长沙：岳麓书社，2002：5.

圆圈,因此也可以看作圆圈或圆圈运动),无一不是回复到第一个没有任何文字注解的原始的圆圈。这也就意味着,太极图从下往上看,世界的运动也只是一个"万物—男女—五行—阴阳—太极无极"的回复而已。在这个回复过程中是没有时间的,这是一种类似于柏拉图"分有"或朱熹"月映万川"式的本体自证的回复。

最下面一个圆图即上述第五个圆圈"万物化生"图。万物化生既含有自然界的运动发展,又包含了人以及人的创造物在内的实践活动;既是时间性的化生,又是逻辑性的回复。万物化生也就是包括生活世界在内的大千世界。在构成太极图的五个圆圈中,第四个男女乾坤图尤其重要。周敦颐说:"无极之真,二五之精,妙合而凝。乾道成男,坤道成女,二气交感,化生万物。"[①]这是说,之所以"万物生生,而变化无穷焉",关键在人的出现。没有人,尽管有自然的"生生",却是无意义的,只有被意识到的"生生",才有意识和规律之间的张力,才能更好地体现这个"生生"的价值。所以周敦颐认为:"惟人也,得其秀而最灵。形既生矣,神发知矣。五性感动而善恶分,万事出矣。"[②]人不仅是有形体的存在,更重要的是有精神的存在者。人秉自然之秀气,可以对世界做出不同于动物的复杂的回应。人的这种"灵"和"知"的能力,来自"无极而太极"的微妙运动:无极太极的真理和阴阳五行的精气,凝而成形。照理说,理和气,是两个完全不同的东西,为何能结合而"生生"?周敦颐在这里说是"妙合",本体的世界可以述说,但在根本上很可能是不可思议的,也就是前文所说"非"的思维和"非"的世界。"妙合而凝"主要针对人的生成而言,同时,世界也在阴阳交感的作用下化生万物。以《周易》的乾坤二卦比拟,则是乾卦比人,但须与坤卦结合才能赋形,形既立,性在其中;其他事物可比作坤卦,坤卦主形质,然无乾卦之形式亦不能有物性,无性则无形矣。在物之中,可据事物之上下、内外、大小、冷热、断续等状态而分阴阳;在人之中,也分乾坤,体阳气而生者为乾阳男人,体阴气而生者为坤阴女人。男女虽是阴阳的结果,但男女所行之事亦可再分阴阳,这就是所谓的"五性感动而善恶分,万事出矣"。物,可从自然的角度观

[①] 周敦颐. 周敦颐集[M]. 长沙:岳麓书社,2002:6.
[②] 周敦颐. 周敦颐集[M]. 长沙:岳麓书社,2002:7.

之；事，只能从人的角度理解。"万事出"是因为有阴阳交感的善恶牵绊而成，阴阳运动构成了事之善恶，人性的对应便是"五性"，这里朱熹认为是"五常之性"①，即"仁义礼智信"的道德准则。

周敦颐以自然主义的态度解释了道德的起源和性质，但对于道德的把握却是因人而异的。"圣人定之以中正仁义而主静，立人极焉。故圣人与天地合其德，日月合其明，四时合其序，鬼神合其吉凶。"② 圣人乃人中之精华者，故以中正仁义的和静状态应对事物，此之谓天地人三才之人极。静，并非静止，而是一种表现为静的冲和状态，这种状态能与天地日月、四季运行、鬼神隐显的节奏和规律相合。周敦颐借用《系辞》的文辞进一步论述了道德修养的重要性，"君子修之，吉；小人悖之，凶。故曰：立天之道，曰阴与阳。立地之道，曰柔与刚。立人之道，曰仁与义"③。天地阴阳，刚柔仁义，其理为一，但表现不同。人生在世须秉仁义而行，所谓吉凶，只是以是否遵循道德为准，这就与前文《左传》《国语》的"德占"原则呼应起来了。伦理学固然要考虑关于幸福的吉凶原则，但幸福不是一个如功利主义可以经由算计而得的概念。真正的幸福，确实是一种宏大叙事，是一种对世间的彻上彻下的领悟状态和心态。以这种心态入世，虽处时间之中，但又能时时回复到"无极而太极"的氤氲境域，也能以通透的心态看待人生的生死大事，"又曰：原始反终，故知死生之说。大哉易也，斯之至矣"④。

总结周敦颐的易学思想，论其成就当然是以"图书"的形式表达易理，这种方式可以说开一代之风气，成为两宋易学所谓图书派的先声。周敦颐的太极图属于象数一脉，"太极图运用了汉人所使用的阴阳、五行等易象，故当属象数学中的象学"⑤。林忠军强调，此象学已完全不同于汉代易学的叙说方式，汉人表达易理用文字，而象数具焉。周敦颐表达易理用图型，象数就在其中；汉代易学以象数为工具，通过象辞矛盾展现易学之根底，周敦颐的不同在于"突破了这种注释形式，代之于不受经文局限、蕴含易理、生动形象

---

① 周敦颐. 周敦颐集［M］. 长沙：岳麓书社，2002：7.
② 周敦颐. 周敦颐集［M］. 长沙：岳麓书社，2002：8.
③ 周敦颐. 周敦颐集［M］. 长沙：岳麓书社，2002：9.
④ 周敦颐. 周敦颐集［M］. 长沙：岳麓书社，2002：9-10.
⑤ 林忠军. 象数易学发展史：二［M］. 济南：齐鲁书社，1999：190.

的图式，即以图释易"①，这个论说是合乎事实的。平心而论，自魏晋时期王弼扫象以来，易学的解释方式要么遵循义理，要么继续虞翻的象数方法。义理之理，有儒家之理，有道家之理，有佛家之理，有大道理，有小道理等，不一而足。当然，义理之理的核心主要还是儒家之伦理道德，但并不妨碍借用其他道理来阐说，甚至可以直接论述儒家之外的其他道理。这充分说明易理本身具有很大的开放性，而这个开放性的本质其实源于《周易》的象数符号及其运动。根植于象数本身，甚至一言一语都有象数的参照，这是象数派的特点。象数派克服了这个困难：义理派具有抽身于象数之外的夸夸其谈的嫌疑。象数派尽管有象数体例的自由创造，但发展到如虞翻，讲究《周易》之中的一言一语都有象数来历，这就反噬了象数体例的自由创造本身而成为缺陷，这恰好成为义理派攻击象数派的口实。简单说，象数派的缺点成就了义理派的优点，反过来义理派的缺点也成就了象数派的优点。二者实际上是可以互相倚靠，互相补充，互相成就的。宋代的图书派虽说属于象数一系，但其根本指向是在儒家义理。图书派的各种图式和图型、图形因其纯粹的直观性，融合了象数和义理，从和合的方面克服了象数义理二派的缺陷，成为宋代易学表达易理的主要方式。

第四节　邵雍的先天学

邵雍（1011—1077），北宋共城（今河南辉县）人，字尧夫，谥康节。曾隐居苏门山百源之上，后人称之为百源先生。从李之才学，受《河图》《洛书》《伏羲八卦六十四卦图象》。著有《皇极经世书》《伊川击壤集》《渔樵问答》等。邵雍易学，远承陈抟一派所传"先天象数"之说，对宋易象数、图书学派的形成有重大影响。②

邵雍和周敦颐比较而言，两者都是思想大擘和易学巨匠：一个以图明易，言简意赅；一个以天人为辨，以思虑宏富为能事。一个以象为观，直击易理；

---

① 林忠军. 象数易学发展史：二［M］. 济南：齐鲁书社，1999：190.
② 张善文. 历代易家与易学要籍［M］. 福州：福建人民出版社，1998：99.

一个则以数为基，以阐发先天学为己任，构筑了囊括一切事物的天人之学，其思想之绵密，格局之宏大古今少有。邵氏易学的突出特征有两点，一是先天之学，二是数理之学。两者也可以合起来谓之"先天数学"。何谓先天之学？邵子在《观物外篇》中说："先天之学，心也；后天之学，迹也。出入有无死生者，道也。"①

先天是对应后天来说的，其本质区别在于一个论心，一个则论迹。这里的心，是指天地"生生"之心，是最为原始的本体，在没有文字的伏羲时代即由圣人领悟，主要通过《伏羲八卦六十四卦图象》表达此天地之心。《伏羲八卦六十四卦图象》包括伏羲八卦方图、伏羲八卦圆图以及伏羲八卦先天图，这些图的特征是通过太极生两仪的"加一倍法"生成的。"六十四卦即是万物的象征。我们要特别注意，邵雍是本《说卦》'八卦相错'之义而说六十四卦由来的。这一点之所以重要，是因为它是理解所谓'加一倍法'的关键。"②邵雍的本意是，《说卦》讲八卦相错一节，"天地定位，山泽通气，雷风相薄，水火不相射"，其实与《系辞·上》"易有太极，是生两仪，两仪生四象，四象生八卦"是一致的。前者从比类逻辑上讲，后者从宇宙生成上讲，其实都是"加一倍法"使然。所以，天地的生成法则其实是极简单的，但它生成了如此复杂的大千世界。这就是所谓的"天地之心"，而人乃"仁配天地，谓之人，唯仁者，真可以谓之人矣"③，具有道德意识的人才能感通天地，故而人能识得此天地之心，此心入怀，为人之心。邵雍进一步阐述人这种存在者的特性："天六地四，天以气为质而以神为神，地以质为质而以气为神，唯人兼乎万物而为万物之灵。如禽兽之声，以其类而各能其一，无所不能者人也，推之他事亦莫不然。唯人得天地日月交之用，他类则不能也。人之生真可谓之贵矣，天地与其贵而不自贵，是悖天地之理，不祥莫大焉。"④一为太极，按邵子意，此"一"非数字，乃是太极的象征，就像"易有太极"在图形上须得画上一横，但它不完全是实有的，它兼有无极的特性，在

---

① 邵雍. 邵雍集 [M]. 北京：中华书局，2010：152.
② 郭彧. 易图讲座 [M]. 北京：华夏出版社，2007：61.
③ 邵雍. 邵雍集 [M]. 北京：中华书局，2010：151.
④ 邵雍. 邵雍集 [M]. 北京：中华书局，2010：151.

这一点上不同于"两仪生四象"的阳仪的一横，这一横代表着阳气实体。因此作为太极的"一"并不作为奇数代表天。二为偶数为阴为地，三为奇数为阳才代表天。天有阴阳，地有刚柔，故二三两之为四六。天有阴阳神质之别，神为神，气为质；地也有刚柔神质之别，气为神，质为质。我们发现，贯通天地的其实有一个价值序列，即：神—气—质。神代表精神实体，质代表物质实体。气在两者之间，在地为神，相对质而言是一种精神性的存在，起主导作用；气在天则为质，相对神而言，它变成了被动的物质性的实体，是被神引导的。人能洞晓先天之心，"唯人兼乎万物而为万物之灵"。人的才能虽然在某一个特定方面比不上禽兽，"如禽兽之声，以其类而各能其一"，但人能综合它物之才而"无所不能者"。人能通晓天地日月的道理，称得上是珍贵的存在。人如果不珍惜己身之贵，就有陷于把自己降级为它物的危险，"天地与其贵而不自贵，是悖天地之理，不祥莫大焉"。

邵雍主要以伏羲八卦方圆图来表达他的先天学即天地之心。按照前述"加一倍法"，根据"易有太极"一节的提示，则一——二——四——八之后，便有乾一、兑二、离三、震四、巽五、坎六、艮七、坤八的八卦生成序列及其先天八卦数。又据"天地定位"，按此数阳左阴右的原则，即有伏羲先天八卦图。若要继续生成六十四卦，则在"太极生两仪"的原有范式上继续生成即可，经十六—三十二—六十四，便能得阳仪三十二卦：从乾卦以至于复卦；阴仪三十二卦：从姤卦以至于坤卦。圆图表达了阴阳运动，阳仪左行而阴仪右行。方图则揭示了六十四卦的上下卦结构：最下行从右至左分别是乾、夬、大有、大壮、小畜、需、大畜、泰，这八个卦下卦均为乾卦，上卦则以先天八卦数的序列逐次加上乾、兑、离、震、巽、坎、艮、坤而成。从下往上第二行则以兑卦为下卦，上卦同于乾卦序列逐次加上相应卦，可得履、兑、睽、归妹、中孚、节、损、临八个卦，从下往上第三行至第八行可据此原理类推。方图的展开始终不离先天八卦数，可见方图主要展示的是逻辑的构造，而圆图主要呈现时间的生成，但两者不能须臾分离。逻辑结构中有经八卦先天之数逐次变成八行的六十四卦图，而从圆图的阴阳变化和流转中亦可看出先天之数的逻辑痕迹。需要说明的是，先天诸图是没有文字的，"易有太极""天地定位"是后世的语言论述，包括卦名，邵雍认为都是没有的，为方便论说，

115

不得已加上这些文辞为据。

所谓后天，也就是文王八卦的后天易，而所谓迹是指在先天之心的涵摄下的万事万物。文王八卦是《说卦》中"帝出乎震"一段所展示的八卦方位图，从震开始，依次为震东、巽东南、离南、坤西南、兑西、乾西北、坎北、艮东北。此图暗合先秦以来的各种明堂图式，其实也就是河图洛书图，后天八卦从天一生水的坎位起一，则坎一—坤二—震三—巽四—中五—乾六—兑七—艮八—坤九，这就是明堂游行图或洛书之数图。如果拿前述神—气—质的宇宙结构来比拟的话，则先天图是"神—气"结构，气无形而有质，神只是某种"无朕"的精神状态，无迹可寻。庄子说："无为名尸，无为谋府，无为事任，无为知主。体尽无穷，而游无朕。"① 故能得"神"之"精"者，心诚方可通，邵雍说："先天学主乎诚，至诚可以通神明，不诚则不可以得道。"② 人之心本是澄明的，但因后天物事导致"蔽昏"，只有发心磨炼本心，使自己能出入有无、死生之间，那么才算得道也。"任我则情，情则蔽，蔽则昏矣。因物则性，性则神，神则明矣。潜天潜地，不行而至，不为阴阳所摄者，神也。"③ 借用张载的话，人有气质之性，也有天地之性。任由自己的气质之性发挥，则"神"隐退，"精"不可寻。情欲之蔽，令人昏昏然。如果发扬人的天地之性，因循万物流行之本性，则神得，自诚可明。这就是心向神的复归，在阴阳变化之中而不必被阴阳所主导，"潜天潜地，不行而至"，这就是神，也是识得神之后的心。此心涵盖天地，先天学也就是心学，"先天学，心法也，故图皆自中起，万化万事生乎心也"④。图自中起，不是伏羲方圆图的运动动力从某个中间开始，而是指"神—气"各司其职。神予气以灵动，气赋神以形质，相互融合才有"生生"之道。神气不离，此之谓"中"。需要注意的是，这里的形质不同于后天八卦的形质，毋宁说它类似于亚里士多德的"形式"，此"形式"相对神明具有"无所不遍"的特质，不同于神的"有所不遍"的自主选择性。在这个意义上，气的形质也就是气的形式。

---

① 王先谦. 庄子集解 [M]. 北京：中华书局，1987：75.
② 邵雍. 邵雍集 [M]. 北京：中华书局，2010：171.
③ 邵雍. 邵雍集 [M]. 北京：中华书局，2010：152.
④ 邵雍. 邵雍集 [M]. 北京：中华书局，2010：159.

该形式有待于在后天八卦中与真正的形质结合而生成万物。

后天图则是"气—质"结构,这里的"气"虽有物质性的意思,但不是主要的,物质性的含义必须与"质"相结合才有其完备性。如上述,气因被给予了神的精神性的一面,成为灵动的形式,在此结构中成为主导的一面,它具有"有所不遍"的选择性。而质具有"无所不遍"的质料性,它有待于与"气"而生成相当之物。各种相当之物构成世界,性质不同而有理可循,这就是"迹"的真实含义。天地日月为宇宙之最大法相,日月运行,一寒一暑,四季变换为最大之"迹"也。"迹"在变化之中,却无时不在体先天之心而自存。《说卦》:"帝出乎震,齐乎巽,相见乎离,致役乎坤,说言乎兑,战乎乾,劳乎坎,成言乎艮。"一段既是后天八卦方位图,也是天地元气(帝)周流四方成就四季的行迹图。

阐述了先后天、"心—迹"对举的矛盾体以及"神—气—质"的宇宙结构逻辑之后,邵雍解释了"太极"。他说:"心为太极,又曰道为太极。"① 在这里,作为最高本体的太极是与道,尤其是与心并列的。除了心的体悟,先后天图式的展示,邵雍还用数来表达他的易学思想。数在邵雍易学中具有特殊重要的地位,打开《皇极经世书》《观物内篇》《观物外篇》,可以说无处不在用数来进行阐述。这种用数进行易理阐述的思想在易学史上被称为"数学",数学虽有西方意义上的数字运算和数理逻辑,但这种形式演算并不是易学数学的主要目的。数学当然属于象数易学的范畴,它包含筮数、大衍数、天地之数、五行之数、干支数、九宫数等,这些数系彼此之间又有着千丝万缕的联系,彼此构成了一个庞大而复杂的演算体系。它一方面着重自然的演进程式,试图找到自然发展的规律;另一方面这种寻找又不是单向式的,它同时又在探究这个寻找的主体的处事原则,因而这种理论不会落在"天"和"人"的任何一边,而是挂搭在"天人之际"上。尤有进者,邵雍在《皇极经世书》《观物内篇》通过数构筑了宇宙观之后,花了大量的笔墨讲人的伦理和道德。"就社会而言,它强调人事之用,言'道德的功力',政治体制、圣贤事业,把古今成败之变作为其理论的旨归,是一种'内圣外王'之道。"②

---

① 邵雍. 邵雍集 [M]. 北京:中华书局,2010:152.
② 林忠军. 象数易学发展史:二 [M]. 济南:齐鲁书社,1999:203.

在邵雍看来，道德和自然之间是有联系的，内圣和外王是一体两用的关系，而这一切都能用数进行表达。邵雍对易学内部的几个关键元素进行了阐论，指出意才是最重要的存在。"意"，相当于前述天地之心以及识得此心的人之心，此二心，原无分别。邵雍说："有意必有言，有言必有象，有象必有数。数立则象生，象生则言著彰，言著彰则意显。象、数则筌蹄也，言、意则鱼兔也。得鱼兔而忘筌蹄，则可也，舍筌蹄而求鱼兔，则未见其得也。"① 在属人的世界中，有心有意就会有相应的言辞来表达，至于表达是否到位那是另外一个问题。言对于意的表达效度问题牵引出象，况言一出，本身即是象。既有其象，则必有限定此象的数。在这里要注意两点：一是邵雍并没有认为象在先而数在后，只是一种行文的方便，因为后一句即为"数立而象生"；二是邵雍之数虽能限定象，但并不能决定象，因为象从根本上是难以限定的，它实际上展现了事物和事物之间的关系。因此易学之数是数理，通过数来明宇宙真相之理。有数就有象，有象就有数，是一回事。有象则可通过言辞表达和转达，言辞表达越充分则此意此心越明显。言辞表达充分是一种效果，并不是指言辞多，像汉代今文经学为解释一句话洋洋数万言，实则南辕北辙。象数就像捕鱼和捕兔的工具筌和蹄，而言和意才是鱼和兔。如果得到了言和意，则筌蹄可忘，但捕鱼捕兔的目的未能到达时，则必须动用筌蹄这样的工具。

邵雍涉数之处颇多，兹拣其要论说之。首先看他对天地数理的论述，《观物外篇》开篇即言"天数五，地数五，合而为十，数之全也。天以一而变四，地以一而变四。四者有体也，而其一者无体也，是谓有无之极也。天之体数四而用者三，不用者一也；地之体数四而用者三，不用者一也。是故无体之一以况自然也。不用之一以况道也。用之者三以况天地人也"②。这里邵雍用到了天地之数来解释自然。所谓天地之数，也就是从一到十的十个自然数。《系辞》有"天一地二天三地四天五地六天七地八天九地十"之说，数和数之间的关系"五位相得而各有合"，"天数二十有五，地数三十，凡天地之数五十有五，此所以成变化而行鬼神也"。邵子承续其说，并进一步论述天地凭

---

① 邵雍. 邵雍集［M］. 北京：中华书局，2010：146.
② 邵雍. 邵雍集［M］. 北京：中华书局，2010：51.

"一"而生，这个"一"不是一个简单的基本数，而是指太极。一分为二，二为天地。天变日月星辰四象，地变水火土石四象。四体"一"，而"一"则贯有无之本体，毕竟从一到四，是从无到有，从本体到现象，这就是"有无之极"。天之日月星辰，常显者日月星，而辰不常见，辰隐之；地之水火土石，常显者水土石，地火不常见，火隐之。故天地体四用三，不用者一。若一实指，则为自然物，如辰、火；若一虚指，则为"况道"。所用者三这个数，可以比拟天地人这三才。

为更形象地说明天地，而不是如上从宇宙结构入手，则可成方圆之论："圆数有一，方数有二，奇偶之义也。六即一也，十二即二也。天圆而地方，圆者数之起一而积六；方者数之起一而积八。变之则起四而积十二也。六者常以六变，八者常以八变，而十二者亦以八变，自然之道也。"① 这是说圆的基础数是"径一"，而方的基础数是"径二"，一奇二偶，分属天地。天圆径一则圆周长为三，地方径一则方周长四，天有阴阳，地有刚柔，则三倍之为六，四倍之为八。在生成数中，六为五加一，一为生数，六为成数；十二去成数十则为二生数。此之谓"六即一也，十二即二也"。伏羲圆图和先天八卦图，从震逆数至兑再到乾，经三变阳气渐满；从巽经艮至坤，经三变阴气渐满，坎离二卦为变化之动力，如此阴阳合为六。亦可从太极生两仪，"加一倍法"来理解，太极经六变而为六十四卦，此为"六者常以六变"。伏羲方图从下至上以乾一、兑二、离三、震四、巽五、坎六、艮七、坤八的先天八卦数为序，逐次变为八八六十四卦，此为"八者常以八变"。六为天之用数，加一体动，七亦为天之用数；四为天之体数，倍四为八，八亦为地之体数。如前述，地体四虚一不用，则三四十二，十二为地之用数。如昼夜四象十二时辰，一年四季十二月等，此之谓"变之则起四而积十二也"。天地各四象共八象，八为天地之体数。而"十二者亦以八变"，是指地之用数十二是以体数八为基础的，这就是自然的变化之道。

邵雍进一步说道："八者天地之体也，六者天地之用也，十二者地之用也。天变方为圆而常存其一，地分一为四而常执其方。天变其体而不变其用

---

① 邵雍. 邵雍集 [M]. 北京：中华书局，2010：84.

也，地变其用而不变其体也。六者并其一而为七，十二者并其四而为十六也。阳主进，故天并其一而为七；阴主退，故地去其四而止于十二也。是阳常存一而阴常晦一也，故天地之体止于八，而天之用极于七，地之用止于十二也。圆者刓方以为用，故一变四，四去其一则三也，三变九，九去其三则六也；方者引圆以为体，故一变三，并之四也。四变十二，并之十六也。故用数成于三而极于六，体数成于四而极于十六也。是以圆者径一而围三，起一而积六；方者分一而为四，分四而为十六，皆自然之道也。"① 六涵三，三为地四之用，故六为天地之用，十二亦为地之用，前已述。以方圆为喻得其数理：天之圆三而存径一，地方分一而四。天主动，体常变而用六不变；地主静，用数十二变而体数八不变。天之用数加一为七，七为用之尽；地之用数十二加四为十六，地用止于十二。其原因在于阳进阴退，故阳常能进一，而阴常常隐一。圆通常以方为用，径一圆三合为四，故一变四。四去一为圆数三，圆数自方数来，则三乘四为十二，十二去三为九，九去三为六，六为圆之用数，十二为方之用数。这合于"圆之数起一而积六"。王铁认为，遵循的是这样一个数学原理："以一个圆为中心，在其周围围以同样大小的圆，第一圈刚好可以围六个（以周三径一的比例计算，该圈六个圆心及其相互间切点之间的连线成一正六边形，其对角线为小圆直径的两倍），第二圈可围十二个，第三圈可围十八个……每围一圈，递增六个"②，这就是"用数成于三而极于六"。而方是以圆为其体的，一变三，三四十二，加四为十六，十二方之用，十六方之体，此明方数自圆来，圆中求方。方者分一而为四，分四而为十六，"如果以一个正方形为中心，在其周围围以同样大小的正方形，第一圈可以围八个，第二圈可以围十六个"③，此之谓"体数成于四而极于十六也"，也是对于"方之数起一而积八"的注解。总之，方圆之间何以相通？那是因为圆和方之间存在互为变化，互为体用，体用相生的数理关系。

据此，邵雍把圆方之数与六十四卦的元素联系起来："圆者六变，六六而进之，故六十变而三百六十矣。方者八变，故八八而成六十四矣。阳主进，

---

① 邵雍. 邵雍集 [M]. 北京：中华书局，2010：85.
② 王铁. 宋代易学 [M]. 上海：上海古籍出版社，2005：74.
③ 王铁. 宋代易学 [M]. 上海：上海古籍出版社，2005：74.

是以进之为六十也。"① 圆以六为用，六圈之变而有三十六个圆，对应《周易》上经十八卦对，下经十八卦对。上经除乾、坤、颐、大过、坎、离为反复不衰之卦，其余如屯蒙互为一综卦卦对，共十二卦对，加上反复不衰之卦六卦共十八卦；下经除中孚、小过为反复不衰之卦，其余如咸恒互为一综卦卦对，共十六卦对，加上反复不衰之卦两卦共十八卦。经六十变则为三百六十之数，对应当期之日三百六十天，此亦为卦气之日数。方者八次变化后，最外围之方形为八八六十四个，对应六十四卦。方形八八六十四变，以圆形用数六而变之，则成三百八十四，对应三百八十四爻。圆形六八四十八，以方形体数八而变之，亦变成三百八十四，仍可对应三百八十四爻，如此则万事毕矣。关于圆方之数，大体如是，还有一些细节的论述，比如方圆关系，方圆之数与筮数，大衍数的关系，等等，此不赘述。

邵雍方圆之数涉及宇宙生成和构架，不同于以往易学论数和形而上学，他以其特别的独创精神，用先天之数的方式向我们展示了一个恢宏廓大的世界。另外，邵雍的先天数学还包括天地之数的各种推衍，解释了世界得以生成的很多道理。到最后，邵雍以太阳少阳、太刚少刚、太阴少阴、太柔少柔之数，结合天地体用之数，推衍出涵盖日月星辰、水火土石在内的宇宙之一切事物类别之数（如一万七千零二十四等，在关于元会运世的讨论中还常常可以见到一些巨大之数），颇类于《系辞》所言"万有一千五百二十"的宇宙之数。可以说，邵雍以自己的原创思想解释了宇宙的一切。邵雍的先天数学具有宿命论和循环论的色彩，"虽然如此，它仍具有重要的价值，如他对宇宙发展进行深入探索的精神和在探索宇宙问题时所使用的那种整体性、连续性的方法及其在表现复杂宇宙发展的高度抽象的数及数的运算，具有深刻的哲学意味"②。

这种"哲学意味"，不仅体现在先天数学对宇宙的模拟和刻画，更具意义的还在于，这个庞大的数的世界可以感应到人，人能遵循这个事实和价值的统一体才是最高的善，《系辞》所谓"继之者善也，成之者性也"便是这个意思。邵雍说："天变而人效之，故元亨利贞，易之变也；人行而天应之，故

---

① 邵雍. 邵雍集［M］. 北京：中华书局，2010：86.
② 林忠军. 象数易学发展史：二［M］. 济南：齐鲁书社，1999：231.

吉凶悔吝，易之应也。以元亨为变，则利贞为应；以吉凶为应，则悔吝为变。元则吉，吉则利应之；亨则凶，凶则应之以贞。悔则吉，吝则凶。是以变中有应，应中有变也。变中之应，天道也，故元为变，则亨应之；利为变，则应之以贞。应中之变，人事也，故变则凶，应则吉，变则吝，应则悔也。悔者吉之先，而吝者凶之本，是以君子从天不从人。"① 天道变化有迹可循，如四季变换，元亨利贞之类，元亨利贞是对变化层级的描述。易道可比类这种变化从而指示人的活动；人起心动念而行、与世照面，世界必回应之，便有作为行动结果的吉凶悔吝，易道亦可模拟之。变应关系非独天人一边，若将天道变以元亨阶段，则利贞可以相应；若以人道吉凶为应，则可归因于变以悔吝，矛盾是辩证统一的。若措之以天人关系，则元为吉，利来应，亨为凶，贞来应，悔吉则吝凶。故变与应如影随形，互相融合。变中应为天道，故元变则亨应，利变则贞应。应中变为人道，当继之天道慎变，故变为凶，去应则吉；变为有忧，去应则有悔。悔吝是吉凶之先见者，君子不可不察，当从天道以顺应人事。故易道最有价值的地方其实是在防患于未然，这与儒家"生于忧患、死于安乐""未雨绸缪"等的思想是一致的。"复次剥，明治生于乱乎？姤次夬，明乱生于治乎？时哉！时哉！未有剥而不复，未有夬而不姤者。防乎其防，邦家其长，子孙其昌。是以圣人贵未然之防，是谓《易》之大纲。"② 六十四卦序剥卦后为复卦，乱后有治；夬卦后接姤卦，文明昌盛后有乱。在历史循环中有备无患，才是保家为邦的正道。

我们看到，虽然邵雍以先天之学名世，但他始终落实在后天的人文理想上，并试图把揭示天人关系、汲取古今成败治乱的教训作为易学的纲要。"自然而然者，天也，唯圣人能索之。效法者人也，若时行时止，虽人亦天也。"③ 自然而然是天的本性，只有人类的"精华"——圣人才能领悟。但普通人能依时机的不同而能行止有端，那么人的行为就合乎天道，与天道无异。天道不仅是事实，也是价值的来源，可以说天道是事实和价值的统一，这可以从邵雍对于阴阳的论述来表明："阳能知而阴不能知，阳能见而阴不能见

---

① 邵雍.邵雍集[M].北京：中华书局，2010：147.
② 邵雍.邵雍集[M].北京：中华书局，2010：159.
③ 邵雍.邵雍集[M].北京：中华书局，2010：150.

也。能知能见者为有，故阳性有而阴性无也。阳有所不遍，而阴无所不遍也。阳有去，而阴常居也。无不遍而常居者为实，故阳体虚而阴体实也。"① 尽管邵雍也强调阴阳互生互倚，但从论说中可见他注重乾阳的精神主导的一面，而对于阴则描述为质料的一面。价值和事实相对而言，价值更被赋予动能，为阳；而事实已被限定，为阴。故"知""见""有""去""虚"的运动性、创造性为天道之阳，而相反的则为阴。可见，乾阳对阴而言是有主导建构的作用，所以邵雍又说："阴对阳为二，然阳来则生，阳去则死，天地万物生死主于阳，则归于一也。"② 人必须认识到乾阳的主动性，"不知乾，无以知性命之理"③。这样人才能认识自己的价值、社会和天地万物，才能识别心性命理，才能从根本上制定行动的原则，从而与天地之心相合。但阴阳毕竟互为其根，所谓"归于一也"，是指后天的人道要在乾阳妙合动静的基础上，契合天道，"天地之本其起于中乎？是以乾坤屡变而不离乎中"④。乾坤变化、天人合一之所以可能，乃是阴阳运动之"中"，以乾阳之主导精神结合坤阴之材质、方所，才能形成新的事物。人秉此"中"而生，当以"中"的态度对待自然，"以物喜物，以物悲物，此发而中节者也"⑤。如此则"不我物，则能物"⑥。说到底，是人克服了阴的某些羁绊，回复到乾阳之中，才能做到"以物观物"，而不是"以我观物"："以物观物，性也；以我观物，情也。性公而明，情偏而暗"⑦。人的性情是在宇宙的阴阳消长之中产生的，人的文明是在漫长的自然过程中才演变为历史过程的。根据邵雍《皇极经世书》元会运世的算法，天子，地丑，人寅，天在一元中的第一会产生，配之以地支子，复卦拟之，共一万零八百年；地在一元之中的第二会产生，配之以地支丑，临卦拟之，也是一万零八百年；经两万一千六百年后，宇宙之精华人类才慢慢开始形成。一元的第三会配之以地支寅，泰卦拟之，经一万零八百年，三

---

① 邵雍. 邵雍集 [M]. 北京：中华书局，2010：145.
② 邵雍. 邵雍集 [M]. 北京：中华书局，2010：153.
③ 邵雍. 邵雍集 [M]. 北京：中华书局，2010：151.
④ 邵雍. 邵雍集 [M]. 北京：中华书局，2010：145.
⑤ 邵雍. 邵雍集 [M]. 北京：中华书局，2010：152.
⑥ 邵雍. 邵雍集 [M]. 北京：中华书局，2010：152.
⑦ 邵雍. 邵雍集 [M]. 北京：中华书局，2010：152.

会共三万两千四百年，至三阳开泰，方始有人。自此以后，宇宙从自然而然的状态变为人类文明的进化发展，经卯会大壮卦，辰会夬卦，到一元的第六会已会乾卦，此时阳气充盈，文明鼎盛。邵雍给出了一个坐标点，即唐尧时代为最盛之时，据元会运世测算，此时已是开天辟地后一元六会，第一百八十运第两千一百五十七世，第六万四千八百年，尧帝之后便是第七世，姤卦主之，一阴初生，象征文明开始衰落。三皇五帝、三王五伯的事业便在第六会和第七会的交接处，分别使用了道德功力四种不同的政治原则。邵雍在《观物内篇》中说："仁也者，尽人之圣也；礼也者，尽人之贤也；义也者，尽人之才也；智也者，尽人之术也。尽物之性者谓之道，尽物之情者谓之德，尽物之形者谓之功，尽物之体者谓之力。尽人之圣者谓之化，尽人之贤者谓之教，尽人之才者谓之劝，尽人之术者谓之率。道德功力存乎体者也，化教劝率存乎用者也。"[①] 这是历史哲学，也是政治伦理。尽管第七会开始，人类逐渐走向衰落，但文明不会因自然规律而简单流转，人还须自觉承担历史使命和道德责任，在处理各种矛盾之中彰显人之为人的力量和价值。"仁礼义智"是封建纲常，也是"圣贤才术"之人治理的不同结果并呈现出自上而下的价值序列。从"以物观物"的角度看，"仁礼义智"的伦理思想分别对应"道德功力"的观物态度和"化教劝率"的教化行为，"道德功力"和"化教劝率"也呈现出一个价值降序的现象。圣人体仁，以道观物，则"我无为而民自化"，这是最好的政治，其次为贤人政治、才人政治和术人政治，道德逐次衰落而功力争夺渐嚣，观物之法亦渐渐物我分离，教化之道也慢慢沦落为以力相率，以至最终成为人人自危的乱世。这里呈现了一个历史规律：天下将治则其民尚德义，天下将乱则其民尚功利。邵雍的历史哲学和伦理思想具有现实意义，这对当代政治也是一个警醒。

邵雍认为人的道德不是自然生成的，是人有了文明社会，为调整人和社会之间的关系而设定的。但人的道德就在历史和宇宙大化流行之中，人伦和天理并不可分，唯人能备天地万物，穷理尽性以至于命，"天使我有是之谓命，命之在我之谓性，性之在物之谓理"[②]。命、性、理看似三，实则太极之

---

① 邵雍. 邵雍集 [M]. 北京：中华书局，2010：16.
② 邵雍. 邵雍集 [M]. 北京：中华书局，2010：163.

第三章　象数易学史的伦理思想（二）

一。在理—性—命的结构中，因人"继之者善也，成之者性也"的功用，使得人在此结构之中有一种不同于其他物的"心"，故邵雍常言"心法"。此心，与天地鬼神同在，是一种十分难得的能力，"凡人之善恶形于言，发于行，人始得而知之。但萌诸心，发于虑，鬼神已得而知之矣。此君子所以慎独也"①。人有其德，鬼神亦惧，鬼神之所以惧人，在于人之聚阳甚多，乾阳乃道德之事，"人之畏鬼犹鬼之畏人，人积善而阳多，鬼亦畏之矣；积恶而阴多，鬼不畏之矣。大人者与鬼神合其吉凶，夫何畏之有？"② 大人为圣贤君子，他具备以物观物的宇宙意识，秉太极一元，契之于鬼神亦相合。这是一种很高的境界，在此境界之中，心性命理合而为一，历史和宇宙即是我心，颇有其后心学的味道了。邵雍《伊川击壤集》有诗"皇极经世一元吟"，其诗曰："天地如盖轸，覆载何高极。日月如磨蚁，往来无休息。上下之岁年，其数难窥测。且以一元言，其理尚可识。一十有二万，九千余六百，中间三千年，迄今之陈迹，治乱与废兴，著见于方策。吾能一贯之，皆如身所历。"③ 这里，圣贤之心贯内圣外王于一体，此身虽有限，此心却能随宇宙大化"一贯之"，整个历史"如身所历"，恍如亲身经历了一番。因而，邵子十分注重个人的道德修养，"君子之学，以润身为本。其治人应物，皆余事也"④。"润身"，就是修德。"人贵有德，小人有才者有之矣，才不可恃，德不可无。"⑤ 小人之才若不能导以德性，则终将自噬也。"如身所历"的境界还表现在某种"忘"的状态："君子喻于义，贤人也，小人喻于利而已。义利兼忘者，唯圣人能之。君子畏义而有所不为，小人直不畏耳。圣人则动不逾矩，何义之畏乎！"⑥ 故圣贤所为必是一种无为而无不为、从心所欲不逾矩的境界。

邵雍认为，历史的治乱兴衰都是从人伦开始的，而此人伦，不过是孝慈仁义、忠信礼乐之类封建纲常，"邵雍的先天学、后天学之分，可以说是宋代

---

① 邵雍. 邵雍集 [M]. 北京：中华书局，2010：153.
② 邵雍. 邵雍集 [M]. 北京：中华书局，2010：153.
③ 邵雍. 邵雍集 [M]. 北京：中华书局，2010：391.
④ 邵雍. 邵雍集 [M]. 北京：中华书局，2010：156.
⑤ 邵雍. 邵雍集 [M]. 北京：中华书局，2010：169.
⑥ 邵雍. 邵雍集 [M]. 北京：中华书局，2010：173.

疑经风气中的极端。不过这一先天的法则，主要也就是封建的纲常：'若谓先天言可告，君臣父子外何归。'他的先天学，最终也就是要论证这一纲常而已"①。尽管他的思想具有时代的局限性，但他的象数体系还能延展到人格修为之中，使我们面对自然、历史、社会、生活的矛盾时有一个行为标准。这个标准不是具体的，毋宁说需要进行长久的修养才能获得，才能达到与天地同心的状态，邵雍还用阴阳消长强调顺理而为、顺心而作的重要性，如果悖逆此道，则祸患就会发生，以此警醒世人："事无巨细，皆有天人之理。修身，人也；遇不遇，天也。得失不动心，所以顺天也；行险侥幸是逆天也。求之者，人也；得之与否，天也。得失不动心，所以顺天也；强取必得，是逆天理也。逆天理者，患祸必至。"②

总括邵雍易学，其最大的特点是创造性很强，不拘泥于旧有的体系，不沉陷于既有的理论。用先天图明宇宙之理，用易数展示自然历史发展之道，并最终落实在人伦规范、劝人为善之中。可以说，整个邵雍象数体系展现了一幅圣人气象，真正达到了体大思精、洁净精微的效果。尽管后学对于邵雍易学有截然相反的评价，赞赏者如朱熹、蔡元定、张行成、张崏等，反对者如黄震、黄宗羲、黄宗炎、胡渭等，但他们对于邵雍的人格则没有不欣赏的。邵雍处世淡然，不慕功利，以著述为业，以天道为乐，可为万世楷模。今人余敦康认为，邵雍易学"确实蕴含着一种真正的哲学，贯穿着一种把天地人三才统而思之的太极整体观，充分表现了邵雍力图建构体系以解释人类全部经验的宏伟的气魄胆识和探索精神，誉之为秦汉以来一人而已的'天挺人豪'，诚不为过"③。余敦康先生的评价是十分中肯的。

第五节　朱熹的易学

朱熹（1130—1200），南宋徽州婺源人。字元晦，一字仲晦，号晦庵，别

---

① 王铁.宋代易学［M］.上海：上海古籍出版社，2005：53.
② 邵雍.邵雍集［M］.北京：中华书局，2010：174.
③ 余敦康.汉宋易学解读［M］.北京：华夏出版社，2006：273.

号考亭、紫阳。青年时师事李侗,为程颢、程颐的四传弟子。登绍兴十八年(1148)进士第,主泉州同安簿。历事高、孝、光、宁四朝。主张抗金,强调蓄锐待时,反对盲目用兵。凡奏闻,皆正心诚意、齐治平均之道。平生博极群书,自经、史至诸子、佛老、天文、地理之学,无不广涉深研。累官转运副使、焕章阁待制、秘阁修撰,终宝文阁待制,庆元中致仕,旋卒。嘉泰初谥"文",宝庆中赠太师,追封"兴国公",改"徽国"。诗文、学术著述甚丰。淳祐初,理宗视学,手诏以张载、周敦颐、二程及朱熹从祀孔庙。其在学术思想史上的贡献,在于继承发展二程学说,建立起完整的理学体系,与二程合称"程朱学派"。易学专著,以《周易本义》《易学启蒙》为主。①

朱熹与周敦颐、邵雍易学的不同主要在于,周子承陈抟而下,以象明理,并落实在人伦秩序之中;邵子学李之才,亦为陈图南传系,以数明理,伦理道德亦在其中,两者虽分主象学和数学,但都能囊括人道。但二者的思想进路几乎都是在用道家的自然主义来解释儒家的人文主义,仔细推究他们的体系即可发现,天道人道实际上是可以截为两端的。换句话说,他们虽然看重儒家的核心价值观,但对于人道的论证是一种简单的比附和相配,似乎人道是天道自然而然"生"出来的或者变出来的,这就不免引起诟病,存在蔽于天而不知人的理论问题。这一点在邵子易学上尤其表现得清楚。虽然朱熹十分服膺邵子的思想和为人,但仍不免对其有相当针对性的批评。同时,朱熹亦不满足于张载和二程的易学,认为他们纯从义理出发而不识易学的真面目,《周易》的本义即在于以象数为基,在理象数辞之间达成平衡,以此统括天人之道。这就是《周易本义》书名的由来。他说:"且如易之作,本只是为卜筮。如'极数知来之谓占','莫大乎蓍龟','是兴神物,以前民用','动则观其变而玩其占'等语,皆见得是占筮之意。盖古人淳质,不似后世人心机巧,事事理会得。古人遇一事理会不下,便须去占。占得乾时,'元亨'便是大亨,'利贞'便是利在于正。古人便守此占。知其大亨,却守其正以俟之,只此便是'开物成务'。"② 易学本为占卜,占卜的本质首先是象数吉凶而不是儒家义理。但先天后天、开物成物是统一的,故先天下而开其物,后天下

---

① 张善文. 历代易家与易学要籍 [M]. 福州:福建人民出版社,1998:112.
② 朱熹. 朱子语类 [M]. 黎靖德,编. 北京:中华书局,1994:1620.

而成其物。可以说，朱熹是在用天人互通的双向思维来统合北宋五子的易学和哲学，也就是释天道不离人道，诠人道必合天道。这个思维从事物的深层次进行理解，从天地万物、人伦事理的节奏处、节拍处看统一。又从同中取其异，即"理一分殊"的模式，所谓散之在理，则有万殊；统之在道，则无二致。朱熹的思维水平达到了很高的境界。

一、象数体系

看周子和邵子，人道确乎是天然生发，宇宙生成，其理论基础在于象学和数学。朱子吸取了前人的象数思想，其目的在于合天道与人道，论证包含仁义在内的"理"。朱子认可"人更三世，世历三古"的说法，认为先有伏羲易，再有文王易，再有孔子易，"伏羲自是伏羲易，文王自是文王易，孔子自是孔子易。伏羲分卦，乾南坤北。文王卦又不同。故曰：周易'元亨利贞'，文王以前只是大亨而利于正，孔子方解作四德。易只是尚占之书"①。伏羲易虽然不同于自然易的天成之趣，但有别于文王易的象数吉凶和孔子易的儒家义理。朱熹同意邵雍易学先后天的分别，对伏羲易和先天易特别推崇。他说："尝谓伏羲画八卦，只此数画，该画天下万物之理。阳在下为震，震，动也；在上为艮，艮，止也。阳在下自动，在上自止。欧公却说系辞不是孔子作，所谓'书不尽信，言不尽意'者非。盖他不会看'立象以尽意'一句。惟其'言不尽意'，故立象以尽之。学者于言上会得者浅，于象上会得者深。"②朱熹对于欧阳修的疑古进行了批评，批评的角度是"言—意"和"象—意"的张力关系，象对于意的真旨符示具有优越性，这是言辞没办法达到的。推崇伏羲易，则必从"河出图，洛出书，圣人则之"的河洛之学入手。朱熹相信河洛之学源于圣人，"大抵圣人制作所由初非一端，然其法象之规模必有最亲切处，如鸿荒之世，天地之间，阴阳之气，虽各有象，然初未尝有数也。至于河图之处，然后五十有五之数奇偶生成粲然可见，此其所以深发圣人之独智，又非泛然气象之所可得而拟也。"③他改正了刘牧河图九洛书十

---

① 朱熹．朱子语类[M]．黎靖德，编．北京：中华书局，1994：1645.
② 朱熹．朱子语类[M]．黎靖德，编．北京：中华书局，1994：1640.
③ 朱熹．朱子全书：第二十一册[M]．上海：上海古籍出版社，2002：1660.

的说法，以圆方正之，成为后人继承河图十洛书九的基础，其论见《易学启蒙》《晦庵先生朱文公文集》之《答廖子晦》《杂著》等。朱子引入"天地之数"来解释河洛之数："夫子所以发明河图之数也。天地之间，一气而已，分而为二，则为阴阳，而五行造化，万物始终，无不管于是焉。故河图之位，一与六共宗而居乎北，二与七为朋而居乎南，三与八同道而居乎东，四与九为友而居乎西，五与十相守而居乎中。盖其所以为数者，不过一阴一阳以两其五行而已。所谓天者，阳之轻清者而位乎上者也；所谓地者，阴之重浊而位乎下者也。阳数奇，故一三五七九皆属于天，所谓天数五也。阴数偶，故二四六八十皆属乎地，所谓地数五也。天数地数各以类而相求，所谓五位之相得者然也。天以一生水而地以六成之，地以二生火而天以七成之，天以三生木而地以八成之，地以四生金而天以九成之，天以五生土而地以十成之，此又其所谓各有合焉者也。积五奇而为二十五，积五偶而为三十，合是二者而为五十有五，此河图之全数，皆夫子之意，而诸儒之说也。"①

一六、二七、三八、四九、五十所居方位同于河图。每一方所均由阴阳之数构成，如一为阳，六为阴，一六方能生水成物。所谓天数地数，与数之奇偶相关，奇为阳，偶为阴。阳轻清，阴重浊，故阳数在上而阴数在下。所谓以类相求，如阳数一求于阴数六，两数相合为北方水。一为生物之数，六为成物之数。二七、三八、四九、五十均是，生成数之间相隔五。"水火木金，不得土不能各成一器"②，五为土之生数。又解为"六之成水也，犹坎之为卦也，一阳居中，天一生水也，地六包于外，阳少阴多而水始盛成"③。天数之和为二十五，地数之和为三十，天地之数相合为五十五，此为河图之整数。朱子认为是孔子所发明，"皆夫子之意"。天地之数透露的主要信息是阴阳数，五行数，相生之规律。合之于河图之方位，则天地流转，阴阳分判，可直观其奥妙。可见天地之间，无非一元气太极，太极分而为二，则为阴阳。阴阳有形气质理，对待流行，造化之间变而为五行，五行纷然而万物出焉。通过朱子天地之数的解说，则河图遽然显现生意之盎然。而洛书不同于河图

---

① 朱熹．周易本义附易学启蒙［M］．北京：九州出版社，2004：355．
② 胡方平．易学启蒙通释［M］．上海：上海古籍出版社，2019：53．
③ 胡方平．易学启蒙通释［M］．上海：上海古籍出版社，2019：51．

的地方在于，"河图以五生数统五成数，而同处其方，盖揭其全以示人，而道其常数之体也。洛书以五奇数统四偶数，而各居其所，盖主于阳以统阴，而肇其变数之用也"①。河图是辗转相生而五行各有定居，可见其宇宙之全体。洛书主要是用"一三五七九"五个奇数，统领"二四六八"四个寄居在四隅之偶数，以阳统阴，揭示变数为用。洛书四十五，乃河图舍十之全数不用，是为变数。河洛不同还在于运行次序："河图以生出之次言之，则始下次上，次左次右以复于中，而又始于下也。以运行之次言之，则始东次南，次中，次西，次北，左旋一周，而又始于东也。其生数之在内者，则阳居下左，而阴居上右也。洛书之次，其阳数，则首北次东、次中、次西、次南。其阴数则首西南次东南，次西北、次东北也。合而言之，则首北次西南、次东、次东南、次中、次西北、次西、次东北而究于南也。其运行，则水克火、火克金、金克木、木克土，右旋一周，而土复克水也，是亦各有说矣。"②河图生数一二三四五的次序为下上左右中，太极一六生水，次火，次木，次金，次土。一二为水火阳，质微，对待三四木金阴，气盛，土居中笼四方。此为对待之阴阳；从流行也就是相生的角度看，则东方木生南方火，南方火生中央土，中央土生西方金，西方金生北方水，北方水生东方木。至此则左旋（从左至右）一周，又从东方木开始循环相生。水木为阳，继之火金则为阴。故曰"阳居下左，而阴居上右"。五居中则含阴阳，"夫数始于阴阳，倚于叁两。叁两之合则为五，此图书之数所以皆以五居中也"③。洛书不一样，其阳数一三五七九，分居北东中西南，阴数居四隅，二四六八分居西南、东南、西北、东北。阳数与阴数逆向而行。一二三四五六七八九的序列为北、西南、东、东南、中、西北、西、东北、南。此为阴阳数的分居对待。从运行看，则北方一六水克西方二七火，二七西方火克南方四九金，南方四九金克东方三八木，东方三八木克中央五土，中央五土克北方一六水。至此则右旋（从右至左）一周，又从北方一六水克西方二七火开始循环相克。

从筮数九六七八看，"河图六七八九，既附于生数之外矣。此阴阳老少，

---

① 朱熹. 周易本义附易学启蒙 [M]. 北京：九州出版社，2004：356.
② 朱熹. 周易本义附易学启蒙 [M]. 北京：九州出版社，2004：357.
③ 胡方平. 易学启蒙通释 [M]. 上海：上海古籍出版社，2019：56.

进退饶乏之正也。其九者，生数一三五之积也。故自北而东，自东而西，以成于四之外，其六者，生数二四之积也。故自南而西，自西而北，以成于一之外，七则九之自西而南者也。八则六之自北而东者也。此又阴阳老少，互藏其宅之变也。洛书之纵横十五，而七八九六，迭为消长，虚五分十，而一含九，二含八，三含七，四含六，则叁伍错综，无适而不遇其合焉。此变化无穷之所以为妙也"①。我们知道，筮数七八九六是从大衍筮法中来，然其数可在河图中得到合理解释。七八九六附于生数一二三四之外，这是阴阳老少，阴阳消长导致的。数字九是内圈一三五相加而成，自北东而末至西，是为一三五，故"成于四之外"。数字六是内圈二四相加而成，自南西而末至北，是为二四，故"成于一之外"。一三五为阳之行迹，二四为阴之行迹，此为老阳九、老阴六的运行轨迹图。阴中有阳，则自西九而至南七，是为少阳运行；阳中有阴，则自北六而至东八，是为少阴运行。此即为"阴阳老少，互藏其宅之变"。胡方平说："进则饶，故老阳饶于八，少阳饶于六；退则乏，故老阴乏于七，少阴乏于九。进而饶者阳之常，退而乏者阴之常。此所谓正也，以言其变。老阳数九，由一三五积而成于四之外，四，老阴之位也。老阴数六，由二四积而成于一之外，一者，阳之位也。"② 胡氏解释了河图之中阴阳消长和阴阳互变的图式运动形式。

洛书横竖斜均积十五，而七八九六，迭为消长。"其在洛书，虽纵横有十五之数，实皆七八九六之迭为消长。一得五为六，而与南方之九迭为消长；四得五为九，而与西北之六迭为消长；三得五为八，而与西方之七迭为消长；二得五为七，而与东北之八迭为消长。大抵数之进者为长，退者为消。长者退则又消，消者进则又长。六进为九，则九长而六消；九退为六，则九反消而六又长矣。七进为八，则八长而七消；八退为七，则八反消而七又长矣。"③ 此言七八九六之进退消长。"虚五分十"，即中五不用，北方一对南方九，西南二对东北八，东方三对西方七，东南四对西北六，均积为十。所谓叁伍错综，"河图则二少位东、南，二老位西、北。二居南，内含东外之八；

---

① 朱熹. 周易本义附易学启蒙［M］. 北京：九州出版社，2004：357.
② 胡方平. 易学启蒙通释［M］. 上海：上海古籍出版社，2019：62.
③ 胡方平. 易学启蒙通释［M］. 上海：上海古籍出版社，2019：62.

三居东，内含南外之七；一居北，内含西外之九；四居西，内含北外之六。洛书则一得五成六而合九，四得五成九而合六，二得五成七而合八，三得五成八而合七，又如二四成六而九居中，一八成九而六在旁，二六成八而七处内，三四成七而八在下，是亦九六七八无适而不遇其合也"①。河图中，少阴少阳分居东、南，老阴老阳分居北、西。南二联属东八为十数，东三联属南七为十，北一联属西九为十，西四联属北六为十。洛书中，五居中，北方一加五为西北六，一与南方九合十；东南四加五为南方九，四合西北六为十；西南二加五为西方七，二合东北八为十；东方三加五为东北八，三合西方七为十。洛书上列二四为老阴六，老阳九居其中；下列一八为老阳九，老阴六在其侧；右列二六为少阴八，少阳七居其中；左列三四为少阳七，少阴八在其下。所以七八九六在河图洛书中，分属四象之对待与流行。

    河图与洛书存在相互转换的联系。河图五十五虚中央五、十之数，则为四十，一三七九阳数积为二十，二四六八阴数积为二十，合为四十。象征阴仪和阳仪，从太极"虚其中"处生来。一二三四是太极生两仪的自然过程，加五为六七八九，六七八九为四象。四象分居四方，补四隅之空则为兑震巽艮卦。此为四象生八卦在河图中的比拟。洛书虚其中五，亦为太极。阴阳数均为二十，构成阴阳两仪。洛书一二三四与九八七六相对而含，分别积十，由一二三四变六七八九，纵横十五，而互为七八九六，亦可看作四象。四方之正为乾坤离坎，四隅为兑震巽艮，此为四象生八卦之模拟。河图的五行一六生水来自《尚书》之"洪范"篇。

    朱子在《易学启蒙》的"本图书"一节中又讨论了河图洛书与大衍之数的关系。"且以河图而虚十，则洛书四十有五之数也。虚五，则大衍五十之数也。积五与十，则洛书纵横十五之数也。以五乘十，以十乘五，则又皆大衍之数也。洛书之五，又自含五而得十，而通为大衍之数矣。积五与十，则得十五，而通为河图之数矣。"② 河图五十五数，虚十则为洛书四十五之数。五十五虚五，则为大衍之数五十。中央五与十之积为十五，而十五乃洛书纵横之数。五与十相乘为五十，是为大衍之数。洛书之中五，自含其五为变十，

---

① 胡方平. 易学启蒙通释 [M]. 上海：上海古籍出版社，2019：63.
② 朱熹. 周易本义附易学启蒙 [M]. 北京：九州出版社，2004：358.

亦得大衍之数。五与十积得十五，乃河图中宫之数。所以，通过中宫五、十之数，均能将河洛之数、天地之数以及大衍之数联系起来。朱子说："河图中宫，天五乘地十而得。七八九六，因五得数。积五奇五偶，而为五十有五。"① 河图中宫五十的作用很大，五十相乘即得大衍，成数因五而得，五奇数五偶数相积，即得天地之数五十五。可以说，中宫起到了变化和联系的重要作用。"河图五十五，是天地自然之数。大衍五十，是圣人去这河图里面，取那天五地十衍出这个数。不知他是如何。大概河图是自然的，大衍是用以揲蓍求卦者。"② 大衍之数虽然可从河图五十五虚五或者五十相乘而得，说明了体用不离的原理，但大衍之数毕竟有一套揲筮的程序，《系辞》记载很清楚，这可能有两套思路。所以朱子才说河图是来自自然，而大衍筮法却是人为所致。

虽然朱子在河洛之学中沿用或采纳了刘牧、程大昌等人的意见，但朱子更强调河洛之数在诸易学要素中的原始作用。因其在政治和学术上的重要地位，使得后学更为关注河洛之学，在某种意义上加强和丰富了易学的结构，增添了重要的研究视角。"在朱熹的易学思想中，河图洛书占有极为重要的地位，是他的一整套象数之学所赖以建立的理论基石。"③ 另外，朱子的象数学推崇邵雍，其对先天之学有独到的领会。朱子肯定了邵雍先天之学的重要性，在《周易本义》的《易图》部分列出了先天学诸图：伏羲八卦次序图、伏羲八卦方位图、伏羲六十四卦次序图以及伏羲六十四卦方位图。在对诸图的解释中，朱子强调邵雍"加一倍法"的作用，对先天图的数理进行了言简意赅的说明，对于汉代以来的大衍筮数、纳甲数、卦气说以及邵子元会运世之数均有自己的精到见解。尤其需要注意的是，《易图》列出了卦变图，这是朱子本人对于卦变说的看法，其体系"条理精密，则有先儒所未发者"，可视为易学史上言卦变的高峰之作。

---

① 朱熹. 朱子语类 [M]. 黎靖德，编. 北京：中华书局，1994：1611.
② 朱熹. 朱子语类 [M]. 黎靖德，编. 北京：中华书局，1994：1611.
③ 余敦康. 汉宋易学解读 [M]. 北京：华夏出版社，2006：469.

二、理学旨归

如前所述，在哲学视域下，朱熹采用了不同于时贤的双向互动的诠解方法，这表现了朱熹易学研究的理学旨归。但据此不能简单认为朱熹的易学研究只是作为理学体系建构的手段，目的并不在易学本身。朱熹易学是其理学体系的有机构成部分，不能做机械的分割。朱熹一方面认为易学之本在于象数，另一方面又认为象数是应该贯通义理的，但又不能纯用义理解易，他试图调和象数派和义理派的缺失。他说："汉儒求之《说卦》而不得，则遂相与创为互体、变卦、五行、纳甲、飞伏之法，参互以求而幸其偶合。其说虽详，然其不可通者，终不可通，其可通者，又皆傅会穿凿，而非有自然之势。唯其一二之适然而无待于巧说者为若可信，然上无所关于义理之本原，下无所资于人事之训诫，则又何必苦心极力以求于此而欲必得之哉！故王弼曰：义苟应健，何必乾乃为马？爻苟合顺，何必坤乃为牛？而程子亦曰：理无形也，故假象以显义。此其所以破先儒胶固支离之失，而开后学玩辞玩占之方，则至矣。然观其意，又似直以易之取象无复有所自来，但如诗之比兴、孟子之譬喻而已，如此则是《说卦》之作为无所与于易，而近取诸身远取诸物者，亦剩语矣。故疑其说亦若有未尽者。"① 朱熹从两个方向上对前人易学进行了批判，一是对汉代以来象数学的批评，指出其繁衍丛胙、渐离圣人之旨的形式化危害，"非有自然之势"。象数符号应该从"义理之本原"和"人事之训诫"入手，对社会人生有所助益。二是对义理派有相当的质疑，以程颐为例，认为他的易学"又似直以易之取象无复有所自来"，不顾象数本根，几欲脱离象数而谈儒家义理，这与《诗经》《孟子》何异？这样的话，则《说卦》《系辞》之奥秘玄理，诸如"近取诸身远取诸物"者，也就无从追索。所以朱熹以为程子所论还没有讲到位，"若有未尽者"。根据朱熹在其《语类》《文集》中的大量书信和言辞记载，此"未尽"，是指没有从根本上入手。尽管程颐是朱熹的师传之宗，但他仍能有勇气从学术的立场进行批驳。

朱熹说："今学者讳言易本为占筮作，须要说做为义理作。若果为义理作

---

① 朱熹. 朱子全书：第二十三册 [M]. 上海：上海古籍出版社，2002：3255.

时，何不直述一件文字，如《中庸》《大学》之书，言义理以晓人？须得画八卦则甚？"① 这里不仅说明了象数初为占筮，也暗示了可以表达义理，像《中庸》《大学》那样，只不过儒家经典是通过文辞来讲道理，而《周易》则可借用或者说通过象数来讲道理，"画八卦则甚"通过反问即是表达此意。按此思路，象数符号是众理表达之源，不仅可以讲儒家义理，还可以讲道家、佛家的道理等。朱熹所取，唯重儒家耳。"盖缘近世说易者，于象数全然阔略。其不然者，又太拘滞支离，不可究诘。故推本圣人经传中说象数者，只此数条，以意推之，以为是足以上究圣人作易之本旨，下济生人观变玩占之实用，学易者决不可以不知，而凡观象数之过乎此者，皆可以束之高阁而不必问矣。"② 象数虽可做形式化推演，但象数本身不必如此推演，乃学者为之。观象数足以往上溯圣人作象数的本意，探究圣人作《周易》的本旨，往下则可以切入普通人的生活，可以在观变玩占的实用预测中，领略人伦事理以吉凶悔吝示之于人，这大概是占卜的意义。

  理是一个理，但因表达的不同，切入的理解方式的不同而显现出不同的样子："易只是说个卦象，以明吉凶而已，更无他说。如乾有乾之象，坤有坤之象，人占得此卦者，则有此用以断吉凶，哪里说许多道理？今人读易，当分为三等：伏羲自是伏羲之易，文王自是文王之易，孔子自是孔子之易。读伏羲之易，如未有许多象象文言说话，方见得易之本意，只是要作卜筮用。"③《周易》的卦象吉凶只是个卦象，只是个吉凶预言，并不说别的，但理却是蕴含在其中。"更无他说"是有他说，只是圣人没说。朱子虽分三等样易，其实乃一个易，一个理。文王孔子时，有文字辅助，便有文王之易，孔子之易。上溯至伏羲，无言无语而有易之本意，若不作占卜之用，则其本意亦难显矣。这说明，若不切入人伦事用，再深奥的道理也难以普及。只是后世之用越繁、越促，则文字之易，方源源不断涌出也。故朱熹说："文王之心，已自不如伏羲宽阔，急要说出来。孔子之心，不如文王之心宽大，又急要说出道理来。所以本意浸失，都不顾元初圣人画卦之意，只认各人自说一

---

① 朱熹. 朱子语类 [M]. 北京：中华书局，1994：1622.
② 朱熹. 朱子全书：第二十一册 [M]. 上海：上海古籍出版社，2002：1563.
③ 朱熹. 朱子语类 [M]. 北京：中华书局，1994：1629.

副当道理。"① 宽缓急阔，象辞数理，固有时代不同的因素，也有易学本身具有充分演绎的可能性。究其源乃在其象数的本根，乃是对太极"生生"之节拍的深刻模拟，此比拟并不因时代的不同而不同。"易以卜筮用，道理便在里面，但只未说到这处。如楚辞以神为君，祀之者为臣，以见其敬奉不可忘之义。固是说君臣，但假托事神而说。今也须与他说事神，然后及他事君之意。今解直去解作事君，也未为不是；但须先为他结了事神一重，方及那处，易便是如此。今人心性褊急，更不待先说他本意，便将理来羁说了。"② 朱熹以祭祀中神民、君臣为喻，说明象数吉凶其实为"假托"，理就在象数之中。

朱熹以象数为本，贯穿《周易本义》和《易学启蒙》，表达了太极为理，阴阳为变，体用不二的思想。从太极—两仪—四象—八卦看，表现为自然规律的生成序列，此序列既为本原的自然活动，也为本体的展开形式。"一每生二，自然之理也。易者，阴阳之变。太极者，其理也。两仪者，始为一画以分阴阳。四象者，次为二画以分太少。八卦者，次为三画而三才之象始备。此数言者实圣人作易自然之次第，有不假丝毫智力而成者。"③ 体用之合是自然天成的，后世用智，方其解愈繁。"太极者，象数未形，而其理已具之称。形器已具，而其理无朕之目。在河图，洛书，皆虚中之象也。周子曰无极而太极。邵子曰道为太极，又曰心为太极。此之谓也。"④ 象数实为在有无之间、理气之间的符号显示，是对道的一种牵引，也是对心物融合、万物一体、天人合一的象征。画不画卦，太极之理都在焉，象数有无，都不妨碍本体之道理自在，然卦画阴阳，确是对太极之理的形象表达："此太极却是为画卦说。当未画卦前，太极只是一个浑沦底道理，里面包含阴阳、刚柔、奇偶，无所不有。及各画一奇一偶，便是生两仪。再于一奇画上加一偶，此是阳中之阴；又于一奇画上加一奇，此是阳中之阳，又于一偶画上加一奇，此是阴中之阳；又于一偶画上加一偶，此是阴中之阴，是谓四象。所谓八卦者，一

---

① 朱熹．朱子语类［M］．北京：中华书局，1994：1630.
② 朱熹．朱子语类［M］．北京：中华书局，1994：1635.
③ 朱熹．周易本义附易学启蒙［M］．北京：九州出版社，2004：284.
④ 朱熹．周易本义附易学启蒙［M］．北京：九州出版社，2004：360.

象上有两卦，每象各添一奇一偶，便是八卦。"① "浑沦底道理" 是指理的自在自为的状态，是自然而然的，经由画卦、系辞，理越清则离"无极而太极"的浑朴境界越远。阴阳、刚柔、奇偶，是两仪，也只是一个太极。阳中之阴、阳中之阳、阴中之阳、阴中之阴，是四象，也只是两仪。据此，八卦也只是四象。说到底，众象无论散之何时何地，究其根底，皆是太极；太极之理能被发明展开，归其因，无不是众象之理，其实一理也。这就是朱熹用"月映万川"比喻的"理一分殊"的世界真相。"易有太极，便是下面两仪、四象、八卦。自三百八十四爻总为六十四，自六十四总为八卦，自八卦总为四象，自四象总为两仪，自两仪总为太极。以物论之，易之有太极，如木之有根，浮屠之有顶。但木之根，浮图之顶，是有形之极；太极却不是一物，无方所顿放，是无形之极。故周子曰无极而太极。是他说得有功处。夫太极之所以为太极，却不离乎两仪、四象、八卦；如一阴一阳之谓道，指一阴一阳为道则不可，而道则不离乎阴阳也。"② 总而言之，宇宙其大无外，其小无内，却时时处处充盈着道理。譬之卦爻，则如三百八十四爻之细，太极乾坤之浑，皆藏其理。理如木之根、塔之顶，舍此则无此事物之所以为此事物之理，无理之整全，亦不复为理。太极虽无形，但必须通过有形之事物才能被人明晓，所以说太极不离一物，但太极并不就是某一物。

至此，朱熹的思想体系从逻辑上先言象数，次及理气、形器之辨，最后则必落实于封建伦理纲常。朱熹的象数体系与他的"四易"说有关，即有画前自然之易、伏羲之易、文王之易以及孔子之易。画前易一任自然，象数呈现便是河图洛书；伏羲易浑朴古拙，以先天易诸图为其象数表达；文王易已有语言为助，然语言之机巧并不赡富，故其象数符号主要是文王八卦后天易；孔子易语言解释最著，亦有卦变诸图为其象数显现，已成兼容象数和义理的渊薮。此四易的发展亦可从太极之理得到解释，思想史的变化亦是即体即用的，它与万物生成的对待流行一道，构成了历史。如果把人文与自然分开来，人类的应然之善与大道的本然之真还是有所区别的。仅仅从自然主义的角度解释应然之善还是不够的，这需要更为精密的逻辑论证。首先，自然之理必

---

① 朱熹. 朱子语类 [M]. 北京：中华书局，1994：1929.
② 朱熹. 朱子语类 [M]. 北京：中华书局，1994：1930-1931.

须有一个善的理性设定，不然在逻辑上无法自洽。朱熹说："太极中，全是具一个善。若三百八十四爻中，有善有恶，皆阴阳变化以后方有。"① 太极本身即为纯善，人的善恶是阴阳变化之后，阴阳交错辗转滋生而成。以易理喻之，则为三百八十四爻，囊括人间事事物物，善恶变幻。太极之善，不容易经由语言形容出来，但是太极的展现和在世间的表现却能经由语言说出，经由实际行动领略而得："道较微妙，无形影，因卦辞说出来，道这是吉，这是凶；这可为，这不可为。其次，德行是人做底事，因数推出来，方知得这不是人硬恁地做，都是神之所为也。又曰：须知得是天理合如此。"② 把占卜筮算、吉凶悔吝作为方便法门，让人知道可为与不可为。在决定论和自由选择之间不落两边，方能领悟德性。德性须德行自证，人能做，数能推，都在道的范围之内。对道德的领会方知命运合该如此，行为合该如此等，这就是所谓的"天理"，"不是人硬恁地做，都是神之所为"。这可用合规律性与合目的性的辩证关系来解释，把握好这个关系，犹如"神之所为"。最后，"理得"还要"心安"契入方能整全，否则不是真正的有得于理。"心安"是在心性的锻炼中形成的，"理得"有助于"心安"，其结果并不完全从认识中来，这需要生活的磨炼和对于太极之理的回复。我们所说的"心安理得"是一个过程，但是在理的分殊上，可以经由逻辑论证来进一步明晰起来。

而德性最终来自太极。太极须回复，这是事实判断，也是价值判断。万物从太极来，所有的变化在根本上均须从太极汲取力量；"太极而无极"（"无极而太极"之反语）之性乃虚中宫五十而得，终极价值则必由此出。卦爻占卜只是人创造出的一种体会此终极价值的程序而已，其目的在于明理，明理之"明"，不单单是认识，还应该是实践理性的运用即以德行事："蓍卦之用，道理因此显著。德行是人事，却由取决于蓍。既知吉凶，便可以酬酢事变。神又岂能自说吉凶与人！因有易后方著见，便是易来佑助神也。"③ 太极也好，无极也罢，语言解释都免不了落入"所知障"，而一旦使用"神""鬼"之类的言辞又不免反理性、神秘主义的指责。周子用无极而太极的字眼

---

① 朱熹. 朱子语类 [M]. 北京：中华书局，1994：1928.
② 朱熹. 朱子语类 [M]. 北京：中华书局，1994：1918.
③ 朱熹. 朱子语类 [M]. 北京：中华书局，1994：1918.

描述某些状态和境界，应该也是不得已而为之吧。本体之理稍明，则可落实于在世之中，也就免不了具有时代局限性的纲常之说，此纲常是事实，也是应当，对应了太极之理："形而上者指理而言，形而下者指事物而言。事事物物，皆有其理；事物可见，而其理难知。即事即物，便要见得此理，只是如此看。但要真实于事物上见得这个道理，然后于己有益。为人君，止于仁；为人子，止于孝。必须就君臣父子上见得此理。大学之道不曰穷理，而谓之格物，只是使人就实处穷竟。事事物物上有许多道理，穷之不可不尽也。"①朱熹用"形上形下"的言辞实则开启了另一种观太极的角度，形上之理与形下之事物原本一理。理在事中，并不容易发现，而一旦发明出来，见事物便是见事理。此所谓"便要见得此理，只是如此看"。要见得此理，还要有益。这里的"有益"不是功利的考量，而是指有助于德行的实践。道德践履的无非就是：君臣父子。这是封建伦理的纲要，其内容不外乎三纲五常、仁义礼智信、忠孝仁义之类。但在朱熹看来，德行就是要在"君臣父子上见得此理"，如此以明德性。《大学》八条目不讲明理，只是讲如何做，此谓之格物。格物就是与世交道，在交道之中明晓"事事物物上有许多道理"。人生一世，事事物物无穷尽，正因无穷尽，才越要"穷之不可不尽"，这就是穷理，也就是使人就实处穷竟。不放过每一个事物之理，便是究竟，如此终将一日境界澄澈，达到"从心所欲不逾矩"的完美状态。

在心性命理的理学结构中，朱熹已经通过象数论证和展示了世界之鸿阔浩渺而又洁净精微之理，此理经设定为至善，贯穿于人之心性命中。朱熹要论证人文价值通于自然道理，就必须从人性事实上切入，以此为基础论述性—理、性—命、性—心的关系并最终回复到太极之理。总之，朱熹要面对的是一个古老而常新的问题：本然之真与应然之善能否融合，当然，这在朱熹已经不是一个问题。为逻辑完整计，必须有此一问。真何以为善，善何以为真，天人如何能够合一，自然"无心而成化"怎么与"人文化成"结合起来？这些问题简括起来也就是天人合一如何可能的问题。限于题目和篇幅，本书只做简要论述。

---

① 朱熹. 朱子语类 [M]. 北京：中华书局，1994：1935.

为避免道家者流的自然主义，所谓蔽于天而不知人，朱熹需要解释天道之善，除了前述数理的模拟和比附，还要从道理上讲得透彻。他说："一阴一阳之谓道。就人身言之，道是吾心。继之者善，是吾心发见恻隐、羞恶之类；成之者性，是吾心之理，所以为仁义礼智是也。"① 很明显，这里朱熹引入了"心"的范畴，即一种反映和认识、体悟的能力。道在天地为天心，道在人身为人心，以道德主体言，为"吾心"，心若合道，则心即是道。天道虽自然，亦为至善，人能继之，便能为善，所以人能天然发见、发明此心之恻隐、羞恶。从根本上讲，善不须教而自明，关键在此一"继"字。理在他物为物性，理在人身为人性，人性秉理之纯善，然亦须"成之"。所谓"成之"，也就是行仁义礼智之事。继善、成性，只是一个道理，这个道理能被此心领悟，成"吾心之理"。这就是心性理的基本结构，而命则是理的各种状态，是道理散之于人的非整全状态，而所有人之状态也只是此一道理。故朱熹强调"继之者善，方是天理流行之初，人物所资以始。成之者性，则此理各自有个安顿处，故为人为物，或昏或明，方是定。若是未有形质，则此性是天地之理，如何把做人物之性得！"② 理之安顿处在事事物物之中，在物为昏为定，在人为明亦是定，定者有一定之性。若事物无形质，理虽在，性已不存，此性与理之区别。"'成性'与'成之者性也'，止争些子不同。'成之者性'，便从上说来，言成这一个物。'成性'，是说已成底性，如'成德''成说'之'成'。然亦只争些子也，如'正心''心正'，'诚意''意诚'相似。"③ 这是说，"成之者性也"是一个过程，虽在宇宙论的框架下，但不是简单的宇宙生成论，因为此"性"乃是"继善"而来，秉承的是理之纯善，但要通过"成之"的阶段才能显现出来。而一旦显现，就是"成性"，性是理之性，通过"成之"，为"成性"，这是理之为性的必然性；"成"是运动，是流行，只有在大化流行中才能成就此性，这是可能性。换言之，理必展开为性，但要有理之纯然，则必落在"正心诚意"的修养上以求。"或问：成性存存，是不忘其所存。曰：众人多是说到圣人处，方是性之成，看来不如此。'成性'，

---

① 朱熹. 朱子语类 [M]. 北京：中华书局，1994：1897.
② 朱熹. 朱子语类 [M]. 北京：中华书局，1994：1897.
③ 朱熹. 朱子语类 [M]. 北京：中华书局，1994：1909.

只是一个浑沦之性，存而不失，便是'道义之门'，便是生生不已处。"① 存，有失的可能，存而不失，方能通向道义，这就是宇宙"生生"之德。存而不忘，乃是圣人有心而无为，存而忘之，方有"浑沦"之境界。"天地造化是自然；圣人虽生知安行，然毕竟是有心去做，所以说'不与圣人同忧'。"② 圣人虽有心，若能无为而成化，则与天地之无心同。但毕竟有心，故天地自然不与圣人同忧。因此圣人的最高境界乃是"有心而无为"，朱熹高度赞赏程颢，"明道两句最好：'天地无心而成化，圣人有心而无为。'无心便是不忧，成化便是鼓万物。天地鼓万物，亦何尝有心来！"③ 圣人的应然之善不露痕迹，无为之为顺同成化之道，此应然之善便是天地之真；天地的本然之真有心契合，无忧之忧同化无为之道，此天地之真便是应然之善。朱熹用"儒道互补"的方法，将"北宋五子"：周敦颐、张载、邵雍、程颢、程颐的哲学和易学思想融会贯通，把自然主义和人文主义熔为一炉，把义理派和象数派高度结合，采用双向互动的思维模式以人道释天道、以天道证人道，达到天人之学的至高境界。其中，朱熹的象数体系和模型为朱熹理学的建立做出了应有的理论贡献。朱熹人格高洁，不容诋毁，他"固穷不易其节，隐忍以安于道。他终其生与门生弟子在一起，孜孜矻矻，奋勉不懈，说他是孔孟真精神的继承者，不为过言"④。

---

① 朱熹．朱子语类 [M]．北京：中华书局，1994：1909．
② 朱熹．朱子语类 [M]．北京：中华书局，1994：1901．
③ 朱熹．朱子语类 [M]．北京：中华书局，1994：1901．
④ 高怀民．宋元明易学史 [M]．桂林：广西师范大学出版社，2007：113．

第四章

象数易学史的伦理思想（三）

从元明时期到有清一代为象数易学伦理思想的第三个阶段，也是否定之否定的阶段。之所以说"否定之否定阶段"，主要是基于以下两个事实：第一，这一阶段的易学家主要在复兴汉学，但不是简单地回到汉学。易学家在挖掘汉代易学思想的时候，都在自觉不自觉地建立自己的体系，这方面成就最为突出的是焦循。第二，象数易学必须在批判、继承和创新两宋以来的图书学的基础上才能有所转换，才有创新的根基。平心而论，两宋易学虽不至于在易例上蔓延，但其内容逐渐庞大，似乎已经不能被传统易学"罩住"。不过，图书学毕竟还是象数易学，还是在用易学的基本定式。只是图书之说慢慢延伸到诸如天文、地理、筹算、乐律的专门之学中，已成较大气候。象数学的发展必须在对此做出反思的条件下，才能进步。

这期间出现了一批颇有成就的易学家，如来之德的"错综"之学，智旭用象数解佛的佛家易学，胡煦"酌于汉宋"的象数义理兼采的方法，江永、黄宗羲的象数学，惠栋、张惠言的复兴汉学，俞樾的会通汉学和宋学以及焦循的旁通之学，等等。本章从伦理学的角度视之，重在象数对于伦理思想的表达，所取者寡，但均为精要。其中，来之德易学在总结之中创造，注意视角的转换，值得借鉴。而胡煦和焦循则是象数伦理思想之学的典范，二人真正把象数符号融入伦理思想的诠解和应用之中，达到了象数伦理思想的自觉，具有很高水平。牟宗三评价说："胡煦、焦循是中国最有系统、最清楚、最透辟的两位思想家。然而却总不为人所注意，这也许是人们讨厌《周易》故，然而他二人的思想却偏都从研究《周易》中引出。"① 他甚至评价焦循说："焦里堂的'旁通情也，而元亨利贞'，皆是人间的真正发现，皆是抉破了人间的秘密而趋向于赤裸的真人生，这是人间的复活，人间的自我实现，毫不必借助于万能的神及超越的宗教。这是有功于人类的发现，他这道德哲学的系统之完美，在这个人间是不多得的。"② 这是极为崇高的评价，可见其作用和影响。

第一节　来知德的错综视域

来知德（1525—1604），明代易学家，字矣鲜，别号瞿塘，明夔州府梁山县人。嘉靖三十一年（1552）举人，屡次科举不第，后隐居求志，著述为乐。其晚年，朝廷特授翰林院待诏，不赴，敕建"聘君仁里"石坊。著有《周易集注》《来瞿唐先生日录》，分别收入《四库全书》和《续修四库全书》。来知德易学以错综为主要体例，由此勾画出一系列符示太极的易图。来氏易学把传统的"理—气—象—数"的结构融合起来，使之共同表达伦理本体。伦理关怀是来氏易学的落脚点，他将"错综"易例一以贯之，积极转换视角和视域，由此铺开了"太极之理—男女之理—德我之理"的思路，并最终强调了道德主体的切身性。

《周易》复卦之《象传》说"复其见天地之心乎"，此句历来被易学家重视，纷纷做出了德性化的解释。什么是天地之心？孔颖达说："天地养万物，以静为心，不为而物自为，不生而物自生，寂然不动，此天地之心也。"③ 这是说天地的精神就在万物的自为和自生之中，万物虽纷扰，天地却本寂然。他以复卦雷在地下之象进一步说道："观此复象，乃见天地之心也。天地非有主宰，何得有心？以人事之心，托天地以示法尔。"④ 天地并无人事之心。所

---

① 牟宗三. 周易的自然哲学与道德涵义 [M]. 台北：联经出版社，2003：293.
② 牟宗三. 周易的自然哲学与道德涵义 [M]. 台北：联经出版社，2003：295.
③ 孔颖达. 周易正义 [M]. 北京：九州出版社，2004：260.
④ 孔颖达. 周易正义 [M]. 北京：九州出版社，2004：260.

谓心，只是借用人心来喻天地之道。一个复卦，即可见天道与人事。尽管中国哲学多是在表达天人相合的理念，但在易学中，义理派和象数派的表达方式很不一样。义理派如孔颖达所注，象数讲得不多，主要在于探讨义理；象数派则是通过构筑象数体系，用象数运动来展现道理。明代易学家来知德即是以"错综"的象数方法为基础，构筑了道德本体，并由此展开了对传统心性命理的论说，强调了道德主体的切身性。来知德以象数为宗，兼顾义理，以卦爻符号象征道德生活，在易学史上是从宋学转向清代汉学的关键人物。兹对其易例及其伦理思想择其要论说之。

一、错综易例与本体构建

来知德解释"复其见天地之心"说："天地无心，生之不息者乃其心也。剥落之时，天地之心几于灭息矣。今一阳来复，可见天地生物之心无一息之间断也。"[①] 这在义理上与孔疏并无不同，但他结合复卦的覆卦（孔颖达易例）即剥卦来说，从直观上给人流变不息的感觉：剥卦上一阳，阴侵阳之时即是一阳回复的契机。他把象数和义理、符号和伦理结合起来："一阳之复在人心，则恻隐、羞恶、辞让、是非，性善之端也。故六爻以复善为义……三阳发生万物之后，则天地之心尽散，在万物不能见矣。天地之心动后方见，圣人之心应事接物方见。"[②] 一阳为初始，类比孟子四端；三阳为泰卦，阴阳和合，万物发生。天地之道散落到万物运动之中，以圣人为表率，则落实到待人接物的伦理方面。这里来知德用到了三国易学家虞翻的"十二消息说"，可见他的体系一开始就是通过象数符号落实在儒家伦理上的。来知德构建伦理本体的象数学方法主要是："错综"。

错综一词来自《系辞·上》"参伍以变，错综其数"这一句。孔颖达注为："错为交错，综为总聚，交错总聚其阴阳之数也。"[③] 这是说万物交杂而变，分合以成，数在其中，天地之文方能显现。来知德将此二字提炼为象数体例：错，即是虞翻所谓旁通卦。"错者，交错，对待之名。阳左而阴右，阴

[①] 来知德. 周易集注 [M]. 上海：上海古籍出版社，1990：169.
[②] 来知德. 周易集注 [M]. 上海：上海古籍出版社，1990：169.
[③] 孔颖达. 周易正义 [M]. 北京：九州出版社，2004：637.

左而阳右。"① 如乾坤二卦阴阳相对，泰否二卦阴阳相对，则六十四卦为三十二对错卦。综，即是孔颖达所谓覆卦。"综者，高低织综之名。阳上而阴下，阴上而阳下也。"② 如屯蒙二卦上下相反，咸恒二卦上下相反，除乾坤、坎离、大过颐、小过中孚八卦，则有二十八对综卦。错综的依据源于天地万物之理，"天地造化之理，独阴独阳不能生成，故有刚必有柔，有男必有女，所以八卦相错"③。相错是万物之不同造成的。万物的不同，是基于不同的逻辑范畴，事物之间有着在相同范畴之内相互对应的逻辑基础。如阴和阳相对，刚和柔相对，男和女相对，而不是阴和刚相对，男和柔相对。可见，相对的事物处在共同的逻辑层面上，这种特性来知德称之为"对待"。"盖易以道阴阳，阴阳之理流行不常，原非死物胶固一定者。故颠之倒之可上可下者，以其流行不常耳。"④ 宇宙大化只是一气流行间杂于万物而已，其核心是变化。站在变通的角度，阴即是阳，阳即是阴，无有分隔，故一卦可以上下反转。但如果没有实体，流行也是不可能的，故一卦之颠倒存在着原卦的基础，这便是同中有异，来知德称此为"流行"。对待与流行的说法当承续朱熹易学，朱熹说"体在天地后，用起天地先。对待底是体，流行底是用，体静而用动"⑤。二者区别在于：朱熹以对待为体为静，流行为用为动；来氏讲对待、流行则是处在一个逻辑层次上，统一于理。

据此，来知德作"伏羲八卦方位之图"释"错"和"对待"，作"文王八卦方位之图"喻"综"和"流行"，作"伏羲六十四卦圆图"总括万物变化。他还作"圆图"（实际是宋以来的太极图，略做改变）以示理气数的关系："流行者气，主宰者理，对待者数。"⑥ 于来氏诸易图，详见"易注杂说诸图"。⑦ 根据来知德的理解，太极包括气、数、理三者，气运流行，数总对待，而理则涵摄此二者。至于太极，来知德注"是故易有太极"说："太极

---

① 来知德. 周易集注 [M]. 上海：上海古籍出版社，1990：3.
② 来知德. 周易集注 [M]. 上海：上海古籍出版社，1990：3.
③ 来知德. 周易集注 [M]. 上海：上海古籍出版社，1990：8.
④ 来知德. 周易集注 [M]. 上海：上海古籍出版社，1990：9.
⑤ 朱熹. 朱子语类 [M]. 北京：中华书局，1986：1603.
⑥ 来知德. 周易集注 [M]. 上海：上海古籍出版社，1990：13.
⑦ 来知德. 周易集注 [M]. 上海：上海古籍出版社，1990：13-61.

者，至极之理也。理寓于象数之中，难以名状，故曰太极生者，加一倍法也。"① 所谓"加一倍法"来自邵雍先天之学，太极两仪、四象八卦由此生成，"加一倍法"包含着太极之流行、对待的双重动因。来氏认为，太极和理处于同一逻辑层次上，所谓理寓象数，也就是太极寓象数。他还提到交易和变易，"交易以对待言，如天气下降以交于地，地气上腾以交于天也。变易以流行言，如阳极则变阴，阴极则变阳也。阴阳之理，非交易则变易"②。这样，来氏就把重于分的对待、交易、数通过"错"的易例结合起来，把重于合的流行、变易、气通过"综"的易例结合起来，两者又统一于太极运动（理）之中。他进一步阐发了理、气和数的关系，"元亨者天道之本然数也，利贞者人事之当然理也。易经理数不相离"③。高怀民认为，来知德的"数的思想却与朱子有别，昔朱子以为有气而后有数，数起于气形已聚之后，今来氏则不然，他显然提升了数的地位"④。这是说不同于朱熹的数在气之后的观点，来氏把数和理同等相待。非但如此，阴阳（气）的流行也是理的表现，他说："伏羲仰观俯察，见阴阳有奇偶之数。故画一奇以象阳，画一偶以象阴，见一阴一阳有各生之象。"⑤ 据此，奇偶之数与阴阳之气都是万物发展变化的表现，可以说二者相互蕴含。二者虽从不同角度呈现，但都统一于太极之理。来氏主要从哲理上言数，至于象数学之数，则是沿袭传统诸说，如邵子先天八卦数、河洛之数、天地生成数、大衍数等。

　　来氏赞同邵雍"画前易"的说法，认为圣人画易只是在刻画自然之易。自然之易与圣人之易是统一的，他说："未画易之前，一部易经已列于两间，故天尊地卑……圣人之易不过模写其象数而已，非有心安排也。"⑥ 他以太极图为中心，用错卦安排了伏羲先天八卦之对待，用综卦安排了文王八卦之流行。两图相合形成"伏羲文王错综图"⑦，此图上列讲"错"，以先天数逐次

---

① 来知德. 周易集注［M］. 上海：上海古籍出版社，1990：359.
② 来知德. 周易集注［M］. 上海：上海古籍出版社，1990：62.
③ 来知德. 周易集注［M］. 上海：上海古籍出版社，1990：63.
④ 高怀民. 宋元明易学史［M］. 桂林：广西师范大学出版社，2007：219.
⑤ 来知德. 周易集注［M］. 上海：上海古籍出版社，1990：62.
⑥ 来知德. 周易集注［M］. 上海：上海古籍出版社，1990：336.
⑦ 来知德. 周易集注［M］. 上海：上海古籍出版社，1990：16.

排列；下列讲"综"，以传统卦序，两卦上下相综排列。他还作"八卦变六十四卦图""八卦所属自相错图"，都是以京房八宫为原型。相综方面，主要是"八卦次序自相综图"，以先天数为体，对应相综卦。如乾在上体，下体按先天数，逐次形成履卦、同人卦、无妄卦等，履卦与小畜卦相综，同人卦与大有卦相综，无妄卦与大畜卦相综，等等。来氏易图构筑了天地万物一体的"本体刻画"，"圣人作易之原也，理气象数、阴阳老少、往来进退、常变吉凶皆尚乎此"①。大体而言，其特征如下：第一，以错卦和综卦为基础，通过卦爻的直观，符示了自然对待和流行的实质，涵摄了万物变化的太极之理。第二，承续和综合了易学史的主要易例，如京房八宫、虞翻旁通、邵子先后天之学和朱熹关于理气数的理论，圆融地表达了太极阴阳运动。第三，来氏以自然之易与圣人之易相合为前提，通过变易和交易的卦爻运动方法，暗示圣人之易所示人伦之理不离自然之理。据此，来知德对一系列道德范畴展开论说，开始表达他对伦理的关切，并强调人的重要价值。

二、道德范畴论

来知德在《周易集注·原序》中以"男女"作为人伦的原点，并把人伦之理与圣人画卦所模写的自然之易结合起来："乾坤者，万物之男女也，男女者一物之乾坤也"，"乾坤男女相为对待，气行乎其间"，"盈天地间莫非男女"，"伏羲象男女之形以画卦"，"孔子见男女，有象即有数，有数即有理，其中之理神妙莫测"②，等等。男人和女人是人伦关系的承载者，而人事和天道本出一源，太极之动为变化之理，散在万物即为性，"物所受为性，天所赋为命……就各正言，则曰性命，性命虽以理言，而不离乎气"③。这是说性命自天授者为命，自物受者为性，性命相互对待，体用不二。性命亦不离气，阴阳之气的运动变化则为理。但人之所以为人，具有不同于他物的性，他说："一阴一阳之道不可名状，其在人则谓之仁知，在天地则谓之德业，在易则谓

---

① 来知德. 周易集注［M］. 上海：上海古籍出版社，1990：13.
② 来知德. 周易集注［M］. 上海：上海古籍出版社，1990：3.
③ 来知德. 周易集注［M］. 上海：上海古籍出版社，1990：68.

之乾坤。"① 易之乾坤、天之德业、人之仁知均相对待而言，其理一也。人的仁知属于道德范畴，究其实从乾坤之气而来，阴阳之气亦成男女之形。气可为仁知，亦变为不同的形体，虽是不同的实体，但都源于气，这便是不可测的"流行之妙"。"成男虽属乾道，而男女所受之气皆乾以始之；成女虽属坤道，而男女所生之形皆坤以成之。分之则乾男而坤女，合之则乾始而坤终，此造化一气流行之妙，两在不可测者也。"② 乾坤或阴阳之气从变化之形上看分为男女，但男女之中亦有乾坤，所谓乾始坤终并非从时间的意义上言，而是从乾坤的功能上言，是逻辑的层面。乾坤的功能存在于太极之道的施受之间，即所谓乾知大始，坤作成物。乾的功能是"受气"，坤的功能是"生形"，两者具有偏向精神属性和偏向物质属性的分别。乾坤合而言之是气，单说乾则应理解为某种精神性的存在。"乾者健也。健是德，不是气，这个健是精神的……坤者顺也。乾坤以德言，这表示乾坤代表一个原则，原则是理，只有德才可以转进至原则。"③ 也就是说乾坤之气虽变为人形，但是乾道重在赋予人性以仁知，坤道则是辅助乾道这个功能的。作为理的道德原则不能是既成事实，而只能是某种先验的道义。

据此，来知德有所谓三易之说："有造化之易，有易书之易，有在人之易。德行者，在人之易也。"④ 造化之易乃画前易、自然之易，易书之易乃圣人之易，而贯通回复易之道者在于人，故曰在人之易。人之易的本质在于以德行事，这也是圣人作易的初心，"圣人作易，开物成务，冒天下之道，教人以反身修省之切要也"⑤。可见，"德"是某种先验之命，人必须行此德，此即为乾之道；此德也要在经验生活之"行"中被意识到，去合理地践行之，此即为坤之道。从行开始，以至于德，此之谓"乾始"；以德为准，充盈于行，此之谓"坤成"。乾坤犹如来氏错综易例，既有对待又有流行，对待是乾坤相错，杂错蔚然成文；流行是乾坤相综，上下反转一体。乾坤德行之妙，

---

① 来知德. 周易集注 [M]. 上海：上海古籍出版社，1990：345.
② 来知德. 周易集注 [M]. 上海：上海古籍出版社，1990：336.
③ 牟宗三. 周易哲学演讲录 [M]. 上海：华东师范大学出版社，2004：12.
④ 来知德. 周易集注 [M]. 上海：上海古籍出版社，1990：365.
⑤ 来知德. 周易集注 [M]. 上海：上海古籍出版社，1990：63.

存乎一心。问题是既有此命，遵从内心去做就是了，世上又何来之恶？来知德说："百姓虽与君子同具此善性之理，但为形气所拘，物欲所蔽，而知君子仁知之道者鲜矣。"① 可见，善性在落实于人性的过程中会遭受到形气的局限。形气是生形之气，有别于承德之气。形气来自气的一体流行，但不同于一体流行之气。因错杂对待，气可承德，亦可生形。形气产生物欲，物欲之蔽形成恶，若不加以调整则会有危险。此亦成为大多数人的生活状态，则"仁知"之道鲜矣。唯圣贤君子能知"仁知"。这样，圣人教人"反身修省"也就有必要了。

那么人能行善的可能性何在？来知德认为，气承德而行，表现为阴阳太极之理，此理赋之于人则为人之性。虽然气能成形，但亦不妨碍此善性："此一阴一阳之道，若以天人赋受之界言之，继之者善也，成之者性也，此所以谓之道也。虽曰善曰性，然具于人身浑然一理，无声无臭，不可以名状，惟仁者发见于恻隐，则谓之仁；知者发见于是非，则谓之知。"② 所以，道在天而言是能"继之者善也"的理，此理涵有善，但能继之方为善，理在人而言是性。性由于形气的影响，是需要通过修身来完善的。人身的存在，一方面成为行善的承载者，另一方面则要从生活的此善之流行发用中，从"浑然一理，无声无臭，不可以名状"的状态中发扬善，回复到善。从恻隐中发见仁，从是非中发见知。尽管天与人、善与性不能直接归类于康德的实践理性，但从一般的道德活动中似可做此类比，中西哲学和伦理学可围绕《周易》做出更深的比较和开拓。

性和命只此一理，心则是对性命理的认识。这种认识是一种先天的能力，类同于孟子的"良知良能"。如前所述，天能赋予人以德和善，人则"继之者善也"，故能认识此德和善。正是天的生生之德保证了人的这种先天认识能力。但这种认识能力是潜在的，若要发挥作用，则需要屏除形气和私欲的影响。"人受天地之中，以生其性，分之天理，为我良知良能者，本与天同，其易而乃险，不可知；本与地同，其简而乃阻，不可从者，以其累于人欲之私

---

① 来知德. 周易集注 [M]. 上海：上海古籍出版社，1990：344.
② 来知德. 周易集注 [M]. 上海：上海古籍出版社，1990：344.

耳。"① 这里来氏仍然贯彻了错和综、对待和流行的对立统一思想：天地赋予了良知良能，但由于性理相错，受形气而有险，原本可知的变为不可知；人本可从坤道，顺从于乾则万物终成，其理至简。然受私欲影响，可从之事变得不可从。故此，来知德提出自己的功夫论，他在解释《系辞·下》"穷神知化德之盛也"时说："尽同归之理是乐天功夫，神以理言故言穷。安一致之数是知命功夫，化以气言故言知。理即仁义理知之理，气即吉凶祸福之气。内而精义入神，已有德矣；外而利用安身，又崇其德。内外皆德之盛。"② 所谓"尽同归之理"是指回复到天之所与的德的状态，此天理没有一欲之私，仁之纯粹而精，故能乐之，此为乐天功夫。然人之命秉一定之数，人之性在多大程度上终成此天理，则需知命功夫。此功夫当化之以气，变化气质方能知所不知。知之方能尽之，如此则秩序条理井然，仁义礼智尽显，而吉凶祸福可安。做到此二功夫，则天地性理、乾坤内外合一，或精义入神，或利用安身，皆是德的表现。至此，来氏对圣人作易再一次发出感叹，"道器无二致，理数不相离，圣人作易，惟教人安于义命而已。"③

三、道德主体的切身性

来知德论象时有一个镜子照物的比喻："故象犹镜也。有镜则万物毕照，若舍其镜，是无镜而索照矣。不知其象，易不注可也。"④ 来氏以镜喻象说明了《周易》中"象"的重要性。《系辞》说"易者象也，象也者像也"，这便点明了卦爻形式是对世界的模拟和象征。如前所述，象不仅是圣人模写万物之形的工具，还是明万物之理、人伦之要的符号，他说："若易则无此事无此理，惟有此象而已。有象则大小、远近、精粗，千蹊万径之理咸寓乎其中，方可弥纶天地。"⑤ 朱伯崑总结来氏的取象原则，把"千蹊万径之理咸寓乎其中"的方法称之为"假象寓理"。他说："凭卦象比拟物象及其所蕴藏的事物

---

① 来知德. 周易集注 [M]. 上海：上海古籍出版社，1990：337.
② 来知德. 周易集注 [M]. 上海：上海古籍出版社，1990：377.
③ 来知德. 周易集注 [M]. 上海：上海古籍出版社，1990：397.
④ 来知德. 周易集注 [M]. 上海：上海古籍出版社，1990：4.
⑤ 来知德. 周易集注 [M]. 上海：上海古籍出版社，1990：4.

之理，所谓假象以寓理。此是伏羲画卦的宗旨。"①来氏所谓"无此事无此理，惟有此象"，其意为"易象源于客观世界，是对天地万物及其理则的效法与凝练，具有高度的抽象性和象征性。其抽象性在于，它是超越天地万物的抽象符号，不能等同于客观现实中的事理；其象征性在于，它是对现实事理的模写效法，表征天地万物的属性和道理，故又不曾与天地万物隔绝"②。这是说象虽然可以高度模拟事理，但它不直接等同于事理，这是象与事理之分；象的模写和效法与事物运动具有逻辑同构的作用，可以表达事物抽象的本质和属性，这是象与事理之合。象和事理是统一的。来知德取象有八种方法，如"有自卦情而立象者""有以卦画之形取象者""有卦体大象之象者"等，详见《易经字义•象》。③

来知德言象，从伦理思想上看，有一个从太极至男女而终至"我"的视角转换。如此，则由象来镜照万物变为由"我"来镜照仁义，这也是历史上许多易学家未曾注意到的。其原则在于天道人道无二："天道之体，虽以否泰为主，而未必无人道。人道之用，虽以损益为主，而未必无天道"。④ 太极有理，象数气分而言之，阴阳之道涵盖万物。理在男女之中而有性有形，形因气始，方有乾坤之别，男女之别，人我之别。"道器不相离，如有天地就有太极之理在里面。如有人身此躯体，就有五性之理藏于此躯体之中。所以孔子分形上形下，不离形字也。"⑤ 此"形"，从万物观之，是道器之器；从人我观之，是德我之我。"有德行以神明之，则易不在造化，不在四圣，而在我矣。"⑥ 这颇同于孟子舍我其谁和德义由我的德性论。"孟子所说的在我者，更多地与主体的德性涵养相联系，就是说，主体究竟能否在道德上达到理想的境界，这并非天命所能左右，它主要决定于主体自身。"⑦ 来知德秉承孟子高扬主体的道德思想，进一步强调了"我"在道德行为中的切身性，即道德

---

① 朱伯崑. 易学哲学史：第三卷 [M]. 北京：华夏出版社，1995：290.
② 林忠军，张沛，张韶宇. 明代易学史 [M]. 济南：齐鲁书社，2016：302.
③ 来知德. 周易集注 [M]. 上海：上海古籍出版社，1990：7-8.
④ 来知德. 周易集注 [M]. 上海：上海古籍出版社，1990：6.
⑤ 来知德. 周易集注 [M]. 上海：上海古籍出版社，1990：364.
⑥ 来知德. 周易集注 [M]. 上海：上海古籍出版社，1990：365.
⑦ 杨国荣. 孟子评传 [M]. 南宁：广西教育出版社，1994：35.

德性是通过"我"来充实完满的。来氏言"我"之处颇多，兹拣其要论之。

第一，来氏的"我"与"象"紧密相关。概言之，象即我之象，我即象之我。例如注大有卦初九："初九居卑当大有之初，应爻离火必有害我之乾金者，然阳刚得正，去离尚远，故有无交害匪咎之象。"① 这是以初阳为我，我居下体乾金，上体离火，火克金。但初爻得正，且离火较远，故无咎。注讼卦初六："初六才柔位下，不能永终其讼之事。虽在我不免小有言语之辨，然温柔和平自能释人之忿怨。"② 讼卦初六柔处卑下，不能承担讼辨之事。我之初爻虽有言语之小辨，但我之质为柔，能温柔待人。况初与四应，讼辨能明，故此爻终能为吉。此例兼有事实和价值，我之讼以柔待之，乃我之本性；讼辨之事激烈无状，又需温柔相对，如此结局才能趋吉。注豫卦九四："勿疑，由豫。于我者无同德之阳明，而所以朋合于上下、内外者，皆阴柔之群小可也。"③ 九四之我不能疑，因为上下内外都是阴柔小人，此时阴阳平衡之权在我，当展大行之志，欲使人人得享和平快乐之福。注比卦卦辞："上卦阳刚得中，有元，永贞。三者之德则在我，已无咎，而四方之归附于我者。"④ 此例我在五位，得中得正，与二爻相应，二处坤卦，三爻俱阴为众，与阳应则有四方归附之象。

第二，"我"可以是执行道德命令的此在者，也可以是利益相关者和伦理相关者，这取决于卦爻变化所象征的道德境遇的状况。概言之，我非我，我亦是我。例如，注否卦九四："九四当否过中之时，刚居乎柔。能从休否之君，同济乎否，则因大君之命而济，否之志行矣。故不惟在我无咎，获一身之庆而同类亦并受其福也。"⑤ 否卦之德当同舟共济，九四不中不正，需要同心协力。我在群体之中，我之无咎亦同伴之无咎，同伴之庆乃我之庆。故此以"福"赞誉我与众人的德志坚强。注未济卦上九："上九负刚明之才又无其位，果何所事哉？惟有孚于五，饮酒宴乐而已。此则近君子之光，所有孚者是矣，无咎之道也。若以濡其首之三为我之正应，乃有孚于二，与之饮酒则

---

① 来知德. 周易集注 [M]. 上海：上海古籍出版社，1990：133.
② 来知德. 周易集注 [M]. 上海：上海古籍出版社，1990：102.
③ 来知德. 周易集注 [M]. 上海：上海古籍出版社，1990：144.
④ 来知德. 周易集注 [M]. 上海：上海古籍出版社，1990：109.
⑤ 来知德. 周易集注 [M]. 上海：上海古籍出版社，1990：126.

坠落于坎陷之中，与三同濡其首，所有孚饮酒者不是矣，安得无咎哉。"① 上九不正又处极爻，只能跟从五爻宴乐。五爻君子之位，其道大光，故为未济卦主，与九二相应。我为上九，濡其首者，我处上互坎卦之极，其处境与三同，三处下体坎卦之极，又在下体与上互之间，重重坎险，此时我与三应，牵引五与二应，是为孚二，所以与我同仇者二三五。三涉川，四伐鬼，五辉光，始成克济。此例还有一点需要注意，我不可与二三同饮，只能与五共乐，乃因二三面前重重大川，需严阵以待。

第三，道德境遇虽然不同，但对于道德境域的领会是一样的。概言之，我即道，道即我。例如注《乾·象》："天行健者在天之乾也，自强不息者在我之乾也。"② 天之乾与我之乾同为乾元，天之乾其性健而行远，我之乾其性强而不息。自天观之，我之乾亦健；自我观之，天之乾亦强。注观卦六三："下爻皆观乎五，三隔四，四已观国之光，三惟观我生而已。我生者，我阴阳相生之正气也，即上九也。"③ 六三之我不中不正，何以阴阳相生而正气充盈？下体坤三爻以五爻为仰观对象，五者，中正之君。四爻已观坤之国，三爻欲观国，隔于四，在五爻的指引下蓄德欲进，又应上九，始有三之阴感通五上之阳而生正气。五上阳爻已具德性，牵引三爻而得乾道。就距离五爻的位置言，三虽不如四，但三仍可以自己的方式领会乾元。此条尤显境遇不一而领悟相通。注《乾·文言》："天即我，我即天，故无后先彼此之可言矣。"④ 一旦领悟此理，则可天人合一，无可分别，此为最高的道德境界，即所谓道德境域也。

第四，"我"欲回复到也将回复到复卦所示"天地无心"的生生不息之境。概言之，无心之我乃天地，有心之我乃形气。无心之我展现为我的有心的过程，在长久的道德修养中，心识形气，亦能见性，心与性合即回复到太极之理。我之心在道德生活中，亦难免受形气和物欲所累，所以要对我之心修之以功夫，以便回复至道德境域。这整个的过程，表现在诸如"信""悔"

---

① 来知德. 周易集注 [M]. 上海：上海古籍出版社，1990：333.
② 来知德. 周易集注 [M]. 上海：上海古籍出版社，1990：69.
③ 来知德. 周易集注 [M]. 上海：上海古籍出版社，1990：155.
④ 来知德. 周易集注 [M]. 上海：上海古籍出版社，1990：79.

"时"等的修养磨炼之中,例如注《乾·文言》:"邪自外入,故防闲之。诚自我有,故存主之。庸言必信者,无一言之不信也。"① 我虽有诚,仍需谨防外邪,心口一致、言行一致方能永固。注需卦卦辞:"需虽有所待,乃我所当待也,非不当待而待也。"② "当"在这里有应当之义,也有时机的意味。把握时机,顺时而动,并非一朝一夕之功。注蛊卦九二:"又当家事败坏之时,子欲干其蛊。若以我阳刚中直之性,直遂干之则,不惟不堪,亦且难入,即伤恩矣。"③ 九二刚直,若我不能掌握时机进言,则同于犯上。其后果难堪,对于亲子关系的伤害巨大。注《乾·文言》:"当亢极而我不能变通,亦与时运俱极,所以有悔。"④ 能悔则有改变,否则物极必反,泰极否来。

来知德易学以错综为易例,由此勾画出一系列符示太极的易图。来氏易图把传统的理气象数融合起来,共同表达伦理本体。伦理关怀是来氏易学的落脚点,他将错综一以贯之,铺开了太极之理—男女之理—德我之理的思路,最终强调了道德主体的切身性。平心而论,就易学体例而言,来氏并无大的创造,很多都是沿袭旧说。但他坚持假象寓理,理不离象,"虽其错综之说,颇贻人口实。然其取象说理,浅显明白"⑤。潘雨廷评价来知德"其言曰主宰者理,对待者数,流行者气。确得易道之要"⑥。来氏易学在理学上尽管难以脱离当时的程朱之学,但在易学上秉持了宗象的原则,因而"他提出的错综、中爻、爻变诸说,都是企图以此说明取象说或象学乃四圣之易的微言秘旨。这样,其易学便从理学派中分化出来,成为明代象学的代表"⑦。

第二节 胡煦易学的道德思想

胡煦易学以象数运动为基础,提出了《周易》"贵阳"的观点。"贵阳

---

① 来知德.周易集注[M].上海:上海古籍出版社,1990:72.
② 来知德.周易集注[M].上海:上海古籍出版社,1990:97.
③ 来知德.周易集注[M].上海:上海古籍出版社,1990:148.
④ 来知德.周易集注[M].上海:上海古籍出版社,1990:76.
⑤ 杭辛斋.杭氏易学七种[M].北京:九州出版社,2005:274.
⑥ 潘雨廷.读易提要[M].上海:上海古籍出版社,2006:313.
⑦ 朱伯崑.易学哲学史:第三卷[M].北京:华夏出版社,1995:287.

观"模拟了太极的宇宙生成和本体特征，并将传统伦理思想的心性体用范畴囊括进来，使天人合一的境界在象数体例中得到更为圆融的表达。虽然先验德性的道德本体不容易通过认识达至，但可以经由非认识论的方法体验和领悟得到。道德体验的过程是一个思想和行为的修习过程，其目的是将人欲控制在一个合理的程度，以坚强的志向彰显通达的工夫，以期达到中和、率性的境界。清代易学家胡煦说："《周易》传道之书也。"① 这是对朱熹以《周易》为卜筮之书的批评。朱熹在《周易本义》中数次提到《周易》的本质，他说："此圣人所以作《易》，教人卜筮，而可以开物成务之精意。"② 虽然朱熹说圣人欲教人开物成务，但须有所依托，通过《周易》的卜筮之法，可以使人领略圣人之意。胡煦则认为《周易》原本就是传道之书，他说："道原于天，开于圣，创之者伏羲，继之者文周孔子，始之者河图洛书也。"③ 圣人有得于天道，欲开启圣智，遂有模拟天道之河洛图书等一系列先天之学。此先天之学乃《周易》的灵魂，圣人传下来只为一贯之道。当然，大道不外人伦道德，正如清人顾成天序文所说："立言垂教之大，在明人伦以正人心而已。图书之秘，古圣人启之，以待后圣，而修道之教不外于此。"④ 胡煦易学历来被人看重的原因主要是象数河洛的自然哲学思想，但不可否认，胡氏易学始终象数不离体仁之说，表达了一个易学家体大思精的天道体系必然要落实到人伦道德的内在逻辑。

一、《周易》"贵阳"的易学观

胡煦多次提到《周易》"贵阳"的说法，如"《周易》贵阳。复，阳之复也"⑤。所谓贵阳，也就是尊崇阳爻所代表的某种本体境域，"贵阳云者，以数始于一奇，自一至十，凡皆一奇所衍，此即物物各具太极之象"⑥。这里的"一奇"，一方面指奇数，奇数是阳爻之数。此阳之数衍化生成了从一到十的

---

① 胡煦. 周易函书 [M]. 北京：中华书局，2008：14.
② 朱熹. 周易本义 [M]. 北京：九州出版社，2004：3.
③ 胡煦. 周易函书 [M]. 北京：中华书局，2008：14.
④ 胡煦. 周易函书 [M]. 北京：中华书局，2008：11.
⑤ 胡煦. 周易函书 [M]. 北京：中华书局，2008：587.
⑥ 胡煦. 周易函书 [M]. 北京：中华书局，2008：103.

自然之数。从一到十，即《系辞·上》"天一，地二；天三，地四；天五，地六；天七，地八；天九，地十……凡天地之数五十有五。此所以成变化而行鬼神也。"这十个数，奇数为阳，称天数；偶数为阴，称地数。一二三四五为生数，六七八九十为成数。又生成数相合，即阴阳相合，如一六、二七、三八、四九、五十相合，此为河图相生图之数理基础。从一到十之和为五十五，此为天地之数，涵摄了万物的生成和变化。可见，胡氏尊崇阳的态度是以数和象为基础，对太极作为万物之源和天地之体的共同境域的体察。"天地之心即未发之大中，若由此而发，则渐远矣。唯一阳初生于太极，始克见之，故云然也。邵子目为天根，第心言肆应不穷，根言生生不息耳。天根之说独不及地，以阳复地中。贵阳，故独言阳也。又因先天图象天之纯乾，由此而生，故以为天之根。"① 这里虽未言太极，但从所谓"大中""天根"的描述上可知，这是对涵有事实和价值的万物之体和万物之源的刻画。《周易》并非不言坤阴，胡煦却为何说"独言阳"呢？

究其根本，《周易》之阳模拟了太极的两种运动，一种是乾阳生生不息的过程。所谓天根，也就是变化的初始和来源，其运行轨迹如先天图所揭示，从震卦一阳始，经兑二阳、乾三阳、巽一阴、艮二阴以至坤三阴，为一个循环。所谓天之纯乾，是乾阳在此循环之中的阴阳消长。另一种是乾阳创化的精神，人文的终极标准即是从此领悟得来。"天地之心即未发之大中"，"未发""已发"语出《中庸》"喜怒哀乐之未发谓之中，发而皆中节谓之和"。这是心性体用关系的一对范畴，理学家对此有多种解释。朱熹认为已发的是心，而未发的是性。胡煦在这里用道德修养的范畴"大中"来形容天地有"心"，这就给乾阳打上了人文的色彩。虽然人文运动和自然规律有别，二者在表达上也有所不同，"第心言肆应不穷，根言生生不息耳"，但都是生发和根植于太极之道，"唯一阳初生于太极，始克见之"。据此，胡煦对人文精神加以补充，说明这种"贵阳"的态度可以指向人伦道德："《周易》贵阳，贵其有为焉耳。乾居六十四卦之首，所由谓为大明终始，美利天下者也。"② 人应该像乾阳一样积极有为，乾居首卦，这是在以乾卦来象征人的精神。"大明

---

① 胡煦. 周易函书 [M]. 北京：中华书局，2008：588.
② 胡煦. 周易函书 [M]. 北京：中华书局，2008：167.

第四章 象数易学史的伦理思想（三）

终始""美利天下"是圣贤的事业，也是人性改造和修养的目的。"盖乾元之方亨，天之资始者于此，人之资始者亦于此，是万物之大原，天人合一而不分者也。"① 这里的乾元也就是天根，此天根包含了天人之间，天道和人道均出自此"大原"。

虽然天人合一而不可分，但天道人道亦可分之，分与合，只是视域的不同而已。"天，大道之原也。命，天之动也。性，命之定也。此体统一太极，在天者也。其在人也，性，道之原也。情，性之动也。道，性之充也。此流行之太极，在人者也。"② 从天道看，作为运动规律的"命"和作为区别事物之界限的"性"统一于太极（天）之道，从大原处讲，又可称之为"天"。从人道看，性静情动，性体情用，性情统一于人，太极流行，性情一也。需要注意的是，所谓道是"性之充也"，并非指道是人之性的补充。道作为与太极相同的范畴，是最高的哲学限定。之所以用"充"来说，关键在太极的"流行"上：与天道不同，人道须在人与生活世界的交道之中显现太极境域，即所谓心之已发不离性之未发。人在百姓日用而不知的生生不息的生活中，虽有心之已发，但对于心之已发（已发为情）的原因，或者对于性（情，性之动也）的体察却是不自觉的。这种不自觉的意识把性动之情作为自己的内容，已发之情涵摄着未发之性。人和性情相互泯然，这种状态就是道。因此，所谓的性之充是指通过具体的行为表达此"性"，是对抽象哲学限定的"充实"。而所谓性为道之原，即从需要充实的性上着眼，从性的即将发用上说，性之动则为情，从这个意义上讲，性成为现实之道的基础。在对传统伦理范畴性、情、道、命论说的基础上，胡煦对于《周易》的作用发出了慨叹："《易》为身心性命之书，凡言交者，皆有人力存焉。"③

从爻上来看，胡煦注《夬·彖》说："阳德动而有为，故《周易》贵阳。"④ 这是说，《周易》看重阳爻，主要是阳爻能动而有为，否则整个《周易》体系只能是如镜花水月一般没有意义。恰恰是乾阳动而有为造就了这个

---

① 胡煦. 周易函书 [M]. 北京：中华书局，2008：21.
② 胡煦. 周易函书 [M]. 北京：中华书局，2008：153.
③ 胡煦. 周易函书 [M]. 北京：中华书局，2008：131.
④ 胡煦. 周易函书 [M]. 北京：中华书局，2008：664.

世界，才能为太极之流行提供动能。在"有为"的意义上，坤阴只是辅助乾阳的存在，并且在价值上早就被赋予了其相应的地位。"易卦与天地合德，其阴阳之升降莫不如是……阴阳之理，阳刚而阴柔，其定体也。阳君而阴民，其定分也。阳外而阴内，其定位也。阳上而阴下，其定性也。阳动而阴静，阳明而阴暗，阳升而阴降，阳贵而阴贱，其定理也。"① 乾阳的有为并非肆意而为，其"有为"是一个与"天地合德"的过程。在乾坤阴阳的比对中，乾元虽是创造性的建构，但仍需要坤阴的相辅相成。坤阴的相辅，也就是与乾元的相交，胡煦注归妹卦卦辞说："归妹象泰，阴初复位，似乎女嫁，故凶。观此则《周易》贵交贵阳，亦愈了然。"② 胡煦虽然贬斥卦变说，此处却有运用卦变的迹象。泰卦九三与六四交易即为归妹卦，归妹卦兼有吉凶。其原因在于，归妹模拟泰卦阴阳上下交融，九三阳爻进位于四位，尽管有危险，但整体无忧，这就是"贵交贵阳"。另外，由于泰卦三四交易，使得三四阴阳不正，三阴居阳位而四阳居阴位，故又有凶象。

胡煦的"贵阳"之说还采用了传统爻位说等方法，如注解卦六三爻时说："二得中，故称君子。论位非论德也。解卦得名，为有二四两阳，三乃一负一乘，故有此象。《周易》贵阳，担负非乘舆者所宜，乘舆而为凡民卑贱之事，故于三遂目为小人。"③ 三爻之所以被认为是小人，全因二爻得中位为君子。按传统说法，三爻在二阳之上为"乘"象，对四爻阳爻而言则是"承"，故此爻爻辞说"负且乘"。

虽然胡煦说"论位非论德"，但由于二阳已经具有价值上的允认，二三两爻就能根据所居其位获得相应德性了。另外，六三爻联系着九四九二，从全卦来看，上震而互坎，有暴慢劫夺之象。总之，《周易》"贵阳"的易道观与太极之道是紧密联系的，胡煦从动态赋能的角度描述了太极的流变运动，从价值上肯认了乾元的创造作用并试图引入人文精神和人伦关系之中。

---

① 胡煦．周易函书［M］．北京：中华书局，2008：668．
② 胡煦．周易函书［M］．北京：中华书局，2008：710．
③ 胡煦．周易函书［M］．北京：中华书局，2008：652．

二、道德本体与易例表达

胡煦肯认邵雍以来的先天之学，认为河图洛书实有其事，圣人是据河洛而有《周易》，六十四卦都涵有先天之学，"全部《周易》无有一卦一爻不是先天，则必无有一卦一爻为形器之可拘者矣"①。太极的形上观念即在此基础上建立起来，"由中之太极，而两仪四象八卦，以及重仪重象，而至于六十四卦，无有一爻不涵有太极者，是分之必由于合，达道之必原于大本也"②。这是说太极无论卦爻分合变化，皆是其本源和本体，卦爻象示万物，太极即为万物之源和万物之体。这里，胡煦用颇具伦理色彩的"中"与太极合说，暗示作为人伦道德的事物也源于太极。"中"为何能具有这个特征呢？胡氏注无妄卦九五说："居天德之中，纯动以天而不杂以人……发而后见，天德居中……与赤子爱敬相同，正圣人传心之法。"③ 这里的"中"因九五之位而具有价值高位，并被赋予天德的意义。可见，"中"的价值属性直接与卦爻位置相关，同时也是价值与事实的统一体。"夫正也，中也，善也，其理一也。正则自无不中，中则自无不善，而莫不原本于天。"④"正"和"中"都是善的，都来自"天"，这就是说"中"的善性是由"天"来保证的，而"天"和太极具有本体的同等地位，"独天性道三字，非天性既明，不可以言道。……太极者，道之大本。"⑤ 此"中"之太极未发前"纯动以天"，已发后"赤子爱敬"。因而，太极既有未发之本源义，又有已发之本体义；既有事实之"天"，又有伦理之"德"。

但胡煦又认为太极是不可以用"有"或者"无"来评判的。究其原因，"认识太极和认识普通事物不同，太极只可'默识其意'，无法获得较为形象的感知。'须知生天生地之太极，是可想而不可说，可以意会而不可以图传者也。'胡煦从太极作为宇宙本体必然具有的实存性与超越性出发，推出太极不

---

① 胡煦. 周易函书 [M]. 北京：中华书局，2008：878.
② 胡煦. 周易函书 [M]. 北京：中华书局，2008：22.
③ 胡煦. 周易函书 [M]. 北京：中华书局，2008：595.
④ 胡煦. 周易函书 [M]. 北京：中华书局，2008：869.
⑤ 胡煦. 周易函书 [M]. 北京：中华书局，2008：977.

可以有无论"①。可以说，太极并不是认识论意义上认识的对象，而是领悟和体察的意向物。因此，如果不能通过形象来感知太极，那么"意会而非言传""默识其意"的方法就显得很重要了。太极的实存性是理性的功能性预设，相当于西方哲学所谓的实体。作为本源和本体的预设，太极是第一实体。借用亚里士多德的形式与质料的说法，则太极之乾是为形式，对事物的形成起决定作用；而太极之坤则为事物的质料，"材料与属性两者均非决定性事物"②，虽为被决定因素，但不能缺乏，坤与乾合力方能成就事物。事物和事物的运动关系构成事实链，世界的整个事实的源头来自太极，又回复到太极，这是太极作为第一实体被赋予的本源意义；同时，世界自身的运动的根据和先在条件乃在于太极，这是太极作为世界的本体而言。而整个世界的全息运动并不能成为认识的对象，但可以成为认识的无限逼近的过程。所以太极无论从本源还是本体上看都具有不同于经验认识的超越性。太极的超越性虽是从认识的基础出发，但不能用一般的认识论来对象化太极。胡煦说："太极之真，虚灵之妙，原不可以有无言也。如以为有，而两仪未形之先，必不能确指其所由以形之故。如以为无，而两仪四象实由此生，故孔子但以为太极。"③ 如果认太极为有，那么两仪之先应有其形，但我们并不能指出；如果认太极为无，那么两仪四象的来处又是确然的，这又要求其来处为有。胡煦大意是说，太极乃有而非有、无而非无的东西，在有无之间，需要人的"虚灵"的妙识才能把握。

历史上，朱熹曾认太极为理，但此理只是存在着，并不作用于感性世界；作用于经验世界的是气，而理和气的关系是理决定气，理在气先，理静气动。而不动的理（太极）如何作用于运动的客观世界？这是理和气的内在矛盾。尽管朱熹有最完备的客观唯心主义体系，但理气之间的理论矛盾却一直存在着。这个矛盾贯穿到伦理学之中，善恶即为性理和气禀，"如果按照'气禀之命'，善恶、贤愚皆为'天所命'，自不可改，那就必然要否定道德修养。……然而，朱熹却极为重视道德修养，这实际上又否定了'气禀之

---

① 林忠军，张沛，赵中国.清代易学史：上 [M].济南：齐鲁书社，2018：174.
② 亚里士多德.形而上学 [M].北京：商务印书馆，1996：180.
③ 胡煦.周易函书 [M].北京：中华书局，2008：1092.

命'。这是存在于程朱理学中的一大矛盾"①。牟宗三认为朱熹的太极只是顾及存有的推断，而并没有关注到太极的动能，"这种就眼前的气化推出所以有这个气化之'所以然'。这种推证的'道'就叫作存有论的推断。……太极只是理，这就是偏差了，……道固然有理的意思，但理之中也有神，有神就涵着有活动义。光只是个理，没有神的意志，也就没有活动义，只存有而不活动"②。这里所谓神，是指由妙识所体认的神妙的运动之"几"，它构成主要的太极之动能。相比朱熹，胡煦的太极观来自他对《周易》的长期的体悟和领会，此太极可以说是"即运动即存有"的，这是对朱熹以来理气矛盾的重要解决方式。

正是由于太极不限于理的认识，"意会而非言传""默识其意"的方法就显得很重要了，但领悟和体察总要有所依凭，在《周易》中，当然就是借助于卦爻符号或者是《周易》象数来进行表达。在河图中，一二三四作为生数相当于本体，是对"存有"的涵括，而成数六七八九则是对"运动"的展开描摹，通过中宫五和十的勾绾才真正展开为太极"即运动即存有"的结构和过程。"可见，胡煦以合内外之生数成数论河图，目的在于突出数字排列背后的天道，而天道的根本特征在于生、成合一。"③ 胡煦认为，生数和成数相结合才能凸显天道，如此则自然之理和人心之理俱可被统摄在太极之彀中，胡煦说："明能成之理即具生理中，人心已发之和即中而具，是其象也。乃生数各随成数而附之者，谓无一事之成不即此生机而具，即天向一中生造化，万物各具一太极之象。"④ 生数与成数相合，未发与已发相谐，天心与人心相继，自然与道德相承，这一切构成了造化生生不息之"几"，此全体大用即为太极。为进一步说明太极之道，胡煦将先天八卦转换成六十四卦，他称之为"缝卦"。⑤ 所谓缝卦，其原理是从先天八卦乾开始，以先天八卦数的顺序逐一安排六画卦的上下卦。其左以乾为下卦，兑为上卦，是为夬卦，依此类推

---

① 朱贻庭.中国传统伦理思想史［M］.上海：华东师范大学出版社，2003：389.
② 牟宗三.周易哲学演讲录［M］.上海：华东师范大学出版社，2004：59.
③ 林忠军，张沛，赵中国.清代易学史：上［M］.济南：齐鲁书社，2018：178.
④ 胡煦.周易函书［M］.北京：中华书局，2008：102.
⑤ 胡煦.周易函书［M］.北京：中华书局，2008：36.

有睽卦、丰卦、复卦，此为左旋；右边则以乾为上卦，巽为下卦，是为姤卦，以此类推，则有涣卦、蹇卦和剥卦，此为右旋。缝卦还有顺布、逆布之说，此不赘。总之，胡煦用缝卦等易例把先天八卦和六十四卦联系起来，更好地说明了太极运动的结构。缝卦之说，左右相随，乾起而坤终，很好地表达了天地阴阳圆转不息、大化流通的样态。而此样态，即在乾坤变化之中，"盖乾坤即阴阳之名，二用之所自出，六十四卦之所由成也"①。

三、道德修养说

胡煦在崇阳的态度上看待天地万物，又将人性道德赋予了太极形上的动力。既如此，道德纯由己出，又何必修养？胡氏于是谈到人的诞生乃阴阳之变化所得："天之气升极而下交，地之气降极而上跻，相须相得，浑合无间，则结而为雷为风，为日为月，为水为火，为山为泽，又其蠢者结为植物，灵者结为动物，其最灵最灵者始结而为人。故人之心神性命，天之化也。"② 这是一种生成论的解释，阴阳相交为天地万物，人秉灵气而生，自然就有了不同于其他事物的"心神性命"。但进一步追问，此"天之化"的最终动力从何而来，所谓的"灵"又是什么呢？胡煦在解释"三陈九卦"之复卦时说："复乃天心呈露，天则将见之候，善端之生悉由此始。"③ 人的道德心性是从"天心"来，此道德的先天性赋予人也就是所谓灵了。但人之有灵亦有形，形气之拘在所难免，这就需要人们进行修养而成其德，"然善端虽守而勿失，未必人欲尽去。又当于忿欲之萌，损之又损，以至于无，是进修之道也"④。

人欲表现在人的意志和行为是通过心念开始的，在这个过程中，人需要静心凝气地面对自己。胡煦结合坤卦来说明这个意思："坤初六一爻全言习，而人不之察，故孔子《文言》遂说出积顺二字。性则圣愚所同，故曰相近。习则圣愚各别，故曰相远。大约今之庸愚趋入下流而不止者，只是初念动得

---

① 胡煦.周易函书［M］.北京：中华书局，2008：66.
② 胡煦.周易函书［M］.北京：中华书局，2008：154.
③ 胡煦.周易函书［M］.北京：中华书局，2008：808.
④ 胡煦.周易函书［M］.北京：中华书局，2008：809.

不好，故孔子遂于坤初发之。"① 坤卦的初六爻说"履霜，坚冰至"，从霜到坚冰是一个发展的过程，从事物的微始能看到事物的发展壮大是需要时时习察的。虽然其爻辞不言"习"，但字字在言"习"，因此在坤卦才有六二的"不习无不利"。孔子在《文言》中以"积顺"来概括此爻，亦无非一"习"字而已。事有所积，人则不能不谨慎从事，慎，也就是顺。胡煦解释"顺"说："率者顺也，是端端正正由此而出，不旁杂，不支离，不违背也。戒惧慎独，则欲其顺而率之，防其歧出者也。中和则戒慎之德，率性之真也。"② 人心从端正处而发，则旁邪不生。能保持慎独之心，时时处处戒之慎之，则所欲之事无不正，无不顺。如此率性即为修道，乃中和至真之境界。人之性圣愚一致，故性相近；但对待生活圣人可正心处顺，愚者则被欲望牵着走，此即习相远。说到底，能坚持戒惧慎独之习，是从初念而来。初念始动，只要从心之正，则可得中和。若初念执于人欲，则有违率性之道。初念把持好，仍需长久修养之习，方能真正契入中和之境，因此胡煦认为非一朝一夕之事："日习为之，积累之势既顺且便，故孔子以为积，又以为非一朝一夕之事，而直谓为顺也。诚慎之也，习之溺人也如此。"③

简单讲，习是一个思想和行为修习的过程，其目的是将人欲控制在一个合理的程度，以期达到中和、率性的境界。从习的心理层面来讲，欲的表现是念，"欲者，念之动也"④，控制好了念也就控制好了欲。在修习中还有一对从主体和意志的角度进行阐发的范畴：命和志。欲念、命志两者是同一修习过程的不同方面。命是体，为承载；志是用，为发用。命的表现是志，志的达成也就是命的完善。"命者，志之原。志者，命之发。致命者，穷理尽性，推至于极而达天也。虽有杀身成仁之义，然尽有不必杀身而仁可成者矣。"⑤ 所谓致命，也就是志的达成。此志的内容在于把握事事物物之理，在穷理的过程中逐渐领悟命的真义，此一过程也是尽性的过程，"善与性皆乾

---

① 胡煦.周易函书[M].北京：中华书局，2008：154.
② 胡煦.周易函书[M].北京：中华书局，2008：153.
③ 胡煦.周易函书[M].北京：中华书局，2008：154.
④ 胡煦.周易函书[M].北京：中华书局，2008：975.
⑤ 胡煦.周易函书[M].北京：中华书局，2008：682.

元,已亨阴阳之既形,故以为道"①。此性虽善,但与阴阳之形不分离,因此就有"尽"的必要。善与性相联系的动力来自乾元,乾元与阴阳统一在道之中。因而若以乾坤二卦之乾卦看作阳的一面,则胡煦的"贵阳"观实则是一种寄托在象数符号里的先验德性论。人在阴阳之形中修习磨炼,将人之性、己之性不断扩充而达于极致,这样的境界就是"天",亦即天人合一的状态。达到这种境界则性理合一,命志合一,人己合一。以往需杀身方能成仁,通达之后则成仁不必杀身,这充分说明了人需要达到万物一体、天人合一的境界这一重要的道德启示。

易之道首重通达,而欲求通达则需要在工夫之中彰显良好的志向。胡煦以困卦为例阐发通达的重要性,困卦卦辞说"困亨",既然为"困",又何来之"亨"?胡煦认为在困境之中,当处困求亨,"夫身之困矣,道乌能亨?亨贞旧亦连解,谓处困能亨,则得其正"②。因为身处困境所以需要求变求通,恰是在困境之中方能显现亨通的价值,这是其一;虽然身处困境却能保持知行合一,心志坚强,这便是走正道、得正道的基础。"今困而求亨,其唯守正……亨非自然之亨,乃言处困之道。"③ 从困卦的爻象来看,困卦二五爻均为阳爻,二爻之阳处下卦坎之中,坎为心志;五爻之阳处上卦兑卦之中,兑说于外。全卦有立心恒久,争取破局而有一片新天地之象。通达之境需要克服修习过程中的不良心理,胡煦在注震卦的象辞中说:"凡人之心偶然一动,终复何益。唯动而又动,故恐惧修省。"④ 所谓动而又动,是就上震下震的卦象而言,一般人心有所动,动则动了而不去反省警惕,那么最终是无益于求得通达之境、中和之境的。恐惧的价值在于促进修省,在修习和反省之中逐渐屏除恐惧之心,让中和之境浮现出来,这才是震卦带给人的启示。可见,心志虽因人而异,因境遇而异,但是人心所向往的境域却是一样的。"深通天下之志者,人之深隐莫如志。"⑤ 所谓志之深隐,乃人之所共有,只不过隐藏

---

① 胡煦. 周易函书 [M]. 北京:中华书局,2008:761.
② 胡煦. 周易函书 [M]. 北京:中华书局,2008:681.
③ 胡煦. 周易函书 [M]. 北京:中华书局,2008:681.
④ 胡煦. 周易函书 [M]. 北京:中华书局,2008:699.
⑤ 胡煦. 周易函书 [M]. 北京:中华书局,2008:777.

之深，一般人难得，需要工夫磨炼方能显现。工夫到了，不仅是志由深处而显现，更是能通天下之志，能观天下之象了。可见，真正的志，逻辑上先在于经验，它不仅是心理体验，也是指通达之事，更是一种对于天人合一境界的领悟。这一领悟的过程是贯穿着心志磨炼的，此即所谓"工夫"。胡煦在注解鼎卦象辞中说："曰上便具正位之义，曰上有便具凝命之义。若论人事，正凝二字仍有工夫。"① 从爻象上看，二五虽不正位，但能相应；从卦象上看，上离为火，下巽为木，火在木上，木火相凝。二五虽相应，但要成为现实，则需要贯通上下；木能生火，故木为火之命。凝命，并非以木为导向，而是以火为理想。此中道理需要在人事生活中细细体会，于不正中求通，于境遇中显志，那么这个正位和凝命的过程，也就是工夫了。

第三节　焦循易学的伦理思想

焦循以乾坤的象数关系为根基，构筑了道德形而上学体系，并由此展开了道德方法论和生活层次说。他总结了旁通、相错、时行等几个卦爻变化原则，并据此解释了儒家的道德理念；他以人性本善为基础，提出了以"改过"为核心的道德方法论；他以变通为道德生活的本质，构筑了生活层次说。

《周易·系辞上》说："易不可见，则乾坤或几乎息矣。"这是对易道变化的规律与乾坤化育的作用相联系的观点，它指出《周易》的整体精神不出乾坤二卦的运动变化。易学家对于乾坤二卦历来都很重视，都试图通过阐发乾坤的精神而展示易道生生不息的进程，或显示其浩渺无穷的伟力。孔颖达说："若易道毁坏，不可见其变化之理，则乾坤亦坏，或其近乎止息矣。"② 他比喻道："犹若树之枝干生乎根株，根株毁，则枝条不茂。若枝干已枯死，其根株虽未全死，仅有微生，将死不久。根株譬乾坤也，易譬枝干也。"③ 这是说乾坤像树根一样，是易道的本质。清代易学家焦循即是以乾坤的象数关

---

① 胡煦.周易函书[M].北京：中华书局，2008：695.
② 孔颖达.周易正义[M].北京：九州出版社，2004：653.
③ 孔颖达.周易正义[M].北京：九州出版社，2004：653-654.

系为根基，构筑了道德形而上学体系，并由此展开了道德方法论和生活层次说。焦循易学以其宏阔圆备的象数体系，揭示了卦爻符号对于道德生活的涵摄，在易学史上留下了浓墨重彩的一笔。兹拣其要论说之。

一、基于象数运动的道德形而上学体系

焦循借助象数体例证悟道德是从乾坤二卦开始的。他以东汉末易学家荀爽的"上下升降说"和虞翻的旁通说为基础，总结出三大易例即旁通、相错和时行，又有"二五先行当位初四三上先行失道"原则和相错、比例的方法圆通卦爻与文辞之间的对应关系。他在《易图略》序言中说："余学易所悟得者有三：一曰旁通，二曰相错，三曰时行。此三者，皆孔子之言也。"① 所谓"孔子之言"不是说孔子发明了这几个易例，而是说通过这几个易例象征和贯穿了孔子"仁说"的道德主张。下文论述易例与道德的关系时，一并简要述说焦循易学的这几个易例。

旁通的来源与历来论易者同，都认为源自《乾·文言》"六爻发挥，旁通情也"这一句。只不过焦循有自己的看法，他在乾坤旁通中认为："凡爻之已定者不动，其未定者在本卦。初与四易，二与五易，三与上易，本卦无可易，则旁通于他卦。"② 比如，乾卦不正者二四上三爻，坤卦不正者初三五三爻，则以乾二通坤五，坤初通乾四，乾上通坤三，两卦成既济。在焦循看来成两既济即无所能通，变化阻断则大凶，因此需要时行等易例救助。关于时行后述。焦循还规定了"得道"和"失道"的原则，即"二五先行当位初四三上先行失道"。这是说在两卦旁通中，先以二五爻互通，次之初四爻，再次三上爻。焦循把二五相通称之为"大中"，又为"元"。他说："大中，谓二之五为元，上下应则亨也。"③ 至此，焦循把作为易例的"中""正"等概念与儒家道德学说结合起来，"成己所以成物，故此爻动而之正，则彼爻亦动而之正，未有无所之自正不正人者也。枉己未能正人，故彼此易而各正，未有变

---

① 焦循．易图略［M］．北京：九州出版社，2003：1.
② 焦循．易图略［M］．北京：九州出版社，2003：5.
③ 焦循．易图略［M］．北京：九州出版社，2003：59.

己正之爻为不正，以受彼爻之不正者也"①。"成己成物"源自《中庸》"诚者非自成己而已也，所以成物也。成己，仁也；成物，知也"。《论语·宪问》"为己为人"条亦有记载。大意是说，正己与正人是一体两面、互为条件的，正己与正人应统一在道德实践之中。焦循在释《大有·象》时说："大中即大极也。大指刚也，中指五也，谓二以刚爻上行于五。"② 大有卦中，五爻不正，依例当以二爻阳爻上行于五，如此则阳刚得五爻中位，并赋予二通于五以"太极"的形上地位。

焦循所说二五会通之"大中""元"在乾元、坤元的表述中获得了伦理道德的意味。牟宗三在比较焦循和清代另一位易学家胡煦时说："焦循解元虽为始，但与胡氏意不同。胡氏从自然的生成上起，故其始为生为微为内为来处，总之是生成的物势非有价值之意在；而焦氏是从伦理上起，故其始为乾二之坤五，虽以阴阳交为始为元，但以阴五与阳二交为元，即是有伦理之意在，故曰大中，非普通的物理原理也。"③ 牟宗三指出，虽然胡氏、焦氏二人都训元为始，但胡煦主要从自然生成上讲，焦循主要从伦理道德上立意。易例如何能象征或者指示道德思想呢？如前述，卦爻的"中""正"的易例原本就蕴含着阴阳正位，二五居中的传统含义，"中"与"正"很容易联想到儒家中庸之道和持正自守的道德规训和要求，而这正是象数运动与道德生活相对应的基础。更重要的是，焦循将乾坤二五会通通过旁通、相错、时行三大原则把六十四卦统摄起来，"元"作为始的意思就不仅仅是自然的生发，还是有条理的意谓世界。他说："乾为天。独天不生，必有以治而理之。统者，治也，理也。诸卦之生，生始于乾二之坤五，故乾元为资始。坤六五《文言传》云：黄中通理，明以中字释黄字。通者，自乾二旁通。理者，分理，谓统天也。乾二旁通分理而美在坤五之中，以是明元，元之义明矣。"④ 这里含有通过乾坤两卦的二五旁通，揭示乾元精神和坤元材质相结合而生诸卦，则乾之进德和坤之修业因此而明的思想。更有进者，乾坤二元是处在六十四卦

---

① 焦循. 易图略［M］. 北京：九州出版社，2003：5.
② 焦循. 易章句［M］. 北京：九州出版社，2003：197.
③ 牟宗三. 周易的自然哲学与道德涵义［M］. 台北：联经出版社，2003：307.
④ 焦循. 易通释［M］. 北京：九州出版社，2003：1.

的大变动之中，三十二组旁通卦对如果只是以"二五先行当位初四三上先行失道"的原则就必然导致变为两个既济卦。既济卦在汉末易学家虞翻看来就是太和之境，虞翻称之为"成既济定"，这是一种理想境界。而焦循则完全相反，他认为成两既济卦，两卦十二个爻都持中守正，这恰是一种危险。两者的区别在于，虞翻是静态看待既济卦，而焦循则是在宇宙大变动中动态评判既济卦的。焦循的动态观变是一种很深刻的思想，包含了辩证对待道德原则和道德规则的矛盾关系问题，值得深入挖掘。为了避免成两既济卦，焦氏发明了时行的原则。

按照当位、失道的原则，任何一对旁通卦对都存在当位运行的三种情况和失道运行的六种情况。① 一般来说，当位则吉，失道则凶。但也有变通之法，有所变通，则吉凶亦可转换。以乾坤变通为例，焦循说："凶何以化吉？乾二不之坤五，而四先之坤初，乾成小畜，坤成复，是失道而凶者也。若能变通，以小畜通豫，以复通姤。小畜复初四虽先行，而豫姤初四则未行，以豫姤补救小畜复之非，此不远复所以修身也。此凶变吉也。"② 初四先行是违背二五大中之元的，因此，需要在乾坤变小畜卦和复卦之后，再以小畜卦的旁通卦豫卦和复卦的旁通卦姤卦为基础，二五先行，如此则可补救。这种补救措施即是所谓时行，时行还针对成两既济卦的局面，此不赘。时行的引入，不得不说是焦循重要的发明，它最大程度地展现了易道生生不息的变化，同时也更好地象征了道德生活矛盾转换的动态过程。至于相错和比例，主要是针对卦爻和文辞的对应关系的，这两者与前述几种易例结合起来，试图重新把《周易》编织成一个疏密相间的圆融流变的大网络。这个网络贵在变通流行而又不失诸生活原则的基础地位，焦循作"时行图"以喻之，他说："行健之不已，教思之无穷，孔门贵仁之旨，孟子性善之说，悉可会于此。"③ 也就是说，时行图是对乾坤精神、仁义关系、事实与价值的彻上彻下的领悟。

基于此，焦循对"仁"做出了独具特色的解释。"仁即元也。复、小畜失

---

① 林忠军，张沛，赵中国. 清代易学史: 下 [M]. 济南: 齐鲁书社，2018: 506.
② 焦循. 易图略 [M]. 北京: 九州出版社，2003: 43.
③ 焦循. 易图略 [M]. 北京: 九州出版社，2003: 59.

第四章 象数易学史的伦理思想（三）

道在初四，不得为元。变通于姤，姤之初四补救。而复为仁。"① 仁就是大中，是二五会通的变化过程，即为元。依上例乾坤初四先行，失道成小畜卦、复卦，不能称作元。时行之后成姤卦，二五先行，初四应之，则复为元，其过程即为仁。这里，通过象数运动可得之领悟在于：一方面，作为道德本体的仁是一切道德生发的始点，此即"元"的意思。另一方面，仁是观念，也是与实体的关系，它显现在变通的生活之中。如果生活中有了过错而不能改，则将陷入两既济卦不能变通的绝境，"能变通，则可久，可久则无大过。不可久，则至大过，所以不可久而至于大过，由于不能变通。变通者，改过之谓也"②。至此，作为元的大中之仁的论说转向以改过为核心的道德方法论。

二、以改过为核心的道德方法论

人能改过何以可能？焦循认为，因为人能根据变通而识其仁，"乾二之坤五，仁也。因而旁通变化以敦其仁，则知也。仁者安仁，知者利仁，则继者善矣"③。"敦其仁"就是指人能依"乾二之坤五"来行仁，也能因时行变通而行仁，整个过程就是"知"。仁可以出知，知又进一步利于行仁，仁知结合便是善。另外，焦循相信人性本善的理念，他说："（伏羲）序三纲，五伦由是而建。其先民知有母不知有父，与禽兽同。画八卦示之，而民遂悟。以示禽兽，禽兽则不悟也。是以人性之善，异乎禽兽，所谓神明之德也。"④ 人性本善基于远古的事实：圣人画八卦有乾坤生六子的过程，教之于民，民始知有父；教之于禽兽，禽兽不知。因此，人的善性是原本就在的，只是需要教化而已，焦循还用"神明之德"解释了这种善性的先天性。据此，焦循进一步说明了圣人的教化之功："人性皆善，则人之情无不同。各有情则各有欲，以己之情，通人之情，以己之欲，度人之欲，则不致相争相噬。而天下之情，类聚而不乖矣。"⑤ 人以性达情而通欲，这只是理想状态而已，必须通过圣人

---

① 焦循．易章句 [M]．北京：九州出版社，2003：260.
② 焦循．易图略 [M]．北京：九州出版社，2003：62.
③ 焦循．易章句 [M]．北京：九州出版社，2003：318.
④ 焦循．易章句 [M]．北京：九州出版社，2003：350.
⑤ 焦循．易章句 [M]．北京：九州出版社，2003：350.

的"类万物之情"之举，才能使人利济天下，昭明人伦："圣人与人同此性情，所异者，智愚也。圣人自度因以及人，故万物之情可以圣人之情类也。人之情欲，男女饮食而已。既定人道，制嫁娶，使人各有偶，而男女不紊。又教渔佃，使民各食其力。嫁娶制则人伦之教兴，渔佃作则利济之政起。通其德，类其情。故作八卦，又重为六十四，以示旁通往来，此伏羲之情也。"① 圣人画八卦又重之的作用，即是用符号来象示生活，同时指示众人：圣人可以"自度因以及人"，众人亦可"与圣人同忧"，虽有智愚之别，但不是绝对阻隔的，因为圣人与众人一样，都同此乾坤性情而已。

那么，一般人应该如何改过？焦循依传统《周易》断辞总结出一个"全书之纲"，他说："立十二字为全书之纲，元亨利贞吉凶悔吝厉孚无咎，是也。"② 用焦循易学的象数体例解之，即"元指旁通两卦二五先行即大中，亨指初四从之或三上从之即上下应，利指引入新旁通即变通时行，贞指卦爻运行得既济卦；二五先行属当位之吉，二五不先行属失道之凶"③。这是用焦循的五大象数原则（旁通、当位失道、时行、相错、比例）对"元亨利贞"和"吉凶"的解释。在焦循看来，只要遵循了元亨利贞（也即五大原则），即便是凶，也可以转吉；反之若执迷不悟，吉亦可变为凶。而吉凶转变的关键，在于"悔"。"悔即旁通卦组完成两对爻变之后立刻时行，不再进行第三对爻变，以免终止道穷；失道之悔又称吝；未悔吝之时为厉，悔吝之后则无咎；孚即旁通。"④ 任一组旁通卦对经过两对爻变之后必然存在两个选择：要么进行第三对爻变，终成两既济卦以至于走向绝境；要么进行变通，对两对爻变之后所成之卦取旁通卦，再用其旁通卦二五先行，亦可复归于元，这个过程，为"时行"，为"孚"，也为"悔"。"悔"分为两种：一种是二五先行，上下应之直至两既济，此为当位之悔；另一种是初四或三上先行，再行二五，此为失道之悔。当位之悔开始是遵循原则的，但后来不懂变通，故而需要悔而后改；失道之悔则是一开始就错了，故又称为"吝"，如果能够认识错误，痛

---

① 焦循. 易章句 [M]. 北京：九州出版社，2003：351.
② 焦循. 易图略 [M]. 北京：九州出版社，2003：91.
③ 林忠军，张沛，赵中国. 清代易学史：下 [M]. 济南：齐鲁书社，2018：542.
④ 林忠军，张沛，赵中国. 清代易学史：下 [M]. 济南：齐鲁书社，2018：543.

改前非，则亦不失为好的结局。如果不悔吝，则前行之途为"厉"，厉就是即将到来的凶险。如果有悔吝，之后则"无咎"。虽然传统上的无咎的吉凶层次在吉和凶之间，很容易被理解为不好也不坏，但从某种意义上来说，无咎已经无关吉凶，它主要关涉的是"悔"。也就是说，评价无咎的价值标准是心中有"悔"，有悔而随即改变行动，让事"孚"于大中，这是在观念和行动事实之间的一种平衡，也是以合乎内在悔悟的道德意识为标准的价值取向。

基于"悔"的内在价值，焦循在《易通释叙目》中发表了孟子不言《易》的看法："孟子道性善，称仁义，恶杨墨之执一，斥仪衍之妾妇，皆所以阐明孔子之学，而吻合乎伏羲文王周公之旨。故孟子不明言《易》，而实深于《易》。"① 孟子不言《易》而深于《易》，是说孟子以性善为基，高扬仁义，善于培养道德境界，与易道的乾坤精神同，则不必另叙《易》义。虽然孟子的"知言""养气"诸说不必同于伏羲等先圣，但其内在精神是与先圣言《易》相通的，他说："圣人神道设教，即以所作之《易》用为卜筮。因其疑而开之，即其欲而导之，缘其忌以震惊之，以趋吉避凶之心，化而为迁善改过之心，此圣人卜筮之用所以为神而化也。"② 这是说圣人作《易》，乃是以《易》为饵，其最终目的是迁善改过，这与孟子宣称四端，激扬主体精神的总目的是一致的，只不过一个是外在劝诱，一个是内在超越罢了。

牟宗三认为，焦循所说的"悔"是一种具有贯通作用的道德意识，"悔者悟也。遇有厉吝之处而思维也。凡有悔之时，必有问题之时；悔即是解决问题的方法"③。"悔"的目的是求其通，依大化流行而动则品物咸亨，"悔而能仁能诚，能仁斯能通矣，能诚斯能实矣。通而实，则情欲遂，生活扩大，而成己成物各正性命矣"④。仁和诚、通和实、性和命正是一体流通的，这不仅贯穿在逻辑中，也表现在现实的行动中。而"现实的行动"即是"孚"，"孚即通，即因悔而变通也。悔是知，孚是行。悔而吝厉亡，即是孚而吝厉亡，未有悔而不孚，亦未有孚而不悔"⑤。虽然焦循并没有专门列一概念解释

---

① 焦循.易通释[M].北京：九州出版社，2003：1.
② 焦循.易图略[M].北京：九州出版社，2003：116.
③ 牟宗三.周易的自然哲学与道德涵义[M].台北：联经出版社，2003：315.
④ 牟宗三.周易的自然哲学与道德涵义[M].台北：联经出版社，2003：317.
⑤ 牟宗三.周易的自然哲学与道德涵义[M].台北：联经出版社，2003：319.

"孚"，但"孚"的意义流淌在卦爻变通之中，并指向行动。他在解释夬卦初九爻时说："（夬·初九）不胜则危，谓五未刚中而三先动，此失道而忧之厉也。夬孚于剥，则谦孚于履。谦舍夬而通履，故云夬履。"① 按照焦循旁通诸原则，夬剥旁通，剥之二五不先行而三上先行，则剥卦成谦卦，失道因而时行，谦与履旁通以待二五先行正位。从字面上看，"孚"有旁通的意义，但从整个时行看，"孚"指的是变通过程并指示行动上的变革。"孚"的易例还表现在萃卦注、大畜卦注、兑卦注、井卦注等之中。"悔孚合一即是知行合一。即知即行，即行即知。根本是一种动，是对于打断阻碍而起的反应。不过悔者潜伏之动作也，孚者实现之动作也。"② 孚与悔相对，并用知与行充实之，这是象数易学版的知行合一论。

综上，作为改过的"悔"的观念有如下的特征：第一，悔是体"元"而来，是对原始伦理状态的道德意识的形式化。第二，悔吝以知为用，知而能悔。第三，虽然悔是内在的，但悔吝相联，是对外部凶险的提示，这必然要求改变行为。有悔即有孚，知行必合一。但在现实境遇中，"悔"以及各种道德意识的展开呈现在复杂的伦理生活中，构成了不同的生活境域，形成了焦循易学的生活境界说。

三、以性善论为基调的生活境界说

基于孟子的性善论，焦循认为世间并没有什么恶，恶只是一种缺乏，是对于善的认识和践行不够，"乾二之坤五，在乾为始以美利利天下，在坤为美在其中。反是，则不美可知。不美，则恶也"③。原始伦理状态的体认由乾坤二五会通的"元"来提示，得"大中"即为美，美蕴善，恶即是对于大中状态的缺乏。"积善之家必有余庆，谓乾二先之坤五。积不善之家必有余殃，谓乾二不先之坤五。不善，则恶也。相亲则善，不相亲则恶。"④ 对善有所缺乏则必变通而改过，"相亲"是一种改过的方法。人终究能改过去恶，此即为

---

① 焦循．易通释［M］．北京：九州出版社，2003：36.
② 牟宗三．周易的自然哲学与道德涵义［M］．台北：联经出版社，2003：319.
③ 焦循．易通释［M］．北京：九州出版社，2003：251.
④ 焦循．易通释［M］．北京：九州出版社，2003：251.

"通"。但在现实生活中，并非人人能识过、改过，这与人的才性相关。在圣人的循循善诱之下，通过对自身的才性的认识，普通之人亦能回复到对于"元"之乾坤精神的体认，整体呈现出趋向善的通融之境。

焦循说："情合于善，欲行于人，才为之也。……有此才，乃能迭用柔刚，旁通情而立乎一阴一阳之道。……旁通者情，所以能旁通而穷理尽性以至于命者，才也。"① 在穷理尽性中才能知命，在涤情化欲中才能明理，这个过程的道德境遇之担当者是"才"。"才"即才具，每个人不一样，但迭用柔刚是一样的。恰是这"才"有所分疏，整体来说不尽善，才有不同的道德境界，为善去恶才有可能和必要，善才能从逻辑上和生活上一以贯之。基于此，焦循划定了四种生活象态，分别是"生知之境""学知之境""困知之境"和"下愚之境"，但这几种层次不是固定的，它统一在悔乎而改过的践行之中，伏羲作八卦的本意也就是用卦爻来涵摄道德生活："终身之行，唯在乎恕。平天下之道，不过絜矩。知有己之性，不知有人之欲，情不通而欲穷矣。伏羲作八卦，以类万物之情。"②

所谓"生知之境"，是指按照旁通、当位、时行、上下应之的原则从乾元坤元二五会通变出来的卦，这些卦一气呵成，没有任何失道的迹象。焦循以"生而知之"相喻，形容一种最高的道德理想之境界。他在《易图略》卷三之"时行图"中列举了二十四卦，乾、坤、坎、离当位旁通，生同人、师、比、大有四卦；震、巽、艮、兑当位旁通，生渐、归妹、随、蛊四卦；三上相应成蹇、革二卦，初四相应成家人、屯二卦；蹇、革依例变通为睽、蒙二卦，家人、屯依例变通为鼎、解二卦。此二十四卦最后终变为既济、咸和既济、益，既济为有终，咸益为有始。有终则为运动之阶段性，可切之以价值理性评判，象征具体生活境遇；有始则为运动之流通性，可和之以全体事实感通，比拟阴阳太和境域。无论从伦理之善还是从本体之善来说，此一境界全体大用，流通无碍，从心所欲不逾矩。因此他说："此二十四卦，元亨利贞，所谓生而知之，安而行之者也。"③ "生而知之"包括其他三种生活象态

---

① 焦循. 易通释 [M]. 北京：九州出版社，2003：251.
② 焦循. 易通释 [M]. 北京：九州出版社，2003：120.
③ 焦循. 易图略 [M]. 北京：九州出版社，2003：60.

均来自《论语·季氏》，其曰："生而知之者上也，学而知之者次也，困而学之又其次也。困而不学，民斯为下矣。"朱熹说："困，谓有所不通。言人之气质不同，大约有此四等。"① 这里所说的气质同于焦循对"才"的解说。生知之境乃大中之通，一无所困，应属圣人之境，故焦氏列之于第一等。

"学知之境"次于"生知之境"，以卦爻运动比拟，则是：乾、坤、坎、离、震、巽、艮、兑八卦失道而行，即不按照乾二之坤五，而是初四先行，则成小畜、复、节、贲四卦，失道当补过，改过就能复凶为吉。因而小畜旁通豫，复旁通姤，节、贲分别成旅、困二卦。如果是三上先行，则八经卦成夬、谦、丰、井四卦，夬、谦、丰、井需旁通而补过，则成剥、履、涣、噬嗑四卦。以上虽失道，但能及时悔改，结果与二五得中同，上下相应仍不失元亨。不过，此一境界毕竟是悔孚并用而至无碍，比起"生知之境"的浑然一体气象显得低了一些。

"困知之境"在危险的边缘，其卦爻比拟的境遇或是缺乏正确认识，或是执于一端难以摆脱，但内心总有一丝明觉。由此忧患之心起，对于经权关系更偏向权变，也更能认识到礼法的作用了。其卦爻运动为：姤、豫、噬嗑、涣经二五、初四、三上又复变为小畜、复、丰、井，此时有困而不通之象，即便小畜、井、丰变为需、复、明夷，此三卦之二五爻仍然不能互通上下。但是，所幸明夷卦旁通讼卦，需卦旁通晋卦，这样，明夷卦和需卦因失道造成的过失，则可由讼卦和晋卦转移、弥补。由于视角的转换，变通终于启动，勉力而行，或可无咎。最次等者为最后变为两个既济卦，如乾坤二卦二五先行、初四从之则当位而变家人卦和屯卦，继续三上从之则家人卦和屯卦变为两既济卦。若不以家人卦通解卦、屯卦通鼎卦付诸时行，则必然陷于不能变通的绝境，此即为困而不学者，也就是"下愚之境"。

从理论上讲，确实存在这种两既济卦不可再变的绝境，但焦循认为关键在学与不学之间。也就是说，"下愚之境"并非不能改变，只要不断地加强人格修养，变化气质，就能做出正确的选择。他再一次强调"改过"的重要意义："易之一书，圣人教人改过之书也。穷可以通，死可以生，乱可以治，绝

---

① 朱熹. 论语集注［M］. 北京：商务印书馆，2015：256.

可以续，故曰为衰世而作。达则本以治世，不得诿于时运之无可为。穷则本以治身，不得谢以气质之不能化。"① 成两既济虽然可以从历史上的种种身死国灭以喻之，但焦循相信人的主体性是完全可以高扬的，也没有不能变通的事。积极应对世事，而不是怨天尤人，就有"时行"的希望，毕竟，选择"时行"的可能性一直存在着。因此，成两既济更多的是一种概念上的可能性。在事实和价值之间，焦循偏向了价值判断，即强调应当的实在性，这与孟子的思想比较接近。

纵观整个象数易学史，自先秦以来，在通过卦爻符号表达易学家的伦理意图这个角度上，可以说是经历了一个否定之否定的圆圈。先秦时期，以《左传》《国语》的象数筮例符示了易占和道德的关系，犹以《左传·襄公九年》所载"穆姜薨于东宫"和《左传·昭公十二年》所载"南蒯之将叛也"两个著名例子为代表，表达了《易经》的德义相配、以德为主的重德思想。《易传》则更是表达人道关怀和社会和谐的典范。两汉时期，象数学的发展趋于顶峰，易学家创造了大量的象数易例，一方面揭示了天道规律，另一方面则寄寓了人文社会理想。可以说，这是一个借用卦爻符号表达道德思想的肯定阶段。自三国时期王弼扫象以降，一直到两宋时期，象数学主要经历了玄学易、图书学的发展阶段，虽然也在揭示道德生活的本质，但卦爻符号已经逐次脱离了原有系统，象数和卦爻辞之间的距离越来越大，站在象数学的立场上，可视为"易外别传"，这是一个否定阶段。元明以来，尤其是清代，涌现出一大批易学家，在整理汉学的基础上，把象数和易辞紧密联系起来，象数符号重新获得了表达道德思想的地位，这是一个否定之否定的阶段。

焦循易学即是这第三阶段的优秀代表。他的体系"诠释易之句法，与易义而述及先儒之非是者，循之学能自成一家，亦卓然伟矣"②。郭彧认为焦循"以易图证之以实而运之以虚解释经传之文，其创新精神则不容否定。对易学研究富于创新精神者，唯宋代邵雍与清代焦循而已"③。这是一个很高的评价，客观地看待了焦循在象数易学伦理思想发展中的总结性地位。牟宗三对

---

① 焦循. 易图略 [M]. 北京：九州出版社，2003：61.
② 徐芹庭. 易经源流：下 [M]. 北京：中国书店，2008：896.
③ 郭彧. 易图讲座 [M]. 北京：中国书店，2008：267.

其的赞誉非常高："焦里堂的'旁通情也，而元亨利贞'，皆是人间的真正发现，皆是抉破了人间的秘密而趋向于赤裸的真人生，这是人间的复活，人间的自我实现，毫不必借助于万能的神及超越的宗教。这是有功于人类的发现，他这道德哲学的系统之完美，在这个人间是不多得的。"①

---

① 牟宗三. 周易的自然哲学与道德涵义 [M]. 台北：联经出版社，2003：295.

第五章

象数易学伦理思想方法论（上）

《周易》的方法，无非是通过占筮的程式把人、世界和神明联系起来，经由象数的符号运动以及卦爻辞、包括《易传》的文辞解释在内，把易理得以呈现，使太极之理得以贯穿的一系列方式和手段。而方法论，则是在这个大题目下的系统反观或反思，它包含以上诸如易占、象数、言辞、义理等元素，但不仅仅是这些元素本身，它是元素间的有机组合，为易学的形而上学服务。它一方面联系着关于世界构造的理论和方法，另一方面关涉着在世界之中的各种实践智慧，在世间的生活伦理以及处世之道。

象数易学作为易学的重要派别，在主要目的上与义理学派没有区别。但在表达上确是最丰富、最有奠基性以及最为灵动的体系，究其原因，说到底在于象数是易学的根本表达方式，其他的则是衍发的非基本性的发挥。象数易学的方法论，自然是以象数符号的运动为基础，拢合易理、易占和易辞，在结构性的系统中让人们明了观察事物的方式和处理问题的方法。若把象数易学方法论指向伦理思想的方向，它会表现为以下结构：第一，易占。主要是与《周易》相关的占筮体系，通过占筮展现人的主体地位以及人对世界的"是什么"之问。在此基础上，引导人在吉凶悔吝和完善德性之间进行思考、得出结论并践行之。第二，易象。象数学之"象"具有丰富的内涵，象具有多角度、多层次、多维度的观察世界的方式，易象是一种缘构的符号。它因缘而在，因人起缘，它使人在天地之间感受到某些基本的因缘构造，形成体验并面向社会人生。第三，易数。与象的多维性、浑朴性不同，易数颇有一种追求宇宙的基本逻辑形式和精确性的品格。但它和易象一样具备纯粹性，离太极最近，都是太极之理的不同方式的展现。易数提供行为的逻辑化的解释，但这种逻辑不只是西方哲学意味上的。第四，易理。易理可以表现为义理，但不必定表现为义理。在本章论域中，易理与义理有很大的相同，作为方法论，都要说明和解决"怎么办"的问题。不像义理，可以摆脱象数符号直接进行形而上学的阐发，易理则总要在符号上讲一些道理。象数易学伦理思想的方法论，还表现在后文所讲的"易例的伦理意蕴"之中。

第一节　易占：切身的在者

张政烺通过考古文献和实物以及古文字的解读等一系列方法，揭示了古代数字卦的一些特征，对远古人民的占卜活动做出了基本判断："卜筮是人类在无力掌握客观规律的情况下，希望借助于某种符号的变化窥测神明的意向。至于怎样取得和怎样辨认这些符号，卜筮人所用各种方法却都是人为的规定，没有客观规律或逻辑的必然性。就如同许多游戏一样，都是以意为之。"[1] 占卜是一个符号活动，符号活动有两个核心要素，即意识的自证和意义的安放。这是在人类无力把握世界时的自我纾解和证明，同时也是沟通人神的重要手段。虽然占卜程序的设定和规则的制定都是人为的，"如同许多游戏一样，都是以意为之"[2]，但并非没有根据。因为游戏看似简单和漫不经心，但它实实在在地解放了人的压抑情绪以及释放了人的创造冲动。当然，符号的选定是没有客观规律的，符号之间的关系和结构也是没有逻辑的必然性的，就像语言学的能指和所指一样，所指或所指的方向是明确的，但能指的选择具有或然性。

正是这种或然性提供了某种切合太极浑朴之理的可通向之路。因为这种或然性是在太极"继善成性"的世界运动当中展开的，即它实际上不脱离某种必然性。这样，主体必须找寻到契合主体自身自由以对世界的"形式"，在形式中证明自我，沟通天人，并在形式的仪式中领悟太极之"道"的矛盾性和统一性。这是一种必然中的自由、自由中的必然，但是这种辩证法不是自

---

[1] 张政烺. 张政烺论易丛稿 [M]. 北京：中华书局，2011：15.
[2] 张政烺. 张政烺论易丛稿 [M]. 北京：中华书局，2011：15.

第五章 象数易学伦理思想方法论（上）

然而然能够被人把握到的，他必须找到一种合适的程序以容纳这个矛盾。朱熹在《周易本义》的"筮仪"部分详细展示了一次占筮的程序和仪礼，通过筮仪展现了主体与神明、主体与道相融合的可能性。

"择地洁处为蓍室，南户，置床于室中央。蓍五十茎，韬以纁帛，贮以皂囊，纳之椟中，置于床北。设木格于椟南，居床二分之北。置香炉一于格南，香合一于炉南，日炷香致敬。将筮，则洒扫拂拭，涤砚一，注水，及笔一、墨一、黄漆版一，于炉东，东上。筮者斋洁衣冠北向，盥手焚香致敬。两手奉椟盖，置于格南炉北，出蓍于椟，去囊解韬，置于椟东。合五十策，两手执之，熏于炉上。命之曰：假尔泰筮有常，假尔泰筮有常，某官姓名，今以某事，云云，未知可否。爰质有疑于神于灵，吉凶得失，悔吝忧虞，惟尔有神，尚明告之。乃以右手取其一策，反于椟中，而以左右手中分四十九策，置格之左右两大刻。次以左手取左大刻之策执之，而以右手取右大刻之一策，挂于左手之小指间。次以右手四揲左手之策。次归其所余之策，或一，或二，或三，或四，而扐之左手无名指间。次以右手反过揲之策于左大刻，遂取右大刻之策执之，而以左手四揲之。次归其所余之策如前，而扐之左手中指之间。次以右手反过揲之策于右大刻，而合左手一挂二扐之策，置于格上第一小刻。是为一变。再以两手取左右大刻之蓍合之，复四营如第一变之仪，而置其挂扐之策于格上第二小刻，是为二变。又再取左右大刻之蓍合之，复四营如第二变之仪，而置其挂扐之策于格上第三小刻，是为三变。三变既毕，乃视其三变所得挂扐过揲之策，而画其爻于版。如是每三变而成爻，凡十有八变而成卦，乃考其卦之变，而占其事之吉凶。礼毕，韬蓍袭之以囊，入椟回盖，敛笔砚墨版，再焚香致敬而退。"[1]

"筮仪"主要涉及《系辞》"大衍之数"章的具体揲筮的数理内容，可以说它的整个程序便是对于天地日月运行的高度模拟，该程序自有易数对太极

---

[1] 朱熹.周易本义附易学启蒙[M].北京：九州出版社，2004：347-350.

179

之理的展开，这里不做讨论。"筮仪"所涉及的事物有：第一，蓍室，面南。第二，床（非现代之床），于室中央。第三，蓍，五十茎。第四，纁帛，用于贮蓍。第五，皂囊，用于贮蓍。第六，椟，置于床北。第七，木格，于椟南，居床二分之北。第八，香炉，一个于格南，香合一于炉南，用于炷香致敬。第九，涤砚，一个，注水。第十，笔，一支，用于记载筮数。第十一，墨，一个。第十二，黄漆版，一个，于炉东，东上位置。这些事物，共同组成了一个氛围，具有某种宗教性而不是宗教，具有某种习俗性而本身不是日常的习俗。它是一种以解决问题为目标的包含易学理论的旨在天人合一的体系或系统。整个过程中，卜筮者即将开始的时候需要洒扫庭院、拂拭灰尘。进入程序的时候要朝北斋洁衣冠，洗手、焚香、致敬，还要说一段与神灵沟通，希望神祇以告的言辞。占筮完毕，则需要韬蓍袭之以囊，入椟回盖，敛笔砚墨版，最后再焚香、致敬，退出占筮活动。这种躬身行为是与终极性的存在相联的，无论是叫"帝""神"还是"天"等，都是对这种终极性概念的尊崇。但是，它不是西方式的人格神，毋宁说它是对主体自我情感投射的相合，因此它是在自我情感的满足中获得自身的，是自我意识的自证和意义的安放，是切身与道相融合的感受。"中国古人坚持无论是宇宙的'天道'，还是'伦理'的人道都'即身而道在'，都根身于人的身体性。"[1] 当然这种切身的体悟不仅表现在筮仪和其他仪式之中，还表现在最为基础的行为，对世界的"仰观俯察"的联系中。

  从"理—气"的结构看易占，则易占成为潜能和现实相互转换的场所。潜能是有待转换为现实的"理—气"结构，理是气之理，气是理之气，理气不离。理提供秩序形态和未成秩序之形式，有待气来填充而实现之；现实是从潜能变化而来的"气—理"结构，气是理之气，理是气之理，即体即用，体用不二。气提供生命处境转换的动力，而理则是对吉凶悔吝之道的洞见，气虽然具有强烈的改变现实的冲动，但仍然需要理的形式，气理结合将特定的处境推向将来，而特定处境则在"理—气"结构中获得了新处境的生成原则以及创生规则。因此，人们对于吉凶的好恶是被限定在"德占"之德的框

---

[1] 张再林. 作为身体哲学的中国古代哲学[M]. 北京：中国书籍出版社，2018：50.

架之下的，如前述的《左传》之德占原则。一旦突破此框架，则气的功能不能正常发挥，所谓独阴不生、独阳不长，气的僭越已经远离理的原则，则价值和意义不复存在，这就是穆姜解释随卦"元亨利贞"的理之动机。理亦是如此，如果离气则无法表达此理之要旨，即无气的支撑亦无形器而言，则世界将不复存在。善恶的行为和观念即是在"理—气"结构中发生和发展，受到理和气的双重影响而又不落两头。成中英对儒家视域中的善恶给出了令人信服的解释，他说："一是以本源真实为准则的善，及所谓本源的'诚无为'的善；一是以有意识的或有意向或意欲为执着或选择的善，即所谓'几善恶'的善。在前者无恶可言，说本源为善及说其本源为真，是为先天的善。在后者心性活动已经形成，性可以受到气质的干扰与影响而偏离本源之正，而心则可以受到欲望与外物的干涉与影响而丧失其本源的主宰。这种心性对本源真实的偏离就是恶。"[1] 本源的"诚无为"的善其实就是太极之理，有意识的"几善恶"的善就是生活世界"理—气"结构中的善。太极之理尚无气，因而只能被用作逻辑刻画，它是纯善的，就没有恶的存在。逻辑求真或以真为标的，故真就是善，逻辑是先于经验存在的，故是先天。而在生活世界之中，理经"虚中"运动产生气，虽说性秉纯善之理，但受阴阳变幻之气的影响而有所遮蔽，有所偏离。气的运动也产生了心，心性活动之心已不是纯善之理的自我认识，但它可以回复到这种自我认识。只不过，在现实世界中，因情欲和外在环境的影响，心已经偏离太极之理，尽管还受此理的涵摄，但已不是纯善之心，偏离本源真实也就形成了恶，恶可以被认为是对本源之真的缺失。

回到"筮仪"，我们发现，整个占筮程序就是如上述善恶之论的模拟：四揲三变，十有八变而成卦的部分是大衍筮数对太极之理的模拟。较好的说法应该是太极虚中而变，变之前后有气生、气成之阶段，气既生则理有所亏，气生前则贯彻纯善，气生后则有所偏离。人之身秉理气结构，既在气的发展之中，又不断往理进行回复，故卜筮者设置洒扫庭院、拂拭灰尘、斋洁衣冠、洗手焚香、言辞告神、致敬圆礼，其目的在于静其气，复其理，"身体成为一

---

[1] 成中英.儒家哲学的本体重建[M].北京：中国人民大学出版社，2017：64.

种具有自组、自调、自稳的功能的有机开放系统，该系统在绾合身心、沟通天人的同时，始终在天命与人为之间维持着一种'动态的平衡'、一种可反馈的'回复性'。这意味着，人的行为的'业'乃'受身因缘'，但世间'万物'亦'从业因生'"①。占卜的躬身而行只是面对人世百态思想行为的预演，占卜的吉凶固然重要，但也只是人身体力行的一个切入点，通过人身的进德修业，不断融合优化"理—气"结构，使得进德和修业、理的涵摄和气的运动达至和谐，自然运动和道德回复相生相成，这便是一种天生人成的思想。可以说，在占卜程序中，人得以领悟，易占提供了善恶尺度和类比体验的思维模式。类比体验的思维不能如西方逻辑学一般的抽象演绎，它需要具体体验与具体体验之间的视域融合，以便进一步圆成"理—气"结构。这是东西方在思维定式上的重要的不同，"最终，只能举例，不能定义，即对家族成员的类似性只能以一种'要看而不能想'的方式，即通过直接而具体的类比性体验给予把握。同理，在家族化的人类历史中，其不同的历史事件亦具有类似性，这种类似性亦不能通过抽象的本质给予把握，亦只能诉诸这种直接而具体的类比性体验"②。类比性体验构成家族成员并形成了历史，家族相似的直观性和具体性就在生活世界的源头活水之中，它避免了定义式的对问题阶段、任务、工具、方法技巧的论述，而是在直观的现象之中蕴含一系列具体的方法，对诸如善恶问题的分析研究、系统总结并最终提出较为一般性的原则似乎在体验之"先"就已经完成，易占的类比性只是借用象数符号，把这些原则重新展现出来。

第二节　易象：缘构的符号

易占的氛围有一个很重要的牵引因素：象数符号。象数之数主要通过逻辑的演算表现太极之理，不同于西方的形式逻辑，这里的逻辑主要指向理，因而是数理之数的逻辑。而象数之象不同于数的延展性的形式，它更多的是

---

① 张再林. 作为身体哲学的中国古代哲学 [M]. 北京：中国书籍出版社，2018：51.
② 张再林. 作为身体哲学的中国古代哲学 [M]. 北京：中国书籍出版社，2018：160.

向上提升式的运动方式,潘雨廷在区别形与象时说:"(象)为 n+1 维。形为三维,象为四维;形为四维,象为五维;以五维为形,象即为六维。'形而上者之谓道,形而下者之谓器,化而裁之谓之变,推而行之谓之通。'形象之间称之为变化,形上形下之间称之为变通。变通犹是此一生之事,变化则完全两样,一下子临到生死之际。"① 这里的"n+1 维"不能简单地理解为某个平面或某个形体的角度,也不是一个简单的数学之积,说形是三四五维,则象是四五六维,这多出的一维可以是与前三四五维同构的,也就是说处于同一空间的同一形式中。也可以是同一空间的不同形式中,这要看前维的结构如何。如前维是平面的,平面是二维,那么当二维之长出现的时候,二维的宽就是同一空间的同一形式。但若平面二维已经标示完毕,则第三维一定是不同于前维的同一空间的不同形式。因此,"n+1 维"的"1",不是简单的相加,所以潘雨廷先生才说"形象之间称之为变化",与"形上形下之间称之为变通"同为变,但一个是"化",一个则是"通"。变通是一个东西,一个东西里可以分为两截,两截可以合二为一,变而通之,则有彻上彻下的融通效果。变化不同于变通,是"化而裁之谓之变",是以前维做基础,"裁之"为另一个东西,有所化而变。变通关涉修养,需要长时间按规矩行事,故言"变通犹是此一生之事",而变化则关涉辨识和智识,重点在转识成智的识的一面,故有"变化则完全两样,一下子临到生死之际"的比喻。

  易象作为符号与一般符号的最大不同在于:作为认识论意义上的符号有一个关键问题,"按照皮尔斯的观点,任何解释项都是一个新的符号,新的符号又需要新的解释,以至无穷,文本的这个特点,被称为'无限衍义'。因此,任何一个展示发出的文本,也就是把一个符号文本推入不可避免的无限衍义之中"②。尽管皮尔斯认为无限衍义是人的思想方式的本质特征,但无限衍义本身可能会带来意义的不确定,类似于要解释所指,则必须给出一个能指的内涵或者至少获得能指的背景,而能指意义的确定不在自身,它需要一个更能说明问题的解释项。这样,意义只能在有限和无限的相互变化中去探寻。不同于认识论,易象的符号虽然可以在文本中演绎,但其活动并不排斥

---

① 潘雨廷. 潘雨廷先生谈话录 [M]. 张文江, 记述. 上海: 复旦大学出版社, 2012: 115.
② 赵毅衡. 哲学符号学: 意义世界的形成 [M]. 成都: 四川大学出版社, 2017: 232.

主体，它把纳入主体作为无限衍义的一个积极的抵消行为，从而使认识开始有可能圆融为一个切身的体验行为，简单讲，即易象成为体验发生的条件，而不是在易象的内部转圈。我们可以把这种认识方式称之为"体知"，"即'体之于身'的身体之知，其有别于西方传统的借助意识、借助思维的'识知'或'思知'，乃为中国古人特有的一种认识世界和把握世界的重要方式。"① 易象即是经过圣人身"体"力行，仰观俯察而获得的具有天人合一的"合"的功能的符号。

　　易象的这种直接绾合主体的特征为在者与存在的辨义奠定了基础。这也为沟通东方道学和西方存在论提供了方法论的条件。象数之象与语言这种复杂的符号也有所区别，语言在易学中被称之为易辞，包括卦爻辞和《易传》的文辞。易象和易辞在易学的视域中有共同的目的，即表达和展现太极或太极之理。在这一点上，易象和易辞能交相辉映。汉代易学以来，无论是用易象来解释易辞，还是用易辞来解释易象，其终极指向是揭示太极。在太极的层面上，易象在解释易辞的同时，易辞亦在解释易象，反之亦然。但是，易辞或者说语言有着自身不可突破的障碍，正如维特根斯坦（Ludwing Wittgenstein）讲到的语言只是一种游戏一样，当你在确定什么的时候就在同一平面隐晦着什么，比如他以经验的"红"为例："关于'红'这个词我想要说些什么呢？——它指的是某种'面对着我们所有人的'东西，而且除这个词外，每个人其实都应当有另一个词来意指他自己对红的感觉？或者是不是这样：'红'这个词意指人所共知的某种东西；此外，对每一个人来说，它还意指只有他才知道的某种东西？（或者这样说可能更好些：它指称只有他才知道的某种东西）"② 语言一旦追求"确定的"意指，那么该意指就是不确定的。如果语言的意指不确定，不可公度，那它就是私人语言。所以，语言虽然每天都在日常生活中使用，但其实它的内部是充满矛盾的。语言的意义只能在使用中产生，维特根斯坦通过揭示语言和事态之间的关系，表达了他反本质主义的立场。这使得他的哲学从某个方面靠近了东方道学。中国哲学关于语言在表达太极之道上也不可避免存在"隔"的一面，但中国哲学的语境不同，

---

① 张再林. 作为身体哲学的中国古代哲学 [M]. 北京：中国书籍出版社，2018：200.
② 维特根斯坦. 哲学研究 [M]. 李步楼，译. 北京：商务印书馆，1996：143.

其目的在于天人合一的"得道"。因而它必须找到不同于语言的符号,来达到这个目的。易象便是这种符号,易象因其高度的抽象性且内在地包含具象这一点上就有无可替代的优势。所以,易象"降格"来解释卦爻辞,实在是共在一条路上的"不得不",这种让存在绽出的符号系统打破了一般能指的局限,在追问存在的路上逐渐消隐此在(Dasein)时再次呈现此在,使此在鲜活地在场。从思入此在、接引此在的角度来说,易象所展示的场域在诸多方面与海德格尔所描述的存在(Sein)暗合,成为海德格尔所言源发境域即缘构的象征工具。

"缘构"来自德文"ereignis",是海德格尔后期的一个核心概念。海氏在论文《形而上学之克服》中说:"它(指形而上学。引者注)并不让经验达到那个根据,而只有从此根据而来,存在之历史才能启示出它的本质。那就是存在本身得以消隐于其中的本—有(er-eignis)。"① 这是在说,存在之上,应该有一个更高的根据,即本—有。本—有,即是本,也是有;即非本,也非有。因为存在和存在者总是表现出某种差异,这不得不导致有一个更为根本的原始的东西使二者统一。"存在让存在者在场,存在者在公开场中现象,它单单就存在着,而不依立于某种根据上,因为存在本身不作为存在者在场,它在放存在者存在之际已经消隐了。"② 所谓存在的遗忘恰是指这种消隐的存在,而存在者的存在只是存在者的存在性,这是传统形而上学所思的存在,是存在者整体的根据。海氏后期所要探求的,便是这个颇为神秘的存在,而非所有存在者的存在性。因此,单从形而上学所思之思本身而言,ereignis 便是不能翻译的,这个存在不仅不能名之,甚至不能思之。海氏要深入的,其实是一种主客不分、物我两忘的浑朴的境界,这颇类于老子所说的"道"。

至于"缘构"的译法,张祥龙说:"海德格尔要用这个词表达这样一个思想:任何'自身'或存在者的存在性从根本上都不是现成的,而只能在一种相互牵引、来回交荡的缘构态中被发生出来。"③ 海德格尔在后期思想中意识

---

① 海德格尔. 演讲与论文集[M]. 孙周兴, 译. 北京:商务印书馆, 2018:72.
② 陈嘉映. 海德格尔哲学概论[M]. 北京:商务印书馆, 2014:362.
③ 张祥龙. 海德格尔思想与中国天道[M]. 北京:生活·读书·新知三联书店, 1996:162.

到，应该有一种"道说"（sage）的方式来显现道（ereignis），而这种显现的方式本身即为因缘的构成，是非现成的、相互牵引、互相交荡的生成和涌现（physis），这是缘构境界得以出现，缘构语词得以显现的根本原因。孙周兴认为，"海德格尔的运思实践最能体现'思'与'言'一体性。在他看来，西方形而上学的思维方式和范畴体系已经不能应合现代人的生存境况，当代思想正在突破传统哲学的概念方式和概念机制。海德格尔以巨大的心力投入思想语言之改造，其努力最集中地表现在：他尝试以'大道'（ereignis）和'道说'（sage）等思想的基本词语，来替代'存在'（sein）和'语言'（sprache）等传统形而上学哲学的基本范畴。依海德格尔自识，他的思想的主题是'存在与语言'，而若用非形而上学的词语来表达，就应该是：'大道与道说'"①。虽然主题并没有发生变化，但表达的方式却是"非形而上学"的了，亦即无对象化的当下把握的道体呈现和道说显现。

如前述，象的运动是向上提升式的运动方式，同时亦内在地包含着形的向下分布的运动。可以说，象是能够勾绾形上和形下两个层面的符号。象为什么能对缘构境域有所符示？除了这种勾绾作用，象通过和借助形产生运动的结构，形成太极展开的变化和变通。变化是"化而裁之谓之变"，是有所化而变。比如乾变坤是旁通，屯变蒙是综卦，这都是一卦变向另一卦的方式，象征一件事变向另一件事的发展过程。卦的转变关涉辨识和智识，辨识和智识都是转识成智的可能条件。变通则有些不一样了，如果说变化只是存在（sein）网络中的局部事实链条，那么变通则强调彻内彻外、彻上彻下的融通效果，因而它表现为不是因某事而有所得的"德"，而是它本身即蕴含了"德"，是"德"在事实层面的展开。比如所有的大一统的易学图式即如此，河图洛书、魏伯阳的月体纳甲图、邵雍的方圆图等都表达了某种内在涵摄的价值。据此，周敦颐从太极图的运动之中能够拈出德性修养的"诚"的理念也就不足为奇了。说到底，以卦爻为代表的象可以指向变通，关涉道德修养。它喻示着，作为因缘而生的此在（dasein）需要长时间因象合事，依道而行，如此才有可能悟道，所以变通是此在的一生之事，这大概是境域赋予阴阳二

---

① 孙周兴. 后哲学的哲学问题［M］. 北京：商务印书馆，2009：273.

爻及其他易象的意义所在。

第三节 易数：逻辑的价值

现象学的"现象最基本的性质就是：通过某种显现的东西显示某种不显现的东西，通过自身显示来指涉不显示自身的某物"①。这个特征与易象更容易产生联系，因为易象具有"有而非有、无而非无"的能象属性。相对易象而言，易数虽然与易象合称象数，但往往易象占据着优先的地位，毕竟易象有着直观的方便，而易数往往被认为是数学的一类或者是与数学相关的"另一套"系统。其实，易数与易象是一体两面的东西。一个易象出来也一定有相关的数的出现，如一个卦的呈现不仅是易象的呈现，其中也有易数，屯卦，上坎下震，坎数六，震数四，这是卦数。初四爻相应，一和四爻有相应的联系，这是爻数。屯卦出现是按照古筮法依程序而得，其中涉及大衍数五十、四十九，揲筮数一二三四五，揲筮数又与天地之数五十五相关，其中天数二十五，地数三十。可见，易数没那么简单，它是一个牵一发而动全身的数理系统。到了宋代，易数开始有了更多发展，出现了河图洛书之数，其中河图五十五，洛书四十五；五行之数（一直就有，配上了图书）：一六水，三八木，二七火，四九金，五十土；邵雍所创的一系列皇极经世之数，方圆之数，先后天数，圆图卦数；等等。易数与易象能合的基础在于二者联合以表达太极之理。

易数与易象的联系和区别主要在于：第一，易数和易象是看事物的层面不同，易象重在模拟物象和事象，易数则是给出易象所模拟之物的数理逻辑。第二，易象的符号具有多值性，如《说卦》言乾卦："乾为天，为圆，为君，为父，为玉，为金，为寒，为冰，为大赤，为良马，为老马，为瘠马，为驳马，为木果。"乾卦代表的物象有十几种之多。只有在所指完全确定下来，易象的对应之物才能确定。易数则往往只有一值。第三，易象虽能象征境域之

---

① 洪汉鼎．现象学十四讲［M］．北京：人民出版社，2008：40．

象或者太极氤氲之境界，如太极图，但它的功能主要是动态再现。或者说易象重在模拟运动和变化，唯其如此，易象才具有某种捉摸不定的特质，因为变化是捉摸不定的。易数则是对那个形上世界的直接刻画，相比而言，具有某种相对静止的特质，因为易数对应的数理逻辑是一定的。

《系辞·上》言数实际上分两个部分，一个是本体之数即天地之数五十五，"天一，地二；天三，地四；天五，地六；天七，地八；天九，地十。天数五，地数五，五位相得而各有合；天数二十有五，地数三十，凡天地之数五十有五，此所以成变化而行鬼神也"。清代易学家江永评说道："天地之气，固是播五行于四时。此章则以十数分五位，如但言四方不及中央，是四位非五位矣。如云三七之间自有五土之气，则长夏之土在夏秋之间，后天之坤在西南之位，不得以五数强附于东南，使之相次矣。大抵图有十数，犹天干有十位，天干固分五行以配五方。论其次序，则甲乙为始，戊己为中，壬癸为终。相得如甲与乙、丙与丁、戊与己、庚与辛、壬与癸，犹兄弟之相随。有合如甲与己合、乙与庚合、丙与辛合、丁与壬合、戊与癸合，犹夫妇之相偶。维图数中有此理，故天干应之，人事亦似之。夫子一言，而天干人事之理皆在其中矣。"①《系辞·上》这一段，历代易学家均有评说，他们大体认为是本体之数五十五，本体隐而不用。江永从时空序列、自然人伦的各方面拢合起来评说，以阴阳之气为基，强调五位而非四位的重要性，江永以洛书之用说河图之体，洛书中，三七之间为五，西南为二坤之位，表示长夏在南九和西七之间，中宫之五无论在河图相生还是洛书相克中都具绾合四方之义。江永认为，配以五行则能进一步看出天地之数在人伦事理上的效用。甲乙配一二为木，丙丁配三四为火，戊己配五六为土，庚辛配七八为金，壬癸配九十为水。奇阳偶阴。需要注意的是，河图中一六为水，是不是易数就具有多值性？并不是的，因为体系不同，五行和河图有区别，是不同体系的相配。天干相随，类比兄弟相随，这是对人伦的比拟，此处甲乙阴阳的作用并不显现，这里主要注重一先二后，甲先乙后，故以兄弟相配。在传统命理学的配法中，甲己一六相合，化为土；乙庚二七相合，化为金；丙辛三八相合，化为水；

---

① 江永.河洛精蕴注引[M].郭彧，注引.北京：九州出版社，2006：14.

第五章 象数易学伦理思想方法论（上）

丁壬四九相合，化为木；戊癸五十相合，化为火。但河图中，一六为水，三八为木，二七为火，五十为土，四九为金。这里仍然是所配体系不一致，也不是易数多值。以上隔五相配，阴阳相合，类比为夫妻之道。江永强调的是，天地之数为万物之体，因为用的不同，才有配数的不同。虽有不同，易数在涵摄太极之理上，在所谓"一阴一阳之谓道"的理事无碍上，"天干人事之理皆在其中"而已。

《系辞·上》易数的另一个则为用体之数，"大衍之数五十，其用四十有九。分而为二以像两，挂一以像三，揲之以四以象四时，归奇于扐以象闰；五岁再闰，故再扐而后挂。《乾》之策，二百一十有六，《坤》之策，百四十有四，凡三百六十，当期之日。二篇之策，万有一千五百二十，当万物之数也。是故四营而成《易》，十有八变而成卦，八卦而小成。引而伸之，触类而长之，天下之能事毕矣"。大衍之数侧重太极之理的发散，即从天地之数引而伸之，触及事类而长之，包含生活事理，故能做到"天下之能事毕"。邵雍在解释大衍数之前，对天地之数的演化做出了自己的解释："天一，地二；天三，地四；天五，地六；天七，地八；天九，地十，参伍以变，错综其数也。如天地之相衔，昼夜之相交也。一者，数之始而非数也，故二二为四，三三为九，四四为十六，五五为二十五，六六为三十六，七七为四十九，八八为六十四，九九为八十一，而一不可变也。百则十也，十则一也，亦不可变也。是故，数去其一而极于九，皆用其变者也。五五二十五，天数也，六六三十六，乾之策也，七七四十九，大衍之用数也，八八六十四，卦数也，九九八十一，《玄》《范》之数也。"① 邵雍认为，五十五数就在天地相衔，昼夜相交的永恒过程之中。在十个自然数中，"一"这个数象征本体，其本身并不具有数的意义。按照邵雍方圆之数的理论，构成世界的数实际上是从"四"开始的。因为圆是径一围三，一三积四，方是径一围四，四去一围三，方圆之数可互通。故从二开始自乘，数极于九，虚一不用，皆用其变数，十六数乃加一倍法成六十四的开始，二十五是天数，三十六乃乾卦策数，四十九为大衍数，六十四为卦数，八十一为扬雄《太玄》数以及《尚书》之《洪范》数，

---

① 邵雍. 邵雍集 [M]. 北京：中华书局，2010：96.

这些数皆具本体之意义。

关于大衍之数，邵雍说："蓍之用数，挂一以象三，其余四十八则一卦之策也。四其十二为四十八也。十二去三为用九，四三十二，所去之策也，四九三十六，所用之策也，以当乾之三十六阳爻也。十二去五而用七，四五二十，所去之策也，四七二十八，所用之策也，以当兑、离之二十八阳爻也。十二去六而用六，四六二十四，所去之策也，四六二十四，所用之策也，以当坤之二十四阴爻也。十二去四而用八，四四十六，所去之策也，四八三十二，所用之策也，以当坎、艮之二十四阴爻也，并上卦之八阴为三十二爻也。是故，七、九为阳，六、八为阴也。九者，阳之极数，六者，阴之极数。数极则反，故为卦之变也。震、巽无策者，以当不用之数。天以刚为德，故柔者不见；地以柔为体，故刚者不生，是以震、巽无策也。乾用九，故其策九也。四之者，以应四时，一时九十日也。坤用六，故其策亦六也。"① 这是邵雍对筮数、策数进行的解释，都与大衍数有关。古筮法五十去一不用，一为本体。四十九随意左右分开，挂一于小指和无名指之间，此三策象征天、地、人。左右各以四数之，四为四季之象。左右揲之以四之后留下的策数不外乎四三二一几种，两边的余数相加不是四就是八，没有其他可能，四营为一变，三变为一爻，十八变为一卦。第一变余下的蓍草数有两种可能，一是四十四，二是四十；第二变余下的蓍草数有三种可能：四十、三十六、三十二；经三变余下的蓍草数只有四种可能：三十六、三十二、二十八、二十四。邵雍在此处讲到四种结果，即"十二去三为用九""十二去五而用七""十二去六而用六"以及"十二去四而用八"。以"十二去三为用九"为例，左右余下十二，则对应蓍草数是四十八减去十二为三十六，此三十六即为老阳之策数。同理，三十二为少阴之策数，二十八为少阳之策数，二十四为老阴之策数。用策数除以四则为九八七六，分别代指老阳、少阴、少阳、老阴。所谓"震、巽无策者，以当不用之数"，是指九八七六分别对应先天八卦的乾、兑、离、坎、艮、坤六卦。先天八卦左行为阳仪，震出初阳有气无质，经离兑方为少阳，至乾为老阳。右行自巽阴始，有质无气，至坎艮方为少阴，至坤为老阴。

---

① 邵雍. 邵雍集 [M]. 北京：中华书局，2010：92.

因此震巽为无策，当不用之数。需要注意的是，此处与"太极生两仪"的阴阳老少杂处不同。邵雍还以体用关系说明震巽无策："天以刚为德，故柔者不见；地以柔为体，故刚者不生，是以震、巽无策也。"震巽初阳初阴为阴阳刚柔之体，体不显而用显，故震巽无策。

在邵雍看来，自然物理和人伦世事都来自道，所以他的首要任务是通过奇偶之数变化的有序性，经由一套缜密的数学推演的方法来把握易道的本质，从而明晓物理生灭和人道秩序。他说："'一阴一阳之谓道'，道无声无形，不可得而见者也，故假道路之道而为名。人之有行必由道，一阴一阳，天地之道也，物由是而生，由是而成也。'显诸仁'者，天地生万物之功，则人可得而见也；所以造万物，则人不可得而见，是'藏诸用'也。"① 应该说，这是以邵雍为代表的数学派的哲学总纲。既然道可以假道路之名，当然也可以经易数而被揭示。道虽无声无形，但经数理象征，类似于西方逻辑的刻画便能与广阔无垠的道之"痕迹"相合。物之生成，人道之理，尽能把握。人道伦理起于"显诸仁"，即道以"仁"显。"仁"的内涵在于"天地生万物之功"，所有的道德都起于此，天能生万物成万物，人亦能见，故能效仿之，这就是伦理道德了。而包括伦理在内的"所以造万物"是隐藏的，人虽不能见，但能通过象数手段比拟之、刻画之。这里，邵雍设置了一个前提，即"道"难知。但是"显"与"藏"，"仁"与"用"之间是有联系的。邵雍十分推崇老子和孟子，认为这二人可谓得道之人。《老子》五千言，看似讲混沌之道，又似无处不在说物理易道，"《老子》五千言，大抵皆明物理"②。所以邵子认为老子体易，是得易之体的圣人，"老子，知《易》之体者也"③。孟子四万言，没有一处讲《易》，但处处都在用易道，他是懂得用"仁之方"的圣人。"知《易》者，不必引用讲解，始为知《易》。孟子之言未尝及《易》，其间《易》道存焉，但人见之者鲜耳。人能用《易》，是为知《易》，孟子可谓善用《易》者也。"④ 邵雍认为，此二人都在"显"与"藏"，"仁"与"用"之间

---

① 邵雍. 邵雍集 [M]. 北京：中华书局，2010：174.
② 邵雍. 邵雍集 [M]. 北京：中华书局，2010：169.
③ 邵雍. 邵雍集 [M]. 北京：中华书局，2010：164.
④ 邵雍. 邵雍集 [M]. 北京：中华书局，2010：159.

几于道的圣人。

邵雍还对易数与数学的关系给出了意见:"大衍之数,其算法之源乎?是以算数之起,不过乎方圆曲直也。乘数,生数也;除数,消数也。算法虽多,不出乎此矣。"① 他认为,计算之法当出于大衍数的衍变。方圆曲直,数在其中。加减乘除,无非消息。但必须注意的是,中国哲学家讲数,与西方数学家、哲学家讲数是有区别的。近代易学家杭辛斋说:"《易》数既兼象,而又与阴阳之理,及天地流行之气,无不相合。故言数之体用者,亦必能与象及理气相准,而后能融会贯通曲畅无遗。与《几何原本》诸书之专言形数者,其根本实有不同。故不曰'加减乘除',而曰'盈虚消息'。如仅以数言,则仍不能外加减乘除而别求得数之道也。"② 杭辛斋说得很清楚,首先,易数在中国哲学的语境中是用来明理的。易数明理的方式是借用数、数字,把理、象、气绾合起来,融会贯通,共同指向太极之理。其次,以西方古代数学家欧几里得为代表的数学系统是"形数"。言下之意,《几何原本》等数学书要解决的是"形器"的数学问题,而非形而上学之道的问题,故它们在根本处不同。最后,虽然易数和数学处在不同的文化之中,但易数具有西方数学的基本元素,不能完全脱离数学来言数。最起码,我们进行加减乘除的演算,还是要用到数学。

杭氏所说可以引申为两个问题:第一,西方数学与形而上学有密切关系,不少数学家即是哲学家,比如毕达哥拉斯、笛卡尔、莱布尼茨、庞加莱、布劳威尔等,有哲学家运用数学解释本体或直接把数学(逻辑)看作本体,如毕达哥拉斯。斯宾诺莎虽不是数学家,但他用几何学的方法写下了名著《伦理学》,用几何学证明伦理学。其原理何在?数的本质,数学的本质是什么?数是实在的对象还是观念的对象?它们是精神以外还是精神以内的东西?它们是对象自身还仅是思维的概念性的对象?等等。这些问题虽不在本书的讨论范围之内,但一定会持续困扰和影响人类。西方哲学的"数的原点"可以追溯到毕达哥拉斯,当然,柏拉图、亚里士多德也是数学家,但他们的哲学核心受数学的影响不大。毕达哥拉斯说:"万物的本原是一。从一产生出二,

---

① 邵雍. 邵雍集 [M]. 北京:中华书局,2010:97.
② 杭辛斋. 杭氏易学七种:下 [M]. 北京:九州出版社,2005:579.

二是从属于一的不定的质料,一则是原因。从完满的一与不定的二中产生出各种数目;从数产生出点;从点产生出线;从线产生出面;从面产生出体;从体产生出感觉所及的一切形体,产生出四种元素:水、火、土、气。这四种元素以各种不同的方式互相转化,于是创造出有生命的、精神的、球形的世界,以地为中心,地也是球形的。"① 这里的"一"不同于中国哲学语境下的"一",这里的"一"可以直接认作数学的一。中国哲学的"一"基本上都指形上本体,它的别名还有"道""仁""理""太极"等,它成为自然和人道的最终依据和来源,它有原因的意义,也有生成的意义。因此这个"一"包括了哲学本体论和宇宙生成论。实际上,西方哲学中数的精神是一种数理逻辑,数是逻辑的一种显现方式,语言也是。数的逻辑性决定了形而上学的本体特点。第二,西方哲学以数显现的逻辑和中国哲学以易数显现的逻辑有什么区别。这个问题比较大,涉及两个体系的全面比较。从本书伦理层面的符号示意来说,易数显现的逻辑应该不单纯是数显现的逻辑,但易数毕竟是数,它可能部分地反映了数的特质而呈现逻辑的价值。同时,在易学视域中,易数常常是与易象联系起来说成象数的,因此易数部分地具有易象的牵引的属性,一方面导向境域之澄明,另一方面则要落实到万千境遇的日常生活之中,类似于象数大家虞翻所说"成既济定"的境界。所以易数的逻辑,开始脱离认识论意义上的论域,而加上了某些原始的价值的东西。这个价值,不是数学静态的定值,而是从根本上呼唤主体行动的张力结构,即本体伦理学或原伦理学所开启的某种诗的比兴状态。

　　牟宗三曾以《诗经·维天之命》来比况乾坤精神。《诗经·维天之命》说:"维天之命,于穆不已。于乎不显,文王之德之纯。"其中,"于"是赞叹词,"穆"是肃敬的意思。不显,即丕显,光明显赫。② 牟宗三把乾元精神的境界看作是"创生原则",把坤元精神的境界看作是"终成原则",前者的比兴态是"维天之命,于穆不已",后者的比兴态是"纯亦不已"(牟对"於乎不显,文王之德之纯"做了改造),"於穆不已"联系天之命,实际是天之"生生"德性,于是赞叹、庄严、肃穆之义产生,综合而又有深远和深奥的意

---

① 北京大学哲学系.西方哲学原著选读:上卷[M].北京:商务印书馆,1981:20.
② 程俊英.诗经译注[M].上海:上海古籍出版社,1985:621.

思，如同荒野的呼喊，把天地神人绾合起来。"纯亦不已"联系文王德业，有大功而能纯粹，是一种主观修养的文化智慧。易数精神对数理精神的转换需要类似于上例诗性境域的生成，而易数与易象的结合对伦理的蕴含则类似于德义伦理向诗性伦理的转换："孔子强调'兴于诗，立于礼'（《论语·泰伯》），即首先必须在'廓然大公、物来顺应'的'诗情'中确立起形上的心性本体，然后才能建构起形下的伦理规范。如果说哲学是关于主体性的探讨，那么将主体性奠定在诗情上的儒学就是'诗情儒学'。"① 无论如何，易数总是与易理和易道相联，而易理是以先验德性作为奠基的："'乾坤以德言'，这表示乾坤代表一个原则。原则是理，只有德才可以转进至原则。"② 因而乾坤的精神或者原则以"德"而显，具有伦理意味。重要的是，以乾坤精神为核心的易理、义理，或者是易道、太极之理是由象数符示的，易数是当然的一个元素，可以说，易数刻画了乾坤精神。易数的所谓逻辑，在诗性的原伦理中与易象紧密结合，把数所具备的静态定值与易象的多值态结合起来，显现了乾坤精神，从而对道和人发出了呼喊。

第四节　易理：澄明的境域

经过易占的程序化操作，切身的主体内化了某些"於穆不已""不诚无物"（中庸）的情性，并要求自己做出"纯亦不已"的德业。进德修业已经超出易占的内涵，但仍在占卜之"德占"的范围之内，德占把主体的吉凶之欲转化为理性之欲（理性自身的意欲），经过易象的符号运动，牵引主体进入某种澄明之境。易数则在与易象的结合之中，进行了某种类似于从德义伦理向诗性伦理的转化，同时刻画了太极之理的逻辑结构。

诗性伦理可能具有更为原始的根性："中国的早期诗歌以易经古歌的形式出现，而后才继以《诗经》。与其说卦辞与卜筮方法有关，不如说是以诗的语言表达着守仁行义、居仁由义的德义，即以推行仁爱为目标、以道义立足于

---

① 王堃.诗性伦理导论：儒家伦理的重建[J].社会科学研究，2016（5）：143.
② 牟宗三.周易哲学演讲录[M].上海：华东师范大学出版社，2004：12.

世的主体意欲。在最早的诗中，无论诗经还是易经，都是通过表述这种意欲来喻示普遍的价值追求的。"① 可以说，诗性伦理便是某种敞开的境域。此在于境遇之中操心、谋划，以"畏"之生活样态向死而生，借助非本真的时间性获得主体的地位，主体是为本体绽出的未完成态，"绝对主体借助诗的意象将自己相对化，以'比'的格式形成诗的主旨。当诗的情境借助诗句而具象出来，普遍的善就凝聚为一诗的主旨。如果伦理学是关于善的讨论，那么诗学既是儒学的话语样式，同样也是儒家伦理学的阐述方式。因此，儒家伦理可称为诗性伦理"②。

此在和诗性境域的联系是从沉沦之中抽离、反观而处于不断地"完成"之中。诗性伦理把物欲和理欲分开，从"仁"的真性情中开显，是主体在当下的某种应激反应，"从仁乐之情开显为'我欲'的主体性，欲的目标依然指向爱人之仁，就在主体的爱欲——'我欲'发生的瞬间，仁—欲—仁形成了一个轮回"③。境域虽然是此在被抛于世的设定，但并不与生活世界脱离。"境域—境遇"或"境遇—境域"的张力结构使得象数符号以牵引主体为基础的诸多功能成为可能，主体的感应能力亦从此间而来。象数符号是感应的直观的"关联物"，而不单单是产物。感应的回溯是太极氤氲，作为联系此在和此在的世界的"是"而开显，因此可以用连续性、刚强性、显明性的阳爻之阳来形容；而非感应的日常相较于感应本身则是断续性、柔弱性、晦暗性的，可用阴爻之阴形容。阴和阳都是对于太极的开显，既可以融入对象性的现象思维，又可以融入非对象性的形上思维。一般的理解，象数符号作为感应的产物而存在，是对感应的记录，这只是一个方面。另一方面，它还是存在之缘构的象征，是一种先期而至的"牵引"，牵引的是此在世界的在场，它往往采用"非"或者"非非"的形式来不断否定而达到某种状态：肯定非自身的自身，此即为缘构境域。

本体开显而至境域澄明的可以是易理，也可以是义理。只不过，二者在内涵和外延上均有一些差别。易理是经由象数符号展现出来的关于"易"的

---

① 王堃. 诗性伦理导论：儒家伦理的重建 [J]. 社会科学研究，2016 (5): 147.
② 王堃. 诗性伦理导论：儒家伦理的重建 [J]. 社会科学研究，2016 (5): 148.
③ 王堃. 诗性伦理导论：儒家伦理的重建 [J]. 社会科学研究，2016 (5): 144.

道理。它以占卜、卜筮和一部分原始宗教活动作为自己的历史载体，包括"三易"（《易经》的远古形态，文王之后是《周易》）在内，后来主要以《周易》为形态的经典为资源凭借，经过"人更三圣、世历三古"（《汉书·艺文志》所言，三圣是伏羲、周文王、孔子，对应远古、中古、近古）的历史发展，囊括了天道和人事的变化，其核心是阴阳变易的法则。易理依阴阳变易探讨宇宙人生的根本原理，根据变化的形态和趋势呈现"气—象—理"的结构（变易—简易—不易），或者根据符号表达而有"象—数—理"的结构。易理的知识活动包括《易经》《易传》和易学，可下达至事物的各个维度、视域、方面、层次等，可以说无所不包。易理的主要应用范围有社会政治、伦理道德、人格修养、审美创造、天文气象、自然物理等，涉及宗教学、古文字学、哲学、文学、美学、政治学、经济学、历史学、天文学、数学、物理学等重要学科。可以说，凡有所学，皆有易理；凡有所造，皆有易理。

义理有广义和狭义的分别，广义的义理指文章、学问所涉道理，在中华文化论域中，包括儒释道、三教九流的学问文章所涉道理。狭义的义理是指合于一定的伦理规范和道德要求的行事原则、规则和准则，特指讲求儒家经义的学问，又称宋代以来的理学为义理之学。我们一般讲的义理指的是狭义的含义，也就是儒家特别是宋明理学的基本论域、观点、方法和理论体系所指涉的道理。从一般逻辑学上看，易理和义理在内涵和外延上虽有重叠之处，但易理要小于义理的内涵，易理在外延上要大于义理。换句话说，有义理的地方就有易理，而有易理的地方不一定有义理。易学之所以有象数派和义理派的基本区分，是因为从"易"的角度做出析义，侧重点有所不同。

自东汉郑玄有三义之易的说法（变易—简易—不易）以来，易学家基本上皆持此说来解释"易"的结构或者是"易"的精神。当代易学家成中英先生持"易有五义"的观点，笔者颇为认同。成先生列为第一义的是"不易"，所谓不易，就是"生生之谓易"的道理不会改变和停止，这是一切事实和价值的来源之处，不容改变。首先认识到这一点十分重要。"不易之易的意思是说，在理的恒常性中我们体验到的是其气的变化性，也可以看成理的必然生气,而不仅不离于气而已。这一点殊为重要。"① "理—气"在这里的关系决定了本体宇宙论,也决定了价值上的必然为"至善","生生"的宇宙精神被设定为一切价值包括伦理价值的来源。不易的精神之所以成为第一义还在于从"易"的变之不变和不变之变的活动中,可以看出世界的现象和超越、内在和外在的动态平衡,以及体用一如的规则。用不变看待变,是体来涵用;自变看不变,是用来显体。这类似于前述周敦颐"无极而太极"的微妙道理,从中亦可看出宇宙的绝对创造性以及本体的纯粹创生性。

第二义是变易。变易固然是易的精神的根本,乃是从现象言。变易不是简单地理解"生生",变易或者变化具有变异性,也就是说,要从事物的流行和对待处着眼。品物流行之中是有着对立甚至激烈的斗争的,其结果便是不同于以往的事物的诞生,是有新的事物的出现。唯其如此看待,不然就无法理解"生生"的异质同构。这是说,要从对待的方面去看待流行。反过来,亦要从流行的方面去看待对待,流行即时间性,时间导致差异或变异,整个变异的流行即是对待。唯其如此,才能保证流行的动力。

第三义为简易。此条最易被人牵强解释,从字面意义上看,简易就是简单容易。从易道的深处理解,世界虽然纷杂,但"理—气"结构总是在发生作用,这使得世界具有条理化和规律性。把规律性和前述超越性联系起来看,那么此简易便是不易。世界的发展再纷纭变幻,也不过是遵循"一阴一阳之谓道"的变化原则,简易是变易。万物产生的同时其实也在回归,回归的是太极之理,境域之澄明,因而都是有理路可循的。再者,只有从简易着手,才能真正了解不易和变易,人对世界的认识才有可能。孔颖达引《易纬》解说简易,"不烦不扰,淡泊不失",这是简易之道在主体心性上的投射。这种状态被称之为"无为之道",因其简易,故能无为。"易者谓生生之德,有易简之义。不易者,言天地定位,不可相易。变易者,谓生生之道,变而相续,皆以《纬》称'不烦不扰,淡泊不失'。此明是'易简'之义,无为之道。"②

第四义和第五义是成中英的推衍。第四义为交易。"所谓交易是有无相通以形成事物的完整性与再发展性,同时也形成新的共同的发展可能并创造新

---

① 成中英. 易学本体论 [M]. 北京:北京大学出版社,2006:5.
② 孔颖达. 周易正义 [M]. 北京:九州出版社,2004:3.

的事物。"① 交易是对事物发展的阶段性和连续性之关系的运动概括，是就事物运动的阴阳相交、刚柔相济以及矛盾对立两面的互补性的说明。事物有所缺失才会需要补助，要往前发展则必要充分的动力，此动力不会是相同事物的推进，而是处在变异之中的矛盾两面的相反相成才构成运动原力。在不同事物或事物的两方面的相互吸收、相互成就、相互交流之中形成了新的秩序。从易简处来看，这是变易的组合规律，经过交互作用形成新的驱动价值。第五义是和易。和易，主要是就事物发展和谐性一面的勾画，和易虽然具有人的价值的导向，但实际上根植于前述不易、变易、简易以及交易的变化原则。前述原则，有体有用，体用殊异，而又相合相通，从规律性上看具有事实性，从导向力上看，又具价值性，两者并不能完全分开。可见，整个世界的事实与价值是互通的。即便如是，事实与价值的互成互通也不是自然而然的，好像一切都是自然主义式的发生。说到底，和易，并不能排斥人的价值、人的活动、人的"度"的思维，天与人的相合不能落在自然和人文的两边。天固有阴阳，地固有刚柔，人固有仁义，也需要统一的看待，因为天地人都在世界"生生"的法则之中。借用《乾·象》"保合太和"来说，有太和则利于贞正，但太和不是自然而然或一蹴而就的，需要"保合"，而"保合"的动能只能来自人的实践。"乾道变化，各正性命"是保合太和的前提条件，性命各有其价值，无论世界如何变化，事物皆有其本真之一面，这是境域澄明赋予事物的先在保证。此保证经"不易""简易"的规律证验，自"变易""交易"的过程而达至"和易"的圆融境地，此在终在"去存在"中有所领悟，他意识到"对天道的认识就构成了人道的基础。由此可知，《周易》视野中的天道，显然并不仅仅是客观的、物理性的自然之道，而同时也是有着强烈人文色彩的道德之道，是道德性的存在"②。

自此，经易占的程式、象象的牵引、易数的逻辑，终于使易理的澄明之境敞开来，原伦理学在境域之中得以充分解释，人在"度"的创造中不离此"度"，人的主体性在意义之源中奠基，这便是本体伦理学的精义。"就原始的道与德的意义言之，本体理性就是道的整体意识与和谐性能，而实践理性就

---

① 成中英. 易学本体论 [M]. 北京：北京大学出版社，2006：11.
② 张立文. 和境：易学与中国文化 [M]. 北京：人民出版社，2005：92.

是德的实现行为与成就过程，从个人到社会国家、天地宇宙，无不在德的关联之中。如此形成的道德观，也可说是体现完成自我的宇宙创化精神，方是易之人文化成的道德观。此一道德观也可名之为本体伦理学，是本体宇宙论的自然延伸，也是传统所说的天人合一的创化过程。"①

---

① 成中英. 易学本体论［M］. 北京：北京大学出版社，2006：13.

第六章

象数易学伦理思想方法论（下）

本章讨论象数易例在表达伦理思想上的途径和方法。"易例"就是易学体例，作为易学的范畴或者方法自古有之，如伏羲画八卦的原则，文王八卦的时位，孔子作传的精神，以至汉代卦气、卦变、月体纳甲诸说，皆为易学体例。易学史上，系统论述易例的是清代惠栋，他在《周易述》中附有"易汉学""易例"部分。

"栋所作《周易述》后目录，列有《易微言》等七书，唯《易微言》二卷已附刊卷末，其余并阙。此《易例》二卷，即七书中之第三种。近始刊板于潮阳，皆考究汉儒之传，以发明易之本例。凡九十类，其中有录无书者十三类。原跋称为未成之本。今考其书，非惟采摭未完，即门目亦尚未分。意栋欲熔铸旧说，作为易例，先创草本，采摭汉儒易说，随手题识，笔之于册，以储作论之材。其标目有当为例而立一类者，亦有不当为例而立一类者，有一类为一例者，亦有一类为数例者。如既有扶阳抑阴一类，又有阳道不绝、阴道绝义一类，又有阳无死义一类，此必欲作扶阳抑阴一例，而杂录于三处者也。曰中和，曰诗尚中和，曰礼乐尚中和，曰君道尚中和，曰建国尚中和，曰春秋尚中和，分为六类，已极繁复，而其后又出中和一类，君道中和一类，卷末更出中和之本一类，此亦必欲作易尚中和一例，而散见于九处者也。古者有圣人之德，然后居天子之位一类，征引繁芜，与易例无关，而题下注曰：即二升坤五义。此必摭为乾升坤降之佐证，而偶置在前者也。如初为元士一类，即贵贱类中之一。乾为仁、震为车、艮为言三类，即诸例中之三。天地

<<< 第六章 象数易学伦理思想方法论（下）

之始一类，即卦无先天一类之复出。皆由未及排贯，遂似散钱满屋。至于史记读易之文，汉书传易之派，更与易例无与，亦必存为佐证之文，而传写者误为本书也。如此者不一而足，均不可据为定本。然栋于诸经深窥古义，其所据摭，大抵老师宿儒专门授受之微旨，一字一句具有渊源，苟汰其芜杂，存其菁英，因所录而排比参稽之，犹可以见圣人作易之大纲，汉代传经之崖略。正未可以残缺少绪竟弃其稿矣。"①

这一段文字由四库馆臣撰录，大致勾勒了易例的内容，概括了易例的适用范围，并对惠栋作易例的问题做出了批评和总结。首先，易例是"皆考究汉儒之传，以发明易之本例"，但是惠栋所述"非惟采摭未完，即门目亦尚未分"，还是一个大概的模样。可见，惠栋所说易例只是"随手题识，笔之于册，以储作论之材"，并没有从理论的高度进行概括。其次在体例上，有"当为例"和"不当为例"的情况，划分的标准不一，不甚严谨，有些地方"征引繁芜，与易例无关"，给人的感觉就像"未及排贯，遂似散钱满屋"，钱虽好，但满屋分散，不便取用。最后肯定了惠栋作易例好的一面："一字一句具有渊源"，"犹可以见圣人作易之大纲，汉代传经之崖略"。可见，惠栋之易例不可轻弃。

我们认为，易例的整理、综合和分析、对易例的边界的限定等问题需要做进一步研究。考虑到本书主旨，仅对易例的内涵和外延、易例的选择做一个大致的限定：首先，易例是指作为象数符号的易学体例，本章所及易例，是指以汉代象数易学为主，包括先秦的基础象数体例、汉以后的重要象数易例。其次，易例的本质是象数符号的运动体例。其作用或功能在于"上通下达"，所谓"上通"，是指通"上"，是对境域的通达。所谓"下达"，是指达"下"，是作用于人伦生活，犹指对于道德伦理的象征、比拟、附和和暗示等。但是所谓"上"和"下"，并不是如柏拉图所说的两个世界，而是在一个生活世界之中。"形而上者之谓道，形而下者之谓器"的上下、形器之别亦是如此。最后，易例选取的历史资源以孔子《易传》以及唐代易学家李鼎祚辑录

---

① 惠栋．周易述：下册[M]．北京：中华书局，2007：727-728．

201

的《周易集解》为主，后世亦有新创的易例，比如，清代易学家焦循的"旁通"（此旁通基本体例同于汉人，但在焦循体系中另有作用）、"比例"、"时行"都是很好的易例，富有创新性。但是，焦循所创基于汉代基础易例，可称之为衍扩的易例，不在本章论述之列。

易例作为一种基本方法，在易学中十分庞杂，目前尚没有令人满意的关于易例的系统理论，易例也有义理派的，或者说主要为义理派所用的，比如王弼著有《周易略例》，其中讨论了一些易例比如易象的本质问题，但主要是哲学化、义理化的探讨。限于篇幅，对于历史上的易学家，只能酌情而取。本章所取易例，亦与原伦理学或本体伦理学正相关或有相对紧密的关联，其他易例均不考虑。另外，前述易学史所涉易学家的易例，如有详述，重要的可附论，其余则不再提及。

第一节 基本易例的伦理蕴涵

所谓基本易例，是指相对比较简单、自身不构成系统而能成就某些系统的易学体例。它主要体现在爻位关系、爻间关系和卦爻关系之中，它对世界的基本运动方式有生动的模拟，对人伦事理能够提供各种观察角度。

一、爻位关系

（一）当位

易学中的当位说早在《易传》的《象传》《彖传》《文言》等篇中就已经表明。所谓当位，就是阴阳爻在爻位的奇偶数性质上的相合，奇数爻位为阳，偶数爻位为阴。相合即为当位，否则就是不当位。例如，履卦九五之《象》说："夬履贞厉，位正当也。"履卦九五为阳爻居阳位，当位虽处危险之中，但最终无妨。否卦六三之《象》说道："包羞，位不当也。"六三阴爻处阳位，位不当，故此爻不吉。包羞指的是"羞辱"，"被包容为非，终致羞辱，说明六三居位不正当"①。小畜卦之《象传》说："柔得位而上下应之。"全卦一个阴爻为六四，居阴位，故有柔得位之说。噬嗑卦之《象传》说："柔得中而上行，虽不当位，利用狱也。"这是指六三阴爻居阳位，不当位，但六三与上九相应，能够上行，可利用刑法。

对于"当位"易例，除了以上《象传》和《彖传》所示，其更深刻之理论来源可从《易传》两处探得。一个是《系辞·下》："二与四同功而异位，其善不同；二多誉，四多惧，近也。柔之为道，不利远者；其要无咎，其用柔中也。三与五同功而异位，三多凶，五多功，贵贱之等也。其柔危，其刚胜耶？"虽然这一段没有像《象》《彖》一样明确当位规则，但它揭示了一卦之中六爻的处境，可以说，是对动态之爻与静态之位关系的说明。二四同功，均为阴位，但吉凶不同，是因为二处中，四处五天子之下，故二誉四惧。"不利远"指四爻脱离下卦进入上卦，需戒慎忧惧。三五均为阳位，三在上下卦进退之间，五处上卦中爻，故有贵贱之分，刚处三五得位，柔爻则危险。一卦六位，每一个爻必处一位，其境遇都不一样。另一个则是《说卦》："昔者圣人之作《易》也，将以顺性命之理。是以立天之道曰阴与阳，立地之道曰柔与刚，立人之道曰仁与义。兼三才而两之，故《易》六画而成卦。分阴分阳，迭用柔刚，故《易》六位而成章。"这一段不同于上段的地方在于：上段从爻的具体位置以及所处境遇来讲吉凶悔吝，此段从本体境域的角度揭示爻位的超越性，但此超越乃内在的超越。其因在于：第一，性命之理并不脱离阴阳、刚柔、仁义而独存。第二，六位成章，品物流形，均体性命之理而成。圣人为颖悟之代表，故能作易以示之。天地人均一二两之，分别配以阴阳、刚柔、仁义。这是一卦六爻六位的形上解释。二能分之，依境遇而迭用，所以才有差异和变异生成，同时才能构成焕章之世界。

当位所蕴含的伦理之简义在于，人之境遇当与具体时空性质相符合，若不符合应积极求变，应正视不同的伦理境遇。合与不合均有规律，得此规律于心，则为"德"，合之"道"，称为道德。需要注意的是，伦理境遇千差万别，更是千变万化，当位要把原则性和灵活性结合起来。之正说是当位说的

---

① 黄寿祺，张善文．周易译注［M］．上海：上海古籍出版社，1989：118.

一种形态，是对当位说的动态考察，更具灵活性。之正的"之"就是动向，动往正位，动向正途之意。以解卦为例：解卦下卦为坎卦，二爻不正当变，二爻变之正为坤卦。坎为弓矢，坤为身，因此才有"藏器于身""以待射隼"之说。二变阴后，二三四爻互艮卦，艮为止，为等待，同时也为待时，艮卦有时止则止的德性，爻以时而动。三待五来之二，五失位，之二，二动之五，整个过程由解卦中爻四个爻互体坎卦和离卦，坎离为弓张矢发。五得正之后，三动阳出成为乾卦，即三四五三个爻互体为乾，如此则解卦下互体离卦坏，离又为隼，故有动出成乾，贯穿隼体之象。大过有死之象，故入大过死。三爻之正为阳，而解卦三爻为阴，三爻改变了中爻三个阳爻，作为上互卦的坎卦和下卦坎卦毁坏，大过毁坏则无往不利。"上六处解之终，居震动之极，为舒解危难的'王公'之象，而六三小人窃位，犹如恶隼盘踞'高墉之上'，上六能'射'而'获之'，排除患害，故'无不利'。"① 李道平说："坎心为悖，两坎象坏，故《象》曰以解悖也。六体阴，小人象也。三位阳，君子器也。以六乘三，是小人乘君子之器。上以三为象，故云观三出，射去隼也。《乾凿度》曰二阴之精射三阳，当卦是扫。知阴阳动出，皆为射也。"② 坎卦坏，自然是解悖之语。解卦六爻阴爻而解卦三爻之正为阳，因此才说六阴乘凌于三爻之阳，是小人夺君子之器之象。三为变象，在时间领悟上很关键。站在六爻的视角观三爻的变化，最后三爻动出，互离为矢发，矢发即为射出箭，射向隼。阴阳动出为射，主要是指阴阳爻互相纠缠，互相磨荡而有变。

此例充分结合易象、之正、中爻以及相应等易例，完满地解释了爻辞射隼之说，达到以象辞一体的目的。因而，之正不仅是某个静态的成象法则，更为重要的是，它要放在动态的象数体系中才显其价值。之正又有根据时机的不同而采取的"特变"和"权变"说，这是由正变为不正的特例，具有丰富的内涵和生活智慧。

（二）得中

中位在一卦之中有两种解释。一是三爻和四爻为中位，理由是《系辞·下》说："《易》之为书也，原始要终，以为质也。六爻相杂，唯其时物也。

---

① 黄寿祺，张善文．周易译注 [M]．上海：上海古籍出版社，1989：333．
② 李道平．周易集解纂疏 [M]．北京：中华书局，1994：644．

其初难知，其上易知，本末也。初辞拟之，卒成之终。若夫杂物撰德，辩是与非，则非其中爻不备。"又说："《易》之为书也，广大悉备。有天道焉，有人道焉，有地道焉。兼三才而两之，故六。六者非它也，三才之道也。"结合二者，可知：五爻上爻为天爻，初爻二爻为地爻，三爻四爻为人爻。初二、五上处于事情发展的开始和末尾，万事开头难，一开始不知道要怎么打开局面，不知道要面对什么，这是"其初难知"。作为结果的五爻上爻容易分辨，结局也容易看出来，这是"其上易知"。处事之中，杂然相聚，开始具有事物真假善恶的观念，则一定与三四爻的人相关。可以说，是人造成了人事的结局，也是人开创了事业的开端，还是人在进德修业中有了明辨是非的感受。

但是，以上中位之说，绝大部分易学家不取用。几乎所有易学家认可的是二五爻为中爻。这主要来自《易经》爻辞中，二五位多是吉利的言辞，《系辞》有"二多誉，五多功"之说，讼卦、泰卦、夬卦、复卦、益卦等有"中吉""中行"之辞，似为佐证。《彖传》《象传》有大量关于二五中位的表述，如蒙卦《彖》"以刚中也"，需卦《彖》"以正中也"，坤卦《象》"黄裳元吉，文在中也"，讼卦《象》"以中正也"，等等。汉代象数大家京房很重视"中"，他在《京氏易传》中多次用到中位说，如坎卦注："积阴以阳处中，柔顺不能履重刚之险，故以克。"① 阳处中位，方能历艰险。师卦注："变离入阴阳于正道，复本归坎，阳在其中矣。"② 这是说师卦为坎宫归魂卦，归魂变下体为坎卦，复归于坎，坎卦阳爻处二中位，有领导大众吉利之象。荀爽亦重视中位，他在注乾卦之《文言》时说："处和应坤，故曰信。"③ 这里的"和"实际上是"中"的意思，因为乾卦九二处中位，与坤卦六五居相应之势。阴阳相合则为信。注需卦九五曰："五有刚德，处中居正，故能帅群阴。"④ 需卦九五居中，故能率领六四、上六群阴。三国时宋忠亦讲中位，注革卦九五《象》辞"大人虎变"曰："阳称大，五以阳居中，故曰'大人'。"⑤ 革卦九五居中位，阳别称大，故有大人之称。注乾卦《文言》"闲邪

---

① 卢央.京氏易传解读：下［M］.北京：九州出版社，2004：462.
② 卢央.京氏易传解读：下［M］.北京：九州出版社，2004：472.
③ 李鼎祚.周易集解［M］.北京：中华书局，2016：13.
④ 李鼎祚.周易集解［M］.北京：中华书局，2016：62.
⑤ 李鼎祚.周易集解［M］.北京：中华书局，2016：306.

存其诚"说:"能处中和,故以'存诚'言之。"① 虞翻讲中位较多,如随卦九五之《象》曰:"'孚于嘉,吉',位正中也。"其注曰:"凡五言'中正',中正皆阳得其正,以此为例矣"。② 中正在五爻为阳爻,一般为吉词。虞翻推崇阳居五爻之位是与一直以来的爻位贵贱说有关。他还讲伏爻居中,这在易学史上十分少见,注离卦之《象》"柔丽乎中正,故亨"时说:"柔谓五阴,中正谓五伏阳。"③ 离卦六五中而不正,六五伏阳,伏爻中正。关于中,虞翻还有不在二五之位的例子,很值得思考。

复卦六四爻辞:"中行独复。"其《象》曰:"中行独复,以从道也。"虞翻注曰:"中谓初。震为行。初一阳爻,故称独。四得正应初,故曰中行独复,以从道也。俗说以四位在五阴之中,而独应复,非也。四在外体,又非内象,不在二五,何得称中行耳?"④ 初爻为什么能称为"中"?这与复卦卦象有关。所谓"中谓初。震为行。初一阳爻,故称独"就表明了复初其"中"的先验德性,震卦之行带动此性,尽管重重阴爻,但仍能独守其道,慎独其身,虽"独"而"中"。初爻在独特之复卦中,即将此先验德性化为经验德行,如此方得中庸之道。那么,"中"的道德设定,到底是因为位置(五爻和二爻)之"中",即道德境遇赋予道德思想和行为的不偏不倚、所思所行适中,还是"中"本身并不完全依爻位而定呢?笔者认为,某一爻之所以"中",是先验之德性赋予的,只要能贯彻到思想和行为之中去,便是时时处处"中"。如果把"中"理解为"掌握分寸、恰到好处"的"适中",则"中"的问题便是实用理性之"度"的问题。但是"中"和"度"一样,"并不存在于任何对象中,也不存在于意识中,而首先是出现在人类的生产—生活活动中,即实践—实用中"⑤。尽管虞翻不可能有这样的认识,但他所说的意指太极运动和先验德性在特征上确实可以把"中"的被赋予性和不确定性看作一种源流关系。复卦的特殊性也赋予了初爻以"中"的特性。复卦卦

---

① 李鼎祚. 周易集解 [M]. 北京:中华书局,2016:13.
② 李鼎祚. 周易集解 [M]. 北京:中华书局,2016:130.
③ 李鼎祚. 周易集解 [M]. 北京:中华书局,2016:194.
④ 李鼎祚. 周易集解 [M]. 北京:中华书局,2016:164.
⑤ 李泽厚. 哲学纲要 [M]. 北京:中华书局,2015:170.

辞说："出入无疾，朋来无咎。"其注曰："谓出震成乾，入巽成坤。坎为疾，十二消息，不见坎象，故出入无疾。兑为朋，在内称来；五阴从初，初阳正息而成兑，故朋来无咎矣。"① 初爻乾阳的出现不仅是时间上的，生成上的，更是"被赋予"的意义上的。震成乾相对巽成坤，都意味着乾初的光辉即将上行，而坤阴即将隐遁，这当然具有先验德性的色彩。另外，前面无险阻、无疾患，是二爻以上均无坎卦，作为卦变总纲的十二消息卦之一的复卦上行到第二爻即为兑卦（按先天八卦或月体纳甲），再往上就能预测到乾卦之浑然辉光，兑卦就在此过程之中，故"朋来无咎"。而所谓"五阴从初，初阳正息"都说明了初爻价值的正确性，而此正确性来自缘构体会和太极氤氲，此即"中"的来源，这也是"复初""乾元"又称为"乾初"的原因。②

二、爻间关系

（一）相承

关于"承"的易例，除了常用之义，刘玉建还总结了六条：一是两阳爻相承；二是两阴爻相承；三是隔位相承；四是一卦之内，多阴少阳或者多阳少阴，则以少承多；五是阳下阴上，阳承阴；六是上下之卦亦可称承。③ 但相承的常用义为，两爻相邻，阳上阴下，下阴承上阳。相承易例来自《易传》，巽卦《象传》说："柔皆顺乎刚"，此意为初四二爻为阴，分别承二五阳爻，只不过这里说"顺"，但实质是相承。节卦之《象传》说："安节之亨，承上道也。"此为六四承九五。大部分易学家都在用相承的易例，如郑玄注恒卦曰："犹长女承长男，夫妇同心而成家，久长之道也。"④ 此处虽非爻间关系，但突出了下阴承上阳。荀爽注小畜卦六四爻之《象传》说："四阴，臣象，有信顺五。"⑤ 这里用"臣"这个词，明显突出了六四爻下阴对于九五爻上阳之

---

① 李鼎祚. 周易集解 [M]. 北京：中华书局，2016：161.
② 关于复卦之虞翻论"中"，可参见笔者拙著《虞翻易学伦理思想研究》，光明日报出版社 2022 年版，第 131-136 页.
③ 刘玉建. 两汉象数易学研究：上 [M]. 南宁：广西教育出版社，1996：326.
④ 李鼎祚. 周易集解 [M]. 北京：中华书局，2016：203.
⑤ 李鼎祚. 周易集解 [M]. 北京：中华书局，2016：86.

"信顺"，此实质为相承。又注蛊卦六五曰："体和应中，承阳有实"①，这里指蛊卦六五阴爻承上九阳爻。宋忠注鼎卦上九之《象传》曰："以金承玉，君臣之节。上体乾为玉，故曰'玉铉'。虽非其位，阴阳相承，刚柔之节也。"② 鼎卦六五上承上九，犹金玉相联，君臣相承，虽五上之位不正，但阴阳相承亦能尽刚柔之节。虞翻用传统相承注蒙卦六五："艮为童蒙，处贵承上，有应于二，动而成巽，故吉也。"③ 六五处五爻尊贵之位，上承上九，又能下应二爻，故吉利。

（二）相乘

乘与承相反，阴在上乘凌阳在下。此为阴阳颠倒，断辞多凶。阴阳凌乱亦为道德所不容。乘例也有六种情况：一为阳阳相乘；二为阴阴相乘；三为隔位相乘；四为多阴乘一阳，一阴乘多阳；五为上下卦乘；六为下阴承上阳，读为阳乘阴，实质为承。④ 乘的通例为阴乘阳。《象传》和《彖传》明确提及相乘之例：夬卦《彖传》说："柔乘五刚也"，其意为上六乘凌初爻以至五爻之阳刚。屯卦之《象传》说："六二之难，乘刚也"，其意为屯卦六二乘凌初位阳爻，故有屯难之谓。郑玄注夬卦曰："夬，决也。阳气浸长，至于五，五，尊位也。而阴先之，是犹圣人积德悦天下，以渐消去小人，至于受命为天子，故谓之'决'。扬，越也。五互体乾。乾为君又居尊位，王庭之象也。阴爻越其上，小人乘君子，罪恶上闻于圣人之朝，故曰'夬，扬于王庭'也。"⑤ 夬卦之恶在于上六，重重乾阳，王庭之象，然被上爻一阴所制，故罪恶闻之于朝廷。荀爽注蒙卦之《象传》曰："再三，谓三与四也，皆乘阳不敬，故曰'渎'。渎不能尊阳，蒙气不除，故曰'渎蒙也'。"⑥ 三爻四爻皆为阴爻，乘凌二爻之阳。九二之阳，有德君子也，阳不能尊，则阴阳淆乱，蒙气不去，悔吝显著。宋忠注师卦六五之《象传》说："弟子谓六三也，失位

---

① 李鼎祚. 周易集解 [M]. 北京：中华书局，2016：134.
② 李鼎祚. 周易集解 [M]. 北京：中华书局，2016：313.
③ 李鼎祚. 周易集解 [M]. 北京：中华书局，2016：58.
④ 刘玉建. 两汉象数易学研究：上 [M]. 南宁：广西教育出版社，1996：328.
⑤ 李鼎祚. 周易集解 [M]. 北京：中华书局，2016：264.
⑥ 李鼎祚. 周易集解 [M]. 北京：中华书局，2016：55.

乘阳。"① 六三乘凌九二，又不能正，祸莫大焉。虞翻言乘例较多，情况大致同于承例，既有通例，亦有变例。其注临卦六三爻辞说："失位乘阳，故'无攸利'。"② 六三不正且乘凌九二阳爻，故没有吉利。

无妄卦卦辞："其匪正有眚，不利有攸往。"虞翻注曰："非正谓上也。四已之正，上动成坎，故有眚。变而逆乘，天命不右，故不利有攸往矣。"③ 上爻不正，眚翳迷惑，体乾元而已，不可以誉而行。若四上正位，则上体坎卦，坎陷有眚。虽变向成既济定，然只是一部分变化而已，需协同下体通变。因此说变而逆乘，乘凌五阳。五者尊贵之天象，乘之必不利天命，故言有所行动必不利。无妄之上九："无妄行，有眚，无攸利。"虞翻曰："动而成坎，故行有眚。乘刚逆命，故无攸利。天命不右，行矣哉。"④ 上九当谨慎而行，本来有眚，视域不清晰，妄动则不利，贞静也不能言吉，因为乘凌九五的结果是很严重的。总之，无妄之利在于贞静而无利，这是十分具辩证的思想，即以"无利"为有利。

（三）相比

相比的易例也比较普遍使用，相比指的是一卦之内相邻两爻的关系。一般是同性相比，初与二、二与三、三与四、四与五、五与上相比辅。异性比为承乘，如前述。亦有隔位相比，用例不多。相比的方法在《周易》中就有表述，比卦之《象传》说："比，辅也，下顺从也。"这是说如果两爻相邻，则下面的爻应该听从上面的爻，这是一般的规则，当然有特例。比的效果是"乐"，杂卦说："比乐，师忧。"《系辞·下》有"凡易之情，近而不相得则凶"，这里的"近"，即是相比之例。"比"有比邻的意思，其伦理意义在于道德关系蕴含在某些具有相同属性的事物之中，因相同而显"物以类聚，人以群分"的价值。朱熹于《周易本义》中注萃卦九四说："九四，大吉，无咎。上比九五，下比众阴，得其萃矣。然以阳居阴不正，故戒占者必大吉，

---

① 李鼎祚．周易集解［M］．北京：中华书局，2016：76．
② 李鼎祚．周易集解［M］．北京：中华书局，2016：137．
③ 李鼎祚．周易集解［M］．北京：中华书局，2016：167．
④ 李鼎祚．周易集解［M］．北京：中华书局，2016：171．

然后得无咎也。"① 萃卦九四上比九五，下率其众，位虽不正，然顺于乾阳决阴之趋势，故能大吉大利。毕竟不正，所以九四需谨慎剔惧。

（四）相应

相应的易例十分重要，也被广泛应用。相应首先来自《系辞》的感应说："远近相取而悔吝生，情伪相感而利害生。"②"《易》无思也，无为也，寂然不动，感而遂通天下之故。"③ 其次来自卦爻结构："六爻相杂，唯其时物也。"④ "兼三才而两之，故六。"⑤ 一卦六爻，分上下两卦，又称之为内外卦。上下卦初二三分别对应，则在一个六画卦中呈现为：初四应，二五应，三上应。应是指阴阳相应合，如咸卦之《彖传》"二气相感以相与"，是指咸卦六爻均能阴阳相应。不应或者叫敌应是阴阴、阳阳不能应。如艮卦之《彖传》"上下敌应，不相与也"，此意为艮卦六爻中初四、二五、三上均为同性，故敌应。

郑玄注暌卦说："二五相应，君阴臣阳，君而应臣。"⑥ 二五阴阳相应，五爻君位，二爻臣位，君上臣下，臣顺君。但是，二爻俱不正，意味着二五关系有待调整，有变化的可能性。应，则是提供了交易的通道和可能。为何是君先应臣，因二爻为阳处中，五阴宜动之与其相合，如此意见方能统一。注萃卦说："萃，聚也。坤为顺。兑为悦。臣下以顺道承事其君，悦德居上待之。上下相应，有事而和通，故曰'萃，亨'也。假，至也。互有艮巽，巽为木，艮为阙。木在阙上，宫室之象也。四本震爻，震为长子。五本坎爻，坎为隐伏。居尊而隐伏，鬼神之象。长子入阙升堂，祭祖祢之礼也。故曰'王假有庙'。二本离爻也。离为目，居正应五，故'利见大人'矣。大牲，牛也。言大人有嘉会时可干事，必杀牛而盟，既盟则可以往，故曰'利往'。"⑦ 九五中正，居德而待众。下卦坤为众，上卦兑为悦，萃聚之乐。阴

---

① 朱熹. 周易本义附易学启蒙 [M]. 北京：九州出版社，2004：124.
② 廖名春. 周易经传十五讲 [M]. 北京：北京大学出版社，2004：360.
③ 廖名春. 周易经传十五讲 [M]. 北京：北京大学出版社，2004：355.
④ 廖名春. 周易经传十五讲 [M]. 北京：北京大学出版社，2004：359.
⑤ 廖名春. 周易经传十五讲 [M]. 北京：北京大学出版社，2004：360.
⑥ 李鼎祚. 周易集解 [M]. 北京：中华书局，2016：233.
⑦ 李鼎祚. 周易集解 [M]. 北京：中华书局，2016：277.

阳相应，上下相合，故为亨通。互体巽艮，宫室之象。四五尊贵而隐伏，四震爻主祭，与初相应，有始有终。二离爻，应五可见，故利见大人也。此卦重点在二五相应，初四相应，可得亨通喜乐之象。荀爽注小畜卦六四之《象传》说："血以喻阴。四阴，臣象。有信顺五。惕，疾也。四当去初，疾出从五，故曰'上合志也'。"[①] 六四阴爻，上承九五，此为六四的主导意向。然六四亦能与初相应，本来能应，为何"去初"？因为必须先满足君臣之义，即承上。注革卦九三"征凶，贞厉"说："三应于上，欲往应之，为阴所乘故曰'征凶'。若正居三，而据二阴，则五来危之，故曰'贞厉'也。"[②] 三上相应，但受上爻之阴乘凌三四五爻之阳的影响，故应的关系当随乘而变化，乘凌为凶。如果三爻以正据二爻之阴，则五爻之阳与二爻应之，三爻不置可否，进退无据，故危险，贞厉。此条注解把相应放到复杂的易例体系中，很好地符示了实际生活的境遇，具有典型意义。

三、卦爻关系

（一）互体

互体易例应用非常广泛，互体已经涉及成卦之象，所以它不只是爻位和爻间的关系了。互体有最常用的二三四爻互体、三四五爻互体，也有四个爻组成的互体，五个爻组成的互体。互体涉及卦爻运动和静态涵象，内在地包含了形式逻辑和辩证思维，对于伦理生活和道德修养有生动的符示和在智慧上的启发。

一般认为，互体说可追溯到《左传》时期，《左传·庄公二十二年》载有如下筮例："周史有以周易见陈侯者，陈侯使筮之，遇观之否。曰：是谓观国之光，利用宾于王。此其代陈有国乎？不在此，其在异国；非此其身，在其子孙。光远而自他有耀者也。坤，土也。巽，风也。乾，天也。风为天于土上，山也。有山之材而照之以天光，于是乎居土上。故曰观国之光，利用宾于王。庭实旅百，奉之以玉帛，天地之美具焉，故曰利用宾于王。犹有观焉，故曰其在后乎。风行而著于土，故曰其在异国乎。若在异国，必姜姓也。

[①] 李鼎祚．周易集解［M］．北京：中华书局，2016：86．
[②] 李鼎祚．周易集解［M］．北京：中华书局，2016：304．

姜，大岳之后也。山岳则配天，物莫能两大。陈衰，此其昌乎!"① 此筮例为陈厉公生敬仲时让史官所卜，得贞卦观卦变为悔卦否卦。六四爻动，观其爻辞有"观国""利宾"之谓，并断其后人于异国昌盛。所凭借者，除了观卦上巽下坤、否卦上乾下坤之外，还用到了观卦三四五爻互体卦艮象，以及否卦二三四爻互体艮卦，还有观卦二三四互体坤，否卦三四五互体巽。因此可知，互体卦之说应该起源较早，并且《说卦》诸象应该自有传承。所谓"庭实旅百"，本卦和变卦的互卦都有艮卦，艮象门庭，故有重重华门，宾客云集之象。至于异国他乡，后代蕃昌之类，皆出巽卦，巽风山行，巽风变乾，坤为国等象，又艮为隆起，在名山近傍，周代封姜姓在泰山之后，故而断其当发迹在齐鲁之境。

尚秉和评价此例说："按此筮为互卦之祖……又为五字互之祖。否初至五仍为观。故曰犹有观。后儒谓一卦互八卦。观此其例亦创于左氏也。"② 所谓五字互是指五爻互体，如本例之卦否之初爻以至五爻亦可看作观卦，所以有"犹有观"的表述。一卦互八卦指按照如上原则可以有八种卦象：以睽卦为例，三爻互体有两个，分别是二三四互离卦，三四五互坎卦。四爻互体有三个，分别是初二三四互大有卦，二三四五爻互既济卦，三四五上互未济卦。四爻互体比较复杂，关键要看重复使用的是哪一爻以及成象原则是什么。五爻互体有两个，初二三四五为需卦，二三四五上为离卦。五爻互体也有多值，要清楚重复使用的爻。这样，加上原卦睽卦，一共八个卦。

《系辞·下》说："《易》之为书也，原始要终，以为质也。六爻相杂，唯其时物也。其初难知，其上易知，本末也。初辞拟之，卒成之终。若夫杂物撰德，辩是与非，则非其中爻不备。"除了上爻和初爻表示事物的始终之外，中间四爻为事物的发展走向，是非不离中爻，似已暗指互体的原则应从中间四爻去寻。京房曾用三爻互体和五爻互体，三爻互体如注大过卦："互体象乾，以金土定吉凶。"③ 这是说二三四或三四五互体乾卦。五爻互体如注涣

---

① 陈戌国. 春秋左传校注 [M]. 长沙：岳麓书社，2006：126.
② 尚秉和. 周易尚氏学 [M]. 北京：中华书局，1980：343.
③ 卢央. 京氏易传解读：下 [M]. 北京：九州出版社，2004：459.

<<< 第六章 象数易学伦理思想方法论（下）

卦说："互见动而上，阴阳二象，资而益也，风行水上，处险非溺也。"① 二三四五上五爻互体，成益卦，益卦下体震，为动。涣卦上风下坎，有危险，但能把握。从五爻互体上看，因有震动行上而有益。郑玄有三爻互体和四爻互体的例子，其注同人卦曰："乾为天，离为火，卦体有巽。"② 这是说同人卦下互为巽卦。荀爽注谦卦初六曰："九三体坎，故用涉大川吉也。"③ 谦卦中，九三与六二、六四构成坎卦，故称体坎。此为三爻互体。此外还有四爻互体、五爻互体。

互体的启示在于视域的层叠展开（三爻互体、四爻互体、五爻互体）以及视野的"异向同构"（四爻互体和五爻互体的多值性）。比较前述易例，前例较为平面，互体较为立体，是对生活世界的全维度和全视域的模拟。

（二）旁通

旁通的来源应该有两处：一是《周易》通行本卦序的排列结构，如乾坤二卦就是旁通；二是《文言传》论乾元："大哉乾乎！刚健中正纯粹精也。六爻发挥，旁通情也。"《周易》卦序的排列遵循一个规律，即孔颖达在《序卦传》之序言里提到的："今验六十四卦，二二相耦，非覆即变，彼者，表里视之，遂成两卦，屯、蒙、需、讼、师、比之类是也。变者、反覆唯成一卦，则变以对之；乾坤、坎离、颐、大过、中孚、小过之类是也。"④ 孔氏讲到两个排列组合的易例，即旁通和反对。"二二相耦，非覆即变"，"覆"为反对，旁通属于"变"之例，比如乾旁通坤，中孚旁通小过等。"旁通"之名，来自《文言传》。三国易学家陆绩对"旁通情也"的解释是："乾六爻发挥变动，旁通于坤。坤来入乾，以成六十四卦，故曰'旁通情也'。"⑤ 这实际上已经给出了旁通的规则，如乾三个阳爻变为阴爻而成为坤卦。所谓旁通情的"情"，原为"事实"的意思，意指事实呈现的可能性，也就是相反相成的性质。旁通的易例，被明代易学家来知德称为"错卦"，被清代易学家惠栋称为

---

① 卢央. 京氏易传解读：下［M］. 北京：九州出版社，2004：506.
② 李鼎祚. 周易集解［M］. 北京：中华书局，2016：105.
③ 李鼎祚. 周易集解［M］. 北京：中华书局，2016：118.
④ 孔颖达. 周易正义［M］. 北京：九州出版社，2004：738.
⑤ 李鼎祚. 周易集解［M］. 北京：中华书局，2016：23.

"反复不衰卦"。焦延寿列有"六十四卦对象覆象表"①，这里的覆象是反对卦，对象指的便是旁通卦。京房虽不言旁通，但其飞伏爻和飞伏卦与旁通的规则相通，都是阴阳相变化，只不过旁通是明面上的两卦相变通，而飞伏是明卦和暗卦的相变通。真正把旁通纳入体系，并非静态而是动态看待旁通的是虞翻。为解决象与辞之间的矛盾关系，他常常把很多易例放在一起成为一个有机整体，使其庞大的体系不自觉地达到某种辩证的思辨作用，从而对生活世界做出涵摄。如其注临卦"至于八月有凶"曰："与遁旁通，临消灭遁，六月卦也，于周为八月。"② 这里结合了临卦的旁通卦遁卦来解释临和遁的相对消息，或者说是从临入遁的消息过程，每一个消息变化的静态取象即为旁通卦。旁通是从两卦的静态对待而言，而消息则是指两卦变化的动态而言。临为十二月，从复至临也就蕴含了其从姤至遁的相对旁通的状态。从临至遁六月刚好完成两卦的转换，夏历六月也就是周历八月，这时正是阴气渐旺的时节，所以说灭遁，这是基于阳的立场而言。从临开始，经过泰卦、无妄卦、夬卦、乾卦、姤卦，最后落到遁卦，经过六个卦，形成了一个变化的图式，它寓示着伦理事实的阶段性和终结性的统一，同时也是对于源发伦理的领会。

（三）反对

所谓反对也就是"非覆即变"的"覆"，即一卦经过倒转而变成另外一卦的易例。如屯卦倒过来是蒙卦。焦延寿"每用覆象"，"明夷之谦云，'于人为言'。谦下艮，艮为覆震，震为人，为言"③。谦卦下体艮，艮为震之覆，故有止言之象。反对能给人提供看问题的另一种视角。又如观卦卦辞"观天之神道，而四时不忒"，虞翻注曰："神道谓五。临震兑为春秋。"④ 此以观反之临释之，临下体兑，为秋。下互震，为春，春秋是也。观卦六二"窥观，利女贞"注曰："临兑为女。窃观称窥，兑女反成巽。巽四五得正，故利女贞。艮为宫室，坤为阖户，小人而应五。故窥观，女贞利，不淫视也。"⑤ 观

---

① 尚秉和．焦氏易诂 [M]．北京：九州出版社，2010：3.
② 李鼎祚．周易集解 [M]．北京：中华书局，2016：135.
③ 尚秉和．焦氏易诂 [M]．北京：九州出版社，2010：23.
④ 李鼎祚．周易集解 [M]．北京：中华书局，2016：140.
⑤ 李鼎祚．周易集解 [M]．北京：中华书局，2016：141.

之反卦为临,临下体兑,为女。临之兑反成观之巽,四五爻正,故"利女贞"。这里是从反象兑卦得"女"之义,然而巽也为女,为何不直接从巽得义?因临二三不正,反象即正,观二五正应,互艮止门,体坤闭户,因而利女贞。这里将两卦结合起来解释,显示了一种辩证的思维,即事物和事物的对立面常常是相互依存、相互转化的。

第二节　卦气说的节令象态

《汉书·儒林传》载,孟喜独得《易家候阴阳灾变书》,据此推断气候阴阳的变化以及政治伦理、人事吉凶。孟喜的《易》章句已经佚失,关于卦气的论说保存在唐代僧人一行的《卦议》之中,今见于《新唐书》卷二十七、二十八。孟喜"以《周易》卦象解说一年节气的变化,即以六十四卦配四时,十二月,二十四节气,七十二候,这就是所谓卦气"[①]。孟喜所提"四正卦""十二月卦""六日七分说""六十卦配七十二候"均对后世有重要影响。

卦气说的提出是一个历史过程。一般认为,完整的卦气说形成于西汉。卦气说等象理系统实际上是古人对于时令感受的模拟活动,"圣人设卦是为了明吉凶之理或者说以吉凶之理示人,而《周易》之所谓吉凶、悔吝、变化、刚柔等,实际就是对人们社会生活中失得、忧虞、进退及自然界的昼夜变化等现象的模拟"[②]。古人为什么要模拟呢?从符号学的意义上,人类通过符号在创造一种与自然以及在此基础之上的人际间的伦理关系,"符号学——不仅被理解为一门科学,而且被理解为朝向符号伦理学的一种视野——是在人类符号活动领域中出现和发展起来的"[③]。符号在寻找意义的途径中天然地与伦理学相互关联。"总体符号学必须充分地建立在认知符号学基础之上,而且必

[①] 朱伯崑. 易学哲学史:上[M]. 北京:北京大学出版社,1986:110.
[②] 梁韦弦. 汉易卦气学研究[M]. 济南:齐鲁书社,2007:275.
[③] 佩特丽莉. 符号疆界:从总体符号学到伦理符号学[M]. 周劲松,译. 成都:四川大学出版社,2014:15.

须朝着数量和理论之上的第三种维度即伦理的维度敞开。"① 说到底，符号的天然功能就是寻找意义，而在众多意义之中，伦理意义又位于十分重要的地位。卦气说的易例创造，对于进一步揭示卦气具有在象数学上的特殊意义。这种创造，看上去一定是易学家的个人所为，但是从符号的意义运动上来看，一切都是自然而然的。象数符号在《周易》体系之内具有揭示体系结构和解释象数所指的作用，从作为所指的时令节气而言，它意味着从实在的运动回复到运动的实在本身。也就是说，符号所指最终必然指向"存在"。"那么'意义的意义'又是什么呢？首先就是，意义必须根据存在来解释。因为存在或实体，是把真理与实在联系结合起来的最普遍的范畴。如果这两者之间没有至少是部分的同一性，一个语词就不可能'意谓'一个物。符号与其对象之间的联系一定是自然的联系而不是约定的联系。"② 所谓"自然的联系"，也就是符号本身内在地与世界具有意义上的天然联系，卦气说便是这种天然联系。

　　从卦气说的结构来看，最为主要的是卦气图。以朱伯崑所列卦气图（引《旧唐书》卷二十八上）③ 为例，卦气主要表现为两个事物：一是节令，二是象态。节令以第一列二十四节气为主，从冬至到大雪，涵盖了一年四季的运动变化，这是最具中国特色的时间和时间观念，我们可以理解为事实上的自然规律。象态则是指在某个时间节点，以典型化的事物来代表季节特征。更重要的是，通过这些象态象征整个生活世界，使人领悟到太极本体和缘构境域。如十一月冬至中气时，坎卦初六主事。初候蚯蚓结，始卦为公卦中孚；次候麋角解，中卦为辟卦复；末候水泉动，终卦为侯卦屯内。所谓屯内是指屯卦的内卦即震卦主事。蚯蚓结，按《尔雅翼》的解释是："是虽微物，其启闭有时。故《月令》孟夏蝼蝈鸣，后五日而蚯蚓出；冬至之日，蚯蚓结，皆以纪候。结，犹屈也。其始穴则首下向，至是阳动，则穴而上首，故其身结屈也。"④ 蚯蚓这个物象，虽然小，但是具有明节令气候的作用。因气候的不

---

① 佩特丽莉. 符号疆界：从总体符号学到伦理符号学 [M]. 周劲松，译. 成都：四川大学出版社，2014：17.
② 卡希尔. 人论 [M]. 甘阳，译. 上海：上海译文出版社，1985：144.
③ 朱伯崑. 易学哲学史：上 [M]. 北京：北京大学出版社，1986：112-113.
④ 罗愿. 尔雅翼 [M]. 石云孙，点校. 合肥：黄山书社．1991：257.

第六章 象数易学伦理思想方法论（下）

同而有蚯蚓之"出"和"结"的不同。冬至一阳生，蚯蚓感阳而动，其先头部向下，阳动则头朝上。其配中孚卦，当是阳出而阴藏的卦爻象符合此节气候特征的原因。公卦则是配上爵位而言，按照辟（君王）、公、候、卿、大夫五种爵位来配，这不啻是把自然节令与人伦秩序相结合的重要尝试。麋角解和水泉动是阳气渐长而显现的阴阳象态。此三候由坎卦初六主事，坎卦初六，初阴承二阳，阳气有渐生渐长之象。

关于卦气，我们不得不再次引用唐代僧人一行所引孟氏章句："自冬至初，中孚用事，一月之策，九六七八，是为三十。而卦以地六，候以天五，五六相乘，消息一变，十有二变而岁复初。坎、震、离、兑，二十四气，次主一爻，其初则二至、二分也。坎以阴包阳，故自北正，微阳动于下，升而未达，极于二月，凝涸之气消，坎运终焉。春分出于震，始据万物之元，为主于内，则群阴化而从之，极于南正，而丰大之变穷，震功究焉。离以阳包阴，故自南正，微阴生于地下，积而未章，至于八月，文明之质衰，离运终焉。仲秋阴形于兑，始循万物之末，为主于内，群阳降而承之，极于北正，而天泽之施穷，兑功究焉。故阳七之静始于坎，阳九之动始于震，阴八之静始于离，阴六之动始于兑。故四象之变，皆兼六爻，而中节之应备矣。"① 目前关于卦气说，最早的文字可能仅存于这一段所谓《卦议》部分了。这一段文字是关于卦配节气的原则，此原则跟《说卦》所示后天八卦有直接联系。文中坎、震、离、兑四卦，即是后天八卦方位。二十四气被分配在此四卦的二十四爻之中。从初爻的冬至、夏至、春分、秋分，逐次而上涵括其他节气。阳气自冬至微动，经三个月六个节气，一十八候。从蚯蚓结到鹰化为鸠，阳气才脱离阴气的缠结，终于在二月惊蛰之时显现其作用。这一个过程最适宜用坎卦象示。坎卦上下二阴包一阳，阳在努力挣脱阴的缠结中，于方位在北方，故自北正。四正卦方位与《说卦》"帝出乎震"一节同。而无论策数九六七八，还是天五地六，其和或积俱为三十。此为易数，待消息一变，则有新的节令和象态。二月中气为春分，震卦初爻代表之。初爻为阳，居万物之元，象态为三候：玄鸟至、雷乃发声、始电。对应公卦之解，辟卦大壮，以

---

① 欧阳修，宋祁.二十四史全译：新唐书[M].上海：汉语大词典出版社，2004：484.

及候卦豫卦之内卦，即坤卦。此时节阳主于内卦，上有二阴，化而从之，方位在南，震卦初爻得位，得位而上行，通而无咎，丰大之变。从玄鸟至到反舌无声，震功穷尽。离卦初二三爻均得位，阳气畅行，亦经三个月六个节气，一十八候。从鹿角解到群鸟养羞，此时阴气欲脱离阳气的缠结，离以阳包阴，故自南正。微阴生于二爻，欲升四爻，然阴阳交战，故至八月白露之时，外卦阴阳乖逆，离运终结。八月中气为秋分，兑卦初爻代表之。初爻为阳，二三爻不当位，故曰循万物之末。统观兑卦，群阳降而承之，阴凌于上，方位在西，至十一月大雪节气极于北正，天泽之施穷，是指兑卦尽于此节。象态为雷乃收声以至荔挺生。荔挺生对应卿卦之颐卦，接坎初六之公卦中孚。颐卦所处大雪时节，极阴极寒，一交冬至微阳，则卦爻内四阴变为内二阴。总括起来说，少阳始于坎，老阳始于震，少阴始于离，老阴始于兑。在策数为七九八六，乾元运行一周故有四象之变，配四正卦共二十四爻，爻兼一节气，则四正卦爻、中气节气、始中终卦、初次末候、爵位象态均能完备体现。

僧人一行说："十二月卦出于孟氏章句，其说易本于气，而后以人事明之。"① 十二月卦是指通过六十四卦中的十二个卦，形象地表达一年之中阴阳消长的状态。从一阳生的复卦始，逐次为二阳生临卦、三阳长泰卦、四阳长大壮卦、五阳息夬卦、上阳息乾卦，再转换为一阴生姤卦、二阴生遁卦、三阴长否卦、四阴长观卦、五阴消剥卦以及上阴消坤卦，分别对应十一月以至来年之十月。这种卦爻消长配一年变化的原理，清代惠栋有详细说明，另有六日七分说，一并可参见《易汉学》。一行所说"易本于气""人事明之"是出于天人合一思维方式的考虑，以应对卦气说的解释。说到底，卦气说主要用意在人伦原则的建立，为道德原则和政治规范做奠基。"可以看出他（指孟喜，引者注）以四正卦配四时，十二卦配十二月，中孚卦配冬至初候，目的不在于说明气象历法本身的变化规律，而是为了比附人事，用来占验阴阳灾异，实质上是一种新的占法，其理论基础就是汉代占统治地位的天人感应论。"② 实际上，单从符号学的角度看，卦爻只是借以表达所指的东西，它既可以是事实，也可以是价值；既可以是经验，也可以是逻辑。天人感应，既

---

① 欧阳修，宋祁．二十四史全译：新唐书［M］．上海：汉语大词典出版社，2004：484．
② 余敦康．汉宋易学解读［M］．北京：华夏出版社，2006：20．

有天，也有人，还有让天人得以统一的东西，也就是形而上学的道以及玄思。天和人、事实和价值是在辨识活动中分开的，二者从道的角度看其实很难分开。可以说，事实是价值的实现，而价值是在事实之中有赖于事实而产生的。天道和人道都可以通过具体某物的成长状态带入某种境界之中，此种境界，既是源发的，也是原本的，不能简单说是天，也不能简单说是人，而是天人合一的"天人"境域。据此，我们可以领会到，周敦颐为什么可以通过太极图的运动而能拈出一个德性化的"诚"来。说到底，太极的运动是不能简单理解为天道的、自然的、物理主义的，它本身即内在地涵摄了价值理念或活动。节令象态只是太极运动的表现形式，它们具有形而上学的最终根据。

天人感应往往落实在人字上，尽管在滔滔不绝地谈天说地，实则为构筑人伦做准备，这是中国文化的思想核心。"以孟京为代表的汉代象数学派倡卦气说，大讲节气、物候、天文、历法，看起来是只讲天道不讲人道，实际上是借天道而讲人道，也就是说讲天道是途径，讲人道才是目的。"① 只不过，卦气说借以讲人道的方式是很特别的。

第三节 卦变图式的德性象征

关于卦变，李镜池有过一段论述。他说："变卦与卦变不同：'变卦'从揲蓍而变，'卦变'是卦自为变。朱熹卦变图说谓：'凡一阴一阳之卦，各六，皆自复姤而来；二阴二阳之卦各十有五，皆自临遁而来；三阴三阳之卦各二十，皆自泰否而来；四阴四阳之卦各有五，皆自大壮观而来；五阴五阳之卦各六，皆自夬剥而来。'王应麟困学纪闻：'一卦变六十四，六十四卦变四千九十有六。……'钱大昕潜研堂集：'卦变之说，汉儒谓之之卦。虞翻说易，专取旁通与之卦。旁通者，乾与坤、坎与离、艮与兑、震与巽交相变也。之卦则以两爻交易而得一卦。'从本卦中以两爻交易而得一卦之卦变，与从揲蓍的从此卦变至彼卦之变卦自然不同。汉儒之'之卦'与左国某卦之某卦也是不同。左国只言

---

① 张其成. 象数易学 [M]. 北京：中国书店，2003：350.

变卦，却没有用'卦变'之法。谈'卦变'当自汉儒始，其根源大概从卦、爻辞与象传所说的'往来''上下''刚柔'以及损之六三'三人行则损一人，一人行则得其友'等推演出来。"① 这一段文字把卦变体例说得比较清楚。卦变是一卦之内由于爻的交易导致的卦的变化，而爻的交易是体系性的，并不是随意为之，这种体系性把全部六十四卦勾绾起来。卦变体例当与卦爻辞和象辞有一定关系。历史上，虞翻的卦变说从乾坤生十二月卦而来，诸卦再根据卦变原则依十二月卦统合起来，宋代朱熹等人有较好的总结。

以具典型意义的虞翻卦变而言，可根据十二消息辟卦为纲，其消息卦变分为五类。其一自复来，共六卦（含本卦）：复、师、谦、豫、比、剥。以上一阳五阴卦。其二自姤来，共六卦（含本卦）：姤、同人、履、小畜、大有、夬。以上一阴五阳卦。其三自临、观来，共十五卦（含本卦）：临、明夷、震、屯、颐、升、解、坎、蒙、小过、蹇、艮、萃、晋、观。以上二阳四阴卦。其四自遁、大壮来，共十五卦（含本卦）：遁、讼、巽、鼎、大过、无妄、家人、离、革、中孚、睽、兑、大畜、需、大壮。以上二阴四阳卦。其五自泰、否来，共二十卦（含本卦）：泰、归妹、节、损、丰、既济、贲、随、噬嗑、益、恒、井、蛊、困、未济、涣、咸、旅、渐、否。以上三阴三阳卦。以上共六十二卦，加上以推消息的乾、坤二卦一共六十四卦。除了小过和中孚，其他卦均遵循一爻变动的原则，小过和中孚是特例。

为进一步说明卦变图式的德性象征功能，特引笔者旧作关于潘雨廷对虞翻卦变的分析。② 乾坤二卦通过两种方法生出其他诸卦。一种是乾坤相推，阴阳消息而成十二消息卦；一种是乾坤相磨，经由荀爽的上下升降说，乾二之坤五、坤二之乾五，乾坤生六子。消息有两种爻变形式，一个是辟卦消息，这种消息强调时间的痕迹；一个是别卦消息，以所在辟卦或基本卦为体，以两爻相易，从下至上依次变化的顺序进行，别卦消息强调空间，重在爻位的微妙变化动机。潘先生其图③如下：

---

① 李镜池. 周易探源 [M]. 北京：中华书局, 1978: 414-415.
② 文平. 虞氏易消息卦变新论：以潘雨廷易图为例 [J]. 周易研究, 2013（3）: 31-40. 文字有调整和改动.
③ 潘雨廷. 读易提要 [M]. 上海：上海古籍出版社 2006: 35.

第六章 象数易学伦理思想方法论（下）

```
十    九    八    七    六    五    四    三    二    一    上
比、  大有、萃、  大畜、咸、  损、  大过、颐、  夬、  剥    五
      豫、  小畜、小过、中孚、履、  恒、  益、  大壮、观    四
                  谦、              升、  无妄、泰、  否    三
                                    师、  同人、临、  遁    二
                                                复、  姤    初
                                                坤、  乾  本卦
```

图 6-1 乾坤图

```
十    九    八    七    六    五    四    三    二    一    上
讼、  明夷、涣、  丰、  巽、  震、  渐、  归妹、家人、解    五
      蒙、  革、  蛊、  随、  艮、  兑、  贲、  困    四
                  鼎、  屯、  旅、  节、  离、  坎    三
                              晋、  需、  噬嗑、井    二
                                          睽、  蹇    初
                                          未济、既济 本卦
```

图 6-2 既济未济图

此二图以乾坤、既济未济为本卦。这四个本卦，隐含了乾坤相磨而生六子，六子中坎离为乾坤之用，相合即为既济和未济卦。从乾坤到既济未济，是一个事物发展变化的总过程，因而以此四卦为本卦。其中，乾坤为体，统摄既济未济图，既济未济为用，蕴含在乾坤图中。两图均以旁通对子卦为组合，串联这三十二对旁通卦的是辟卦消息和别卦消息，辟卦消息如乾—姤—遁—否—观—剥，剥上则回复坤卦本卦，坤—复—临—泰—大壮—夬再回复本卦乾卦。既济未济图中，其辟卦消息一如乾坤图。别卦消息是斜线变化，如图 6-1 的复卦，乾阳分别处在二三四五位，则隔位从右下往左上变成师、谦、豫、比。图中任何一卦都能以横、竖、斜的三条途径、辟卦消息和别卦消息的两种方式回复到本卦。图 6-2 的斜线变化或别卦消息不同于图 6-1，其原理是阴阳相通则动爻不变，阴阳相同则动爻变化为对立爻，这充分体现了乾坤为体，坎离为用，阴阳对立转化，阴阳相倚相生的至理。

图 6-1 和图 6-2 的联系是立体的，看到这一点极其重要。其原理在于乾坤相磨，乾坤相磨成坎离，坎离再合而为既济未济。乾坤的发动是二五中爻，

以二五发动成坎离。按照郑玄的说法，坎的爻体为二五阳爻，离的爻体是二五阴爻，则坎离运动不必是坎卦和离卦运动，以二五阴阳爻的运动就可以代表之。所以在乾坤为体的图一中，坎离卦只出现了四处，分别是同人卦、师卦、大有卦、比卦。而这四卦均在复卦和姤卦的斜变系统中，也即卦变的一阳五阴和一阴五阳卦系中，而在卦变中，此四卦又居于变化的开端和末尾，分明象征着息坤和消乾的开始，因而在图 6-1 中，理中含象，体中含用。其他卦均是二五会通，成为言理的一部分。在图 6-2 中，乾坤也只有四卦出现，分别为需、晋、明夷、讼，此则为象中喻理，用不离体。

图 6-1 中的卦如何经二五会通与图 6-2 取得联系呢？先看本卦，乾二上居坤五，则坤之上体为坎，坤之五下居乾二，乾之下体为离，此即成既济卦。坤二上居乾五，则乾之上体为离，乾五下之坤二，则坤之下体为坎，相合即为未济卦。因此，既济未济本卦实蕴含于乾坤之中，此四卦于是乎相互联系。图 6-1 初爻系列的姤二之复五，则复上体坎，姤下体艮，为蹇卦；居图 6-2 初爻系列的复二之姤五，则姤上体离，复下体兑，为睽卦，与蹇卦旁通。凡此二五上下皆可将两图系联。但是有一种情况，即此卦之二五与彼卦之五二同性，又当如何。若按照图 6-2 阳阳相遇变为阴，阴阴相遇变为阳的原则，则其升降上下亦无不可。如，遁二阴上之临五阴，阴阴相遇变为阳，则临上体为坎，遁下体为巽，是为井卦，同理，临二阳交于遁五阳则是噬嗑卦。图 6-1 和图 6-2 以这两种方式串联起来，只不过这已然不是两图在平面上的联系，而是立体上的统摄和蕴含。如果把两图叠加，则各卦相应而联属，体用判然而又合一，于此，则六十四卦畅然流通。

以上图式均蕴含着事物矛盾解决的同时已经或者将要产生新的矛盾。图 6-1 为体，图 6-2 为用，图 6-2 还特别表现了一种事物发展的曲折性。综观以上图解，我们发现卦变图式具有了一种可联系形上形下的价值以及模拟生活世界的意义。图 6-1 诸卦以其所属分别涵摄图 6-2 相应的卦变运动，图 6-2 所属诸卦则以其具体性和生动性诠释着图 6-1 相应诸卦，两图又可以通过图 6-1 各旁通对子的二五会通融合起来，两者是一而二、二而一的关系，本就是一体。虞氏卦变体系也存在一些问题，如小过卦和中孚卦的变例，在二阳四阴、二阴四阳卦卦系中存在四卦重复，根据一爻变的原则，这些变例和重复之卦有大部分虽然在《周易集解》中解释过原因，但仍然免不了因为注经的需要而产生漏洞。但总体而言，虞氏卦变已经自成体系，当代易学家潘雨廷经过爬梳分析，得出了虞氏卦变的核心变化法则。尽管如此，作为象示符号体系的卦变和京房的八宫卦一样，只是在一定范围内的成体系的比较自足的符号而已，其符示的内容大体不出太极流变。可以说，《周易》的作者是为了运用辩证统一的方法来创造符号模拟世界和人生，在"一阴一阳之谓道"中把握思想和行为，由太极而两仪，两仪而四象，四象而八卦，八卦重而六十四卦。六十四卦模拟人生的具体境遇，由初爻以至上爻有时间性的象征也有逻辑本身的象示，但都还在一卦之中。而卦变体系不一样，它是对于每个卦的生活境遇的"抽象"，也就是某种先验的形式，通过符号显现出某种结构，处在太极本体和实际生活"之间"。在抽象的极薄之处，它是太极；在结构的被蕴含事理中，它是实际生活。就其看似被抽绎处的形式，它不同于与生活息息相关的太极本体；就其源发性的事理逻辑化，它又不同于有血有肉的实际生活。总而言之，卦变图式用自己的语言道说（sage）了那神秘而又不离此生活世界的大道（ereignis）。

第七章

象数易学伦理思想范畴论

哲学中的所谓范畴，来自希腊语 kategoria，汉译名取《尚书》之"洪范"篇，中有"九畴"之说。范畴反映事物本质和事物的普遍联系，是一个把握哲学思想的基本概念，也是理论学科尤其是哲学的思维形式。范畴有切入的独特视角，或是对事物发展的阶段、局部、层次或整体维度有独到的把握，范畴往往是认识之网的某个点、某个线，或者某个面积，甚至方体，但它不可能成为网本身，它构成了认识之网。各个范畴之间互相联系，因视角和视域的不同可以互通有无，意为可以相区别、联系和转化。

易学范畴很广泛，与《易经》相关的概念几乎都可以成为范畴，如"太极""阴阳""卦爻"等，它可以是符号所符示的内容，也可以是符号的结构本身。象数易学的范畴与易学当然有重叠之处，尤其是符号所示，几乎一样。但是象数符号更加注重符号的构成和运动对所指的开显，这一点和广义的易学范畴区别开来。比如"几"，一般的易学可以从多个方面尤其是义理的方面来限定这个范畴，但象数易学更加注重象数本身和"几"的联系。象数易学进一步限制于人伦事理而不是自然天道，那么其范畴就更少。本章从象数易学与本体伦理学相关的范畴之中摘其要而论，由此可见范畴不同于"象—数—理—占"的实践结构和"持中守正"之易例方法在表达思想上的作用。

>>> 第七章　象数易学伦理思想范畴论

第一节　神通几微

神通不是说象数符号有什么宗教意义上的超越之处，而是说通过象数符号显现出"神"而"通"之的作用。"神"的意思是什么？《系辞·上》中"子曰：知变化之道者，其知神之所为乎？"虞翻注曰："在阳称变，乾五之坤；在阴称化，坤二之乾。阴阳不测之谓神，知变化之道者，故知神之所为。"①《易传》说神就是变化之道，把神等同于道。虞翻的解释是以象数符号的运动，去表现这个神奇的作用。他采用荀爽的上下升降说和乾坤二五会通的原理，来强调乾坤是如何相交而有生万物的动力的。虞翻乾坤生六子的原理不同于《系辞》，《系辞》有所谓"一索再索三索"的乾坤生六子图式。虞氏易认为乾坤二爻和五爻分别上下相交，先生坎离卦，再从坎离之中互出震巽艮兑。所以乾五下交坤二，此为"变"；坤二上交乾五，此为"化"，为什么乾坤之爻能上下升降？变化之道，阴阳不测，也就是理性无法判断，但毕竟发生了，而且乾坤生六子是有理序的。这种理性无法判断而又合乎理性的乾坤功能被称之为"神"。清代易学家陈梦雷认为"八卦各有所在，神无在无不在，故曰妙万物。乾坤合而为神，言神则乾坤皆在其中"②。神无所不在，妙万物实为通万物，万物皆乾坤，这是神的本义。

焦循认为世界的本体是德性化的，他用"旁通""比例""时行"的易例来符示德性或价值的先在和使动作用，故他在解释《系辞·上》"天下之能事毕矣，显道神德行"时说："盈者变而使之虚，凶者化而使之吉，故神也。"③天道损有余而补不足，人能避凶趋吉，天亦能化凶使吉。但在焦循看来，人要有德性才能如此，德性是天道运行的前提。圣人有得于此，作易以教人改过，"一经改过，遂化为吉而无咎"④，可见，人能改过可以影响吉凶，此行

---

① 李鼎祚.周易集解［M］.北京：中华书局，2016：425.
② 陈梦雷.周易浅述［M］.北京：九州出版社，2004：445.
③ 焦循.易章句［M］.北京：九州出版社，2003：334.
④ 焦循.易图略［M］.北京：九州出版社，2003：115.

为非在象数之外，它就在易道之内。如此，神之所"通"在于事实和价值的转换，在于圣人和众人、目的和手段、境遇和境域的转换："圣人神道设教，即以所作之易用为卜筮。因其疑而开之，即其欲而导之，缘其忌以震惊之，以趋吉避凶之心，化而为迁善改过之心，此圣人卜筮之用所以为神而化也。"① 神道设教之神已经把阴阳不测之神"通"为圣人之方，以卜筮因势利导劝人迁善改过。这是最大的德行，圣人明其德故能神，民众借之以为通。通者，用卜筮之吉凶，通天下以为志。"神道设教，其道神，其物亦神，故称筮策为神物，神明其德，所谓济民行也。"②

焦循用象数运动来表达神、神道设教和相关的观念。焦循划定了四种生活象态，分别是"生知之境""学知之境""困知之境"和"下愚之境"，但这几种层次不是固定的，是可以流动变化的，它统一在悔乎而改过的践行之中。圣人能教，人能向善，这才是易之大义，也是神而明之的地方："人之性可因教而明，故善。禽兽之性虽教之不明，故不善。故圣人之教，因人性之善而立。性虽善，非教不明，圣人设教以寡天下之过，所谓通神明之德，类万物之情也。"③ 焦循所设"生知之境"，便具有这种神而明之的特征。这种"境遇—境域"结构是指按照旁通、当位、时行、上下应之的原则从乾元、坤元的二五会通变出来的卦，这些卦一气呵成，没有任何失道的迹象。焦循以"生而知之"相喻，形容一种最高的道德理想之境界。他在《易图略》卷三之"时行图"中列举了二十四卦，乾、坤、坎、离当位旁通，乾坤旁通，坎离旁通，乾离相合生同人、坤坎相合生师、坎坤相合生比、离乾相合生大有四卦；震、巽、艮、兑当位旁通，震巽旁通，艮兑旁通，巽艮相合生渐、震兑相合生归妹、兑震相合生随、艮巽相合生蛊四卦；三上相应成蹇、革二卦，初四相应成家人、屯二卦；蹇、革依例变通为睽、蒙二卦，家人、屯依例变通为鼎、解二卦。此二十四卦最后终变为既济、咸和既济、益，既济为有终，咸益为有始。有终则为运动之阶段性，可切之以价值理性评判，象征具体生活境遇；有始则为运动之流通性，可和之以全体事实感通，比拟阴阳太和境

---

① 焦循．易图略［M］．北京：九州出版社，2003：116．
② 焦循．易图略［M］．北京：九州出版社，2003：117．
③ 焦循．易通释［M］．北京：九州出版社，2003：122．

域。无论从伦理之善还是从本体之善来说，此一境界全体大用，流通无碍，从心所欲不逾矩。因此他说："此二十四卦，元亨利贞，所谓生而知之，安而行之者也。"①"生而知之"包括的其他三种生活象态均来自《论语·季氏》，其曰："生而知之者上也，学而知之者次也，困而学之又其次也。困而不学，民斯为下矣。"朱熹说："困，谓有所不通。言人之气质不同，大约有此四等。"② 这里所说的气质同于焦循对"才"的解说。生知之境乃大中之通，一无所困，应属圣人之境，故焦氏列之于第一等。实际上，无论是哪一等，都不过是阴阳变化，有不测之测，如"生知之境""学知之境"；有测之不测，如"困知之境"和"下愚之境"。总之，都在阴阳之"神"的运动之中，至于"境遇—境域"和"境域—境遇"的转换，则主要和人的心境相关。

彭战果从《易传》中设定了两组有关"神"的语境：（1）知变化之道者，其知神之所为乎？（2）易无思也，无为也，寂然不动，感而遂通天下之故，非天下之至神，其孰能与于此？（3）唯神也，故不疾而速，不行而至。（4）知几其神乎！（5）神也者，妙万物而为言者也。其中，（1）（2）（4）为一组，这是从人的感受性上说"神"的作用；（3）（5）为一组，这是从易理或义理上言"神"的功用。他认为，（3）（5）从理上谈"神"（可与前述虞翻、焦循从象数上言神进行对比）类似于一种神秘的规律，它是有可能为人所把握的。而（1）（2）（4）这一组则是关乎人的认识和感悟能力，必须在德性的实践即道德生活中才能被证悟："由'德盛'方能'穷神'，德为体证神的条件。也就是说，阴阳之外的'神'在道德践履的条件下才能够被主体所证知，'神'在这个意义下才有主体性。按照前面的界定，'神'指阴阳之外的一种自在、自为的存在，由此主体意义下的'神'就是对这种自在、自为意义的体证，换句话说，就是主体本身处于自在自为的境界，这种境界也可以说是一种完全的自由。"③

一旦主体和客体神妙圆融，圣人和众人上下同心，那么神之精神的客观

---

① 焦循.易图略［M］.北京：九州出版社，2003：60.
② 朱熹.论语集注［M］.北京：商务印书馆，2015：256.
③ 彭战果.从《易传》"神"对"阴阳"的超越看其德性领域开启的必然性［J］.周易研究，2008（1）：11.

性便开始转化为主观的相通而行，神就化为某种神秘的主观意识了。《系辞·上》："其受命也如响。"虞翻注曰："言神不疾而速、不行而至、不言善应。乾二五之坤成震巽，巽为命，故受命。同声相应，故如响也。"[1] 虞翻认为，"神"的作用是不疾而速、不行而至、不言语而善于应对的。在物理世界中，"不疾而速、不行而至"这种运动是不存在的，所谓不言而能做到善应，那就只能把"神"看作是具有超越性的意识。这种超越是内在的，内在超越规定了"神"的意识只能成为一种天人合一的道德意识。乾二五通于坤二五之后有坎离，其中离卦下互巽卦，巽为风行申命，如响之速应。不妨把这种精神性的范畴名之为"神几"，因为"几"有时机之意，同时有对时机的把握，有偏重主观意识的一面，"神"像某种客观精神，但仍有主观意识性。"几"主要指时机的把握，同时蕴含着时机的客观因素，"民之求筮者，不必通乎易，而非通乎易则不可以应人之筮。盖圣人之教人也，不愤不启，不悱不发。求筮者，心怦怦于吉凶成败之际，则愤悱所不可已，迎其机而导之人"[2]。"迎其机"也就是把握机会，用吉凶成败导引人，融通各种生活境遇向澄明之境域而行。

把"神"和"几"放在一起，可以使这两个不同而又相似的义素产生一加一大于二的作用。虞翻经常谈到的乾坤二五升降以及飞伏震巽，其目的还是在于说明这种不可思议的"神几"的功能。如果把神放在"神几"相联的地位上进行考察，那么神相当于客观的主观，几则相当于主观的客观。也就是说，"几"从基本面上相对"神"是主观的，但一旦与"神"相通，则"几"便具有某种客观的能力，类似于九宫图中"虚五不用"，周敦颐太极图中"无极而太极"的"而"，这既是一种"生生"的客观连接，又是某种精神性的灵机一动。所以，"几"亦具有相当的神秘色彩。"几"首先是在象数符号运动之中才能被意识到，静态的描摹只有有限的认识。例如：虞翻注《系辞·上》"几事不密则害成"曰："几，初也。谓二已变成坤，坤为事，故几事不密。初利居贞，不密。初动则体剥，子弑其父，臣弑其君，故害

---

[1] 李鼎祚. 周易集解 [M]. 北京：中华书局, 2016：426.
[2] 焦循. 易图略 [M]. 北京：九州出版社, 2003：118.

成。"① 这是以节卦作比，节卦初九爻辞的注文中，虞翻明确认为"几"为"初"，即初始之意。节卦二爻为阳，之正，则二三四爻互体坤卦，坤为事，亦为迷。初爻当位，利于贞正，如果随意行动，则有爻性变阴的可能。这一点是虞氏易有别于其他易学家的地方，即正爻因条件的改变或自身心性的改变（喻示主体），有可能变成不正。如初爻不正，那么初爻以至五爻互体剥卦，剥为害，"乱臣贼子作"为害之大。又接着注"是以君子慎密而不出也"曰："君子谓初。二动，坤为密。故君子慎密。体屯盘桓，利居贞，故不出也。"② 节卦初爻阳，当位为君子。二爻之正，变化互体坤，坤为密。面对坤之密，君子要慎重。二爻不变则二爻至上爻互体屯卦，相对初爻来说，"盘桓""居正""慎而不出"是最好的选择。因为屯卦有初始、艰难诸义，虽有盘桓，终究不出，危险可息。这个例子的"几"有初始的意思，如果只是看节卦初爻，当位无害，并且与四爻相应，内外皆有助，似可高枕无忧。但若观全局，则前途危机四伏。至少二爻之变就会影响全局，甚至自己变阴爻，成为小人亦未可知。但如果全面地看，往细微处看，事物之几就有露出真相的可能。因此，知道事情初始就隐藏着凶患，那么君子就应该谨慎言行了，虽有所小动，至少也是无咎。

除了"几事不密"这一条，屯卦六三"君子几"当是具体境遇义。《易传》还有几处提到"几"：第一条是"夫《易》，圣人之所以极深而研几也。唯深也，故能通天下之志。唯几也，故能成天下之务"；第二条是"子曰，知几其神乎？君子上交不谄，下交不渎，其知几乎？几者，动之微，吉之先见者也。君子见几而作，不俟终日"；第三条是"君子进德修业。忠信，所以进德也；修辞立其诚，所以居业也。知至至之，可与言几也。知终终之，可与存义也"。以上三条，基本上可以把"几"理解为"细微"，还有未现征兆的意思。细微尚能观察和琢磨，未现征兆则很难判断，这已经在"细微"的现象之外，但事物虽未成形，却已经开始成形，则必有其"微"处，这个微，不是现象，甚至也不是征兆，乃是主体与世界相联的变化枢机。仍以焦循象数易例来说明。

---

① 李鼎祚. 周易集解 [M]. 北京：中华书局，2016：415.
② 李鼎祚. 周易集解 [M]. 北京：中华书局，2016：415.

焦循在《易通释》之"论几"的部分,提到屯卦六三爻辞、"知几其神乎!"、"可与言几也",他认为,通晓这几处"几"的意思,那么《周易》的道理就全通了。他说:"乾成家人,坤成屯。屯三更之家人上,则成两既济,终矣。屯三则知'几',于是舍家人而旁通于鼎。屯三即坤三。屯三舍家人,即坤三舍乾。故《乾·九三》称'终日乾乾',而《传》即用屯三'君子几不如舍'之辞赞之,以为'可与几'。'可与几',即'知几'。'君子几不如舍',故'可与几'也。坤成屯,乾成家人,宜'知几'。坤成蹇,乾成革,亦宜'知几'。"①

理解这一段的意思,要先了解焦循易学的体例。旁通例以乾、坤、震、巽、坎、离、艮、兑,"乾坤生六子"为序。以一卦之二五、初四、三上为序,首先本卦之正互通,不通则与旁通卦以二五、初四、三上互通。焦循以三十例证证明荀爽和虞翻的"上下升降"和"旁通"的重大意义,旁通卦和卦之间确实存在爻辞和易理的相通之处,参见《易图略·旁通图第一》②。然后是"当位失道"之变,当位是先二五变,再初四、三上;失道是先初四、三上先变,不俟二五。当位吉,失道凶。乾坤二之五后,成同人、比。同人、比经"四之初"和"上之三"后,成革、蹇。此为当位变。乾坤先变四之初则为小畜、复,再变上之三则为夬、谦。小畜与复上之三则为需、明夷。此为失道变。如此当位失道而成六十四卦。八卦二五先行成同人、比、随、渐四卦,此四卦由八卦二五会通而得,故为"元"。四卦旁通为师、大有、蛊、归妹。同人与比四之初为家人、屯;上之三为革、蹇。家人、屯、革、蹇旁通解、鼎、蒙、睽。至此为乾坤当位变出的卦。然后是乾坤失道变,乾坤先不俟二五,四之初为小畜、复,再上之三为需、明夷。上之三为夬、谦,再四之初为需、明夷。此变得小畜、复、夬、谦,旁通豫、姤、剥、履。再以坎离当位失道变,则得节、贲、井、丰,旁通旅、困、噬嗑、涣。震巽、艮兑当位失道变得卦重复。再以四元卦变得临、大壮、大畜、升,旁通遁、观、萃、无妄。再以家人、屯、革、蹇变得咸,加上已变需、明夷、泰,旁通晋、讼、否、损。最后变恒、中孚、大过、既济,旁通益、小过、颐、未济。至

---

① 焦循. 易通释 [M]. 北京: 九州出版社, 2003: 81.
② 焦循. 易图略 [M]. 北京: 九州出版社, 2003: 1-10.

第七章　象数易学伦理思想范畴论

此六十四卦变完。变卦当避免变成既济，因为既济六爻俱正，道之穷，凶。

乾坤二五变元之后，再四之初成家人、屯，此时不宜互通再变，因为屯三之家人上爻则变成两个既济卦，如前述，此为变化之道尽，穷途也。此时屯三应该懂得变与不变的道理，不能被既济卦的"六爻俱正"的理想画面迷惑。此时宜旁通鼎卦，这就是"几"。乾坤二之五后，四之初，再上之三则有革、蹇之卦，此亦是知几之道。鼎与屯旁通，二之五，鼎为遁，再四之初为家人，家人为"亨"卦，此即返本归元。当然，也可以屯三之家人上，为既济，又回到了穷途。焦循的体系体大思精，六十四卦可以经过一定途径互通有无，只是有一条，不能变成两既济卦，不然变无所变，通无所通，就很危险了。实际上，焦循是想通过象数符号给人以智慧的启迪，在知几和不知几之间有一个十分重要的东西在指出出路或方向，那就是迁善改过、从善如流的德性修养。焦氏所言"德"，就在象数体系中被领悟，绝不是可以分割的东西。所以他非常强调改过自勉，这就是知几，就是易道。他说："民不能自喻于善，因其疑而转移于吉凶之际，乃勉强以自改过，则所以鼓之舞之者，在此卜筮也，即在此易也。"① 牟宗三对焦循的评价非常高，他说："焦里堂的'旁通情也，而元亨利贞'，皆是人间的真正发现，皆是抉破了人间的秘密而趋向于赤裸的真人生，这是人间的复活，人间的自我实现，毫不必借助于万能的神及超越的宗教。这是有功于人类的发现，他这道德哲学的系统之完美，在这个人间是不多得的。"②

其实，无论是可通之神还是可明之几，都需要象数符号的一个重要功能，即主体把自身看作符号，这是西方哲学语言没办法做到的。"把自身看作符号"不是一般的联想或者想象，它是一种超越的思维方式，因为易符号与语言能指的最大不同即在于：它既能包含语言能指的指物功能，比如虞氏易用易例解说卦爻辞，又能引入语言所没有的非对象性思维的机缘，比如焦循的象数体系。这使得物的创设可以依据易符号来进行，正如《系辞·下》开篇"古者伏羲氏之王天下也"一段所寓示的。可以说，易符号兼具"引入"超验的追问和先验的追问两种对于存在的追问形式，易符号随时都可以脱离语

---

① 焦循. 易图略 [M]. 北京：九州出版社，2003：117.
② 牟宗三. 周易的自然哲学与道德涵义 [M]. 台北：联经出版社，2003：295.

言能指的指向所指，使得它的"场"扩大，至终而能形成"域"的效果，即缘构境域，这是先验的追问；易符号还可以经由某种路径上升而为超验存在的象征。此种路径在"牵引""某物"或者"什么"的尽头跳出此在世界的境域而直接转为超验形象的产物，两者的区别在于易符号在"牵引"世界出场时是主动的还是作为工具成为超验存在的预设。

第二节 感应时行

感应时行是在对"感"和"时"进行讨论。有感就有应，时在行中显。如果说，神和几或多或少还有些形而上学的意味，那么"感"和"时"就主要是一种经验层面的感受和领悟。当然，不排除也不必排除它可能涉及的超越内容。

咸卦之《象传》说："咸，感也。二气感应以相与"，这是对上兑下艮相感，同时也是对咸卦六爻相互感应的说明，其归因于阴阳二气的感应。《系辞》说："易无思也，无为也。寂然不动，感而遂通天下之故"，寂然成为主体获得感应的条件和结果。"日往则月来，月往则日来，日月相推而明生焉。寒往则暑来，暑往则寒来，寒暑相推而岁成焉。往者屈也，来者信也。屈信相感而利生焉。"屈伸（信，伸也）是宇宙阴阳运动，往来相推之基本形式，所谓"屈信相感"，是阴和阳的相互感应。所谓"同声相应，同气相求"亦是"感"的形式，总之无论阴阳相感，还是阳阳、阴阴相感，都是感。只不过，感的方式和感受内容是不一样的。感不因距离的远近而发生变化，近身之内，千里之外，皆可感应："君子居其室，出其言善，则千里之外应之。况其迩者乎？居其室，出其言不善，则千里之外违之。况其迩者乎？"

以《周易》为代表的中国感应理论和文化，其实是一种无时不在和无处不在的提醒：不能遗忘存在。此"存在"在西方为哲学对象，在东方是道学视域下的践行之道。存在的源发境域包含着"一"与"多"，"一"与"多"是同时在场的，又同时在进行两种逆反运动：一方面是朝向"多"的感应的世界，另一方面则是回复到"一"的潜行。但"多"的世界非"多"的简单叠加，而是重叠的感应。"感应"着的是一种关系，这种关系内在地包含着分布式的对象思维关系，同时也是汇聚式的圆融结构。感应本身由于要同时朝向"境域"和"境遇"，故而它是一种"居中"的纯发生性。感应有着某种先验境域的召唤，它既可以因某物和另一物"依感而应"，也可以应着缘构的刻画而感。所谓"居中的纯发生性"便是对于缘构的刻画的明察。海德格尔临终时所说"道路，而非著作"即是一种"居中"的态度，这里的"居中"并非不偏不倚，而是此在"恰恰"思入到存在中，作为对于存在召唤的呼应，感应用自身与自身的世界联系起来作为回答，因而感应本身即是居中（非对象性的此时此刻）的纯发生。"此在就是此在的发生，而且仅仅就是这种发生。此在，只有当它作为此'发生'的时候，才作为此-在而留存，作为此-在而在场。所以，唯当我们的思之此在能透明地共鸣于存在本身发生着、聚集着的到场，后者才会真正达乎此在，显现为此在。"① 所以，中国的感应论从根本上讲是一种心灵感应论，或者是基于心灵关系的感应论："感应论所提供的理解模式标志着中国古代诠释理论的基本特征，并因此而形成感应诠释学。感应诠释学所揭示的理解模式，相比较于伽达默尔的知性与经验诠释学所提供的模式，更接近于理解的本质，因为主体与主体之间的理解，不仅最终落实为主体之间的经验，更要落实为主体之间的心灵感应。"②

从焦循的象数学中可以见到"感"的作用，这种作用一方面是在符号之内引起的，它有助于理解符号运动；另一方面则是对于心灵感受以及道德意识的建构起感发作用。它通过象数结构，符示或者涵摄伦理生活。"凡卦之元亨，成家人屯蹇革。凡卦之利贞，成既济咸既济益。成既济咸寂然不动，感于损而通。成既济益寂然不动，感于恒而通。《上经》乾坤之下，首以屯蒙。《下经》首以咸恒，明此义也。凡成两既济则不能感通。"③ 乾坤二五相通则有元卦四：同人、比、随、渐，有亨卦四：屯、家人、革、蹇。经过当位失道的变化方式，旁通六十四卦依新序生成。所谓利贞卦，是元亨卦为避免生成两既济而采取的旁通方法，利就是"变而通之以尽利"的意思。利卦可以

---

① 余平．海德格尔存在之思的伦理境域［J］．哲学研究，2003（10）：66.
② 沈顺福．感应与存在：《周易》感应论分析［J］．周易研究，2007（2）：72.
③ 焦循．易通释［M］．北京：九州出版社，2003：521.

复得元亨，元亨非利则道穷，利而后贞，为成两既济卦，即贞而不利。元亨利贞，当位而吉；不元亨利贞，则失道而凶。利贞之卦，终成既济卦、咸卦和益卦。无论是既济咸，还是既济益，都有道穷的危险。若咸感于损，益感于恒则稍能变通。终于既济未济二卦相通而变为损益、泰否、咸恒，新的变化又即开始。总之，不能成两既济，否则变无可变。这就是易的大义，易的真精神。以上皆从乾坤上下升降、二五会通，诸卦二五相应、初四相应、三上相应的易例而来，是易学感应论的当然内容。焦循易学的价值在于，感应、感通不仅是符号变化的问题，更应该是主体以德行明道的问题，符号只是象征。故焦氏注《系辞·下》"情伪相感，而利害生"曰："情，实也。伪，反乎情者也。感即旁通也。旁通而情则利，旁通而伪则害。爱恶、远近、情伪，百姓所有也。欲其爱而不恶，近而不远，情而不伪，故以卜筮之吉、凶、悔、吝、利、害鼓舞之，危惧之，使民亹亹而假以卜筮。"① 这是说利害是在实情和假象的交相感应之中产生的。吉凶利害需要借助旁通的符号模拟而动，如前述，旁通要避免两既济，变化始终是易道的第一要义。对情伪之感，对境域—境遇之感，与人的情感紧密联系。圣人以情感的效用、事实和价值的矛盾作为切入口，以卜筮的手段作为方便，使民在鼓舞和危惧之中有所领悟，让此在因沉沦而至的遮蔽慢慢散去。圣人之德广大宏阔："圣人既示人以人道之常，又谆谆于变则通，通则久之义，盖不独为一时计，且为万世计。一患解又忧，一患无时不忧，故无时不敬。"②

我们发现，象数符号既有寓示神几的功能，又有象征感应—感发，模拟因时而行、因势利导的作用。究其原因，仍在于象数符号的"能象"优势。易符号最有可能解决主客未分的前反思的问题，而前反思很有可能就是一种感应或感发的状态。张祥龙认为，这是"能象"的独特之处，"这是一种更源发的理性思维方式"③，源发是指指向缘构境域而言，所谓理性思维方式是指合理地构造和推演及其运用的运思方法。但不可否认，易符号在源发性上还具有灵性思维的一面，这是别的符号或能指所不具备的。除了源发性，能象

---

① 焦循. 易章句 [M]. 北京：九州出版社，2003：377.
② 焦循. 易章句 [M]. 北京：九州出版社，2003：370.
③ 张祥龙. 概念化思维与象思维 [J]. 杭州师范大学学报（社会科学版），2008（5）：6.

还具有诸如非对象化、补形、纯势态、潜在全息和时性的特点。① 能象之"能"是指"象既不可还原为"形或无形",也不可还原为"质",而只能出自纯势态"②。此纯粹的势态是一种被赋予的"准备动作",它来自太极的赋能,时刻准备着牵引和招惹出意义来。它似乎具备某种定力,在更原初地引发着意义时总是从隐藏之处现身,在不突显之处涌现出来,这使得"某一个、某一族意义和存在者被生成"③。因而这种无定形之形应该是具备某种非静态的发生结构的,即被赋予地表达着太极之道的某种"先验刻画"。这种刻画一方面可以随缘起而生,又随缘起而落,它就像格式塔心理学所说的在寻找形式并"补形"着。另一方面这"生生"的结构透露着全息的世界,同时也是潜在的能在,它将时间压缩在某一个具体的"象"中,但它是活的时间,随时准备在某个被意识到的时刻释放出来,"时间使人在随其行之中得其自身(意识);而此随身的意识又会参与时间的生成"④。

关于"时",《彖传》有几卦提到"时义大矣哉"的文辞,这几卦分别是:豫卦、随卦、颐卦、大过卦、坎卦、遁卦、睽卦、蹇卦、解卦、姤卦、革卦、旅卦,共十二卦。《大象传》明确提到"时"的有两卦:一个是无妄卦"天下雷行,物与无妄;先王以茂对时,育万物"。另一个是革卦"泽中有火,革;君子以治历明时"。有一个卦在《彖传》和《大象传》中都强调"时",那就是革卦。《彖传》明确提到"时"的有:乾卦"大明终始,六位时成,时乘六龙以御天";大有卦"其德刚健而文明,应乎天而时行,是以元亨";观卦"观天之神道,而四时不忒";恒卦"日月得天而能久照,四时变化而能久成,圣人久于其道而天下化成";损卦"二簋应有时,损刚益柔有时,损益盈虚,与时偕行";益卦"凡益之道,与时偕行";升卦"柔以时升,巽而顺,刚中而应,是以大亨";节卦"天地节而四时成";小过卦"过以利贞,与时行也"。《文言传》有"终日乾乾,与时偕行""亢龙有悔,与

---

① 张祥龙. 概念化思维与象思维 [J]. 杭州师范大学学报(社会科学版), 2008 (5): 6-8.
② 张祥龙. 概念化思维与象思维 [J]. 杭州师范大学学报(社会科学版), 2008 (5): 7.
③ 张祥龙. 概念化思维与象思维 [J]. 杭州师范大学学报(社会科学版), 2008 (5): 7.
④ 张祥龙. 概念化思维与象思维 [J]. 杭州师范大学学报(社会科学版), 2008 (5): 8.

时偕极""乾乾因其时而惕""与四时合其序"。"先天而天弗违,后天而奉天时。"《系辞》有"广大配天地,变通配四时""揲之以四以象四时""变通莫大乎四时""变通者,趋时者也""六爻相杂,唯其时物也"。

分析以上言"时",大体上有三方面意义。第一,乾卦言时,主要是形而上学的,突出的是乾卦结合坤卦才有所谓的时间,而在此之前,应该理解为时机。无论是乾卦之《象传》"大明终始,六位时成,时乘六龙以御天",还是《文言传》的"终日乾乾,与时偕行""亢龙有悔,与时偕极""乾乾因其时而惕",其实都在强调这一点,即乾元的创造精神,创生精神,包括对于时间的创造。坤卦无一处言时,是因为乾卦的注入才是必要条件,坤卦配合乾卦"生而不已"即可。第二,大部分言时,都是指"时间"意义上的概念,也有时机的含义,但主要还是指时间。如"天地节而四时成""唯其时物也""趋时者也""后天而奉天时"等。这一点主要关注万千境遇的运动条件,指出了"境遇—境域"结构的"时"的绾合性。第三,至于"时义",主要是强调本体论的涵摄。"时义"不同于"时之义",不是简单的时间概念,应该提升到"境域—境遇"结构,亦即易道的源发结构。《系辞·上》:"易与天地准,故能弥纶天下之道。"虞翻注曰:"准,同也。弥,大。纶,络。谓易在天下,包络万物,以言乎天地之间,则备矣。故与天地信也。"易道之大,乃在包容涵括万事万物,而所谓"言乎天地之间"是"时义"在象数能象上的表现,此"言"实则以非言的方式以"备"招引缘构境域,所以是能与天地共伸的(信,伸也)。"时义",在能"象"太极这一点上,能象与天地之实象是如影随形,共同进退的。这便是"时义"无非一对阴阳,而阴阳展开为化成万物和回复境域的双向运动,这成为易学家解释模式的来源。如朱熹的双向互动式,"朱熹的卓越之处在于他自觉地运用了双向互动的思维模式,把北宋五子的探索成果会通整合为一个完整的体系,特别拈出一个'仁'字来统一天心与人心,从而在很大程度上克服了他们偏滞于天人的局限"[①]。还有邵子的数理统合式,周子的无极太极式,等等。很多易学家都很重视"时"的范畴,都从中有所领悟,孟喜的卦气图、虞翻的卦变图、俞琰的"先天六

[①] 余敦康.汉宋易学解读[M].北京:华夏出版社,2006:519.

十四卦直图"①，焦循的旁通图，等等，都是范例。焦循另创"时行"的符号运行法则，由此领入思索"时"之真义的境域。

焦循创时行图，其目的在于辅助旁通图以阐述其自然人文相合的易学思想。焦氏说："能变通，即为时行。时行者，元、亨、利、贞也。更为此图以明之，而行健之不已，教思之无穷，孔门贵仁之旨，孟子性善之说，悉可会于此。"② 这是说，道德和自然都可以统一于易道的变通之中，这与朱熹和邵雍区别开来。朱熹尽管会通诸家，但其"最后一跃"专论仁之"理"，已脱离《周易本义》应该有的精神。邵雍则始终要面临数理、事理和易理的统一问题。虞翻的体系虽然广大精微，但年时已久，幸有清人张惠言发掘，特别是现代易学家潘雨廷先生的揭示，虞氏易的真相始能光大。但虞翻持有象辞必须一致的信念，有顿时使人泄气之感。现在看来，焦氏的结合非常完美，就易例谈易理，各种"理"之明尽在其中，难怪牟宗三对其评价极高，除了个别激赏之辞，笔者认为其评价不是过分的。时行仍以乾坤二五之元，包括六子卦的二五会通开始的，通过一系列的变化，时间流行，时几进退，时义隐显，道德的感悟、自然的变化俱在其中。由元卦、亨卦转而至利卦、贞卦，利卦和贞卦亦可复归元卦和亨卦，这是"时行"的总纲。

乾二之坤五，成同人、比，两卦五爻俱刚。同人旁通师，比旁通大有，得丧反复之间，不落"亢""迷"（复而不反为亢，反而不复为迷），以中道而行。乾坤坎离生同人、师、比、大有，震巽艮兑生渐、归妹、随、蛊。比、同人、随、渐都是二五互换以成师、大有、归妹、蛊。比、同人五爻俱为中正，因循变通而变师、大有，这令人想到虞翻之正易例的特变和权变，但其解释颇有牵强。实际上，二五会通之后乾坤不再继续变化而是取同人之旁通师卦和比之旁通大有卦，同理，渐旁通归妹卦，随旁通蛊卦。此处放在时行图之大系统中，一切变化均能得到合理说明。之后，同人、师、比、大有为一卦系，渐、归妹、随、蛊成一卦系，卦系成为变化的新的起点。乾坤坎离、巽震兑艮再经初四、三上、旁通之变可得小畜、豫、困、贲、姤、复、节、旅、夬、剥、涣、丰、井、噬嗑、履、谦。以此为基础，经二五会通，可得

---

① 高怀民.宋元明易学史［M］.桂林：广西师范大学出版社，2007：207.
② 焦循.易图略［M］.北京：九州出版社，2003：59.

家人、解、萃、大畜、遁、临、屯、鼎、革、蒙、观、大壮、蹇、睽、无妄、升。前此小畜诸卦再经初四、三上、旁通，可得中孚、小过、大过、颐、讼、明夷、需、晋。中孚诸卦再二五会通，可得益、恒、咸、损、否、泰、既济、未济。至此，六十四卦全部变出。诸卦之中，乾坤坎离生同人、师、比、大有，震巽艮兑生渐、归妹、随、蛊。三上上应为蹇、革，初四下应为家人、屯。蹇、革旁通睽、蒙，家人、屯旁通鼎、解。此变终于既济、咸，既济、益。咸旁通损，益旁通恒，咸损益恒循环不已。此为所谓"二五先行当位变通不穷"的二十四卦，被焦循划在生知之境，"此二十四卦元亨利贞，所谓'生而知之，安而行之'者也"①。

另外，尚有"初四先行不当位变而通之仍大中而上下应""三上先行不当位变而通之仍大中而上下应""元亨""利贞"诸图，分别有"学而知之，利而行之""困而知之，勉而行之""困而不学"诸境界。焦循"时行"易例是对《周易》之"时"范畴的透彻把握，他把一切放在变通、变化的规律之中进行评价，以二五大中、初四、三上相应为经线，以旁通通变为纬线，织起了一幅庞大精微的宇宙图式。焦循领悟到，必须提升人的境界，必须给人以足够的改过"空间"，要千变万化、想方设法地让人脱离道德困境，这不是一时的道德情感的翻涌，而是对宇宙境域的深切体会之后给出的方法和途径。"易之一书，圣人教人改过之书也。穷可以通，死可以生，乱可以治，绝可以续，故曰为衰世而作。达则本以治世，不得诿于时运之无可为。穷则本以治身，不得谢以气质之不能化。"② 在焦循看来，毕竟困而不学的人是极少的，只要能变通，一切都有可能。可以说，焦氏把自由和必然、可能和现实、原因和结果、必然和偶然、本质和现象、形式和内容的事物运动诸范畴在易道的语境下高度统一起来，还自然以生气，给人以充分的本体论慰藉，使人对悠悠苍天油然而生"维天之命，于穆不已"的慨叹！

牟宗三对焦循的评价是极高的，他说："时行即为通，通即为元亨利贞。元亨利贞生生不息健也。大中之元性善也。元亨而利贞仁也。时行而当位，失道而不通，间不容发而教育兴焉。此'教'即'修道之谓教'之'教'

---

① 焦循.易图略[M].北京：九州出版社，2003：60.
② 焦循.易图略[M].北京：九州出版社，2003：61.

也。所谓'通',所谓'时行',所谓'元亨利贞'即是'率性之谓道'之'道'也。单指'元'而言,则即是'天命之谓性'之'性'。性、道、仁、教皆于通中见之,皆于时行中显之,是何等气魄。而焦氏能从《周易》方面以几个数学式的公理推演出全部的道德思想,则名之谓中国的斯宾诺莎,谁曰不宜?"[1] 笔者认为,此评价切中肯綮,是对焦循易学之核心的会心之辞。

第三节 利和义现

义利问题是儒家伦理学也是中国传统伦理学的基本问题。本节所论,只是在本体伦理学的视域之中,规则伦理学所讨论的诸问题皆化为象数符号的模拟、象征和暗示,这是《周易》哲学、象数学的理论品质和践行原则。

《文言传》曰:"利者,义之和也。利物足以和义",这句话反过来说亦成立,利与利之间相和,德义也就显明了。这在乾坤阴阳上的启示就是:乾元灌注于坤阴,坤之材质方有精神之主导。尽坤元之用,也就是利物。而物之利是有边界的,符合乾元的精神,以境遇的变化成就乾元,利也就变成了"义"。因此,义利问题,在易学中就是乾坤阴阳的问题。在象数学中就变为如何经由符号开显此道理的问题。利物在《周易》的系统中共有六十四种境遇,虽然有的卦不讲"利"字,但实际上无一字不在言"利"。每一卦都有每一卦需要解决的现实问题,我们把这种必须面向的境遇称为"卦利"。每一卦的卦利在此卦之中不一定能完满解决,但能在六十四卦的流通体系中"感应""时行",以变化的形式"解决"之。乾坤阴阳确"能"成就世界,但在品物流形的过程中,阴阳之"能"的这方面是要交还给赋予方的,这就是所谓的六十四卦的回复运动,实则是复卦初爻的复归运行,即对太和境域的回向。乾坤阴阳的这种互通和回返的过程,便显现了太极境域之"义"。

因此,接续上一节,作为人之根本"利",从趋利避凶的角度而言,时间上的境遇之生死其实并不在"义"的观照之中。或者说,生死不成其为一个

---

[1] 牟宗三. 周易的自然哲学与道德涵义 [M]. 台北:联经出版社,2003:302.

问题，它并没有究竟的意义。变通之"德"，流行之"义"，才具有根本的价值观照。而这，生死皆可寓在其中，不妨碍它在大易运动阶段上具有相对意义，但在全域境域，生死已经化为"终始"。焦循释《系辞·上》"故知死生之说"："世人以形存为生，形丧为死，此非易所言生死也。原始反终，则积善有余庆。终则有始，形丧而中未亡，是但为终而不为死，故君子曰终也。唯不能原始反终，积不善有余殃，乃谓之死。"① 焦氏的意思是，生死即是吉凶的问题。而更为重要的是对于"原始反终"的领悟。此在（dasein）虽"向死而生"，但"终有一欠"。所"欠"的是对境域、对太极之理的认识以及相合相化。海德格尔讲的死，其实是想托付形存形亡的死，在被抛向的世界之中开显意义。在境遇层面，积善并不必然有余庆，但余庆有"中"的保证，在焦氏易学，就是乾坤二五会通的"大中"。换句话说，积善必然有余庆，是因为领悟了"原始反终"，这"大中"是不会"死"的，或者说跟"死"毫无关系。所以焦循有"是但为终而不为死，故君子曰终也"之说。此"大中"不是道德，也不是自然，但是自然和道德皆从中出。

这是说卦利就没有意义吗？当然不是。焦循说乾道变化就是利，利在每一卦中都具有充分的意义。但是利需要"尽"，尽利才能知义。《系辞》说"变而通之以尽利""变动以利言""往者屈也，来者信也，屈信相感而利生焉""情伪相感而利害生"，这些言辞在元亨利贞之卦的变化之中，方能显现其天地大"义"。焦氏的"利卦"能说明这一点，利卦是相对元卦、亨卦和贞卦而言。元卦是乾坤二五先行而成的同人、比、随、渐四卦。亨卦是前四卦旁通而行，分别是家人、屯、蹇、革四卦。贞卦是终变之卦，为既济卦、咸卦、益卦。其他的或"以变通而仍得元"，或"不元不亨以利"，或"变而通之以尽利"，或"变而通之不能尽利"，等等，都属于"利卦"。所以，利卦有很多，可以因利以导、因势利导的卦都为利卦，能最终变通的都是利卦。"总之，能变通则无不利。不能变通，无论得失存亡，皆归于不利而已。"②

"利和义现"于是可从两个方面进行理解：一个是利卦之于"元亨利

---

① 焦循. 易章句 [M]. 北京：九州出版社，2003：315.
② 焦循. 易通释 [M]. 北京：九州出版社，2003：20.

贞"中呈现变通之利,"原始反终"的"义"则开始显现;一个则是在六十四卦中"尽"其利,则众卦之"义"显。利卦的流行变化体现的具体境遇就是卦利,就是卦利之义。如需卦卦辞:"利涉大川,往有功也。"虞翻注曰:"谓二失位,变而涉坎,坎为大川。得位应五,故利涉大川。五多功,故往有功也。"①《周易》的卦爻辞有多处提到"利涉大川","大川"可以看作实体的河流,还有渡河之事,也可以理解为度过困难,因为坎卦既可以表示河流,也可以抽象为多种具体的阻碍。为什么往有功利呢?虞翻认为,全卦重点在二爻失位,二变之正则下互坎体,与上体坎组成重重坎难之象。二变虽有坎险,但之正后得中正,行必有度。且上应五位阳爻,《易传》有"五多功"之说,故"利涉大川,往有功"。这里的"利",是具体的可以渡过大川而到达某处的意思,而该处往往呈现建功立业的好兆头。此卦所言利不离具体境遇,但仍是二爻变正之后带来的。如前述,每个卦有其基本利益取向,义利相济才能通向"义",这在虞翻看来便是"成既济定"的理想实现。当然,以焦循的体系看"成既济定",只会得到反面的评价,因为焦氏易学把既济卦认定为"道穷"之卦。不过这只是角度取用的不同而已,并非既济卦就有一个先在的评价标准。因而,对于每一个卦的具体利益的认识便成为卦利的内容。六十四卦的卦利合为一处,便有包括"利卦"在内的元亨利贞,乾元之性进一步表达了变通之道,乾阳动变、乾变坤化的大化流行的生生之易理也开始显现了。再如师卦之六五:"田有禽,利执言,无咎。"虞翻注曰:"田谓二。阳称禽。震为言。五失位,变之正,艮为执。故利执言,无咎。"②按郑玄的说法,师卦卦主在二,这是全卦的主爻。二下伏阴,与初三为坤,坤为田。二爻阳爻,在坤阴上,为二阴之飞爻,凸显之象,故为田中之禽兽。下互震为言。师卦五爻失位,之正则上互艮卦,艮有"手"之象,为"执"。执言为利应该结合二爻来看,二五相应,但并不说二爻之正。关键是二爻处于中位,统帅众阴,必有所为,其利已经自现。二应五,则五爻动,二三四有覆艮之象。联系起来,二五之应方有执手之象,因而利执言是因二爻所起,五爻才能之正。

---

① 李鼎祚.周易集解[M].北京:中华书局,2016:59.
② 李鼎祚.周易集解[M].北京:中华书局,2016:75.

通过此例可见，并非符合某爻正位的"义"才能开启具体一卦之利，有的卦也显示了因具体之利带动相关境遇的当位之正。因此，义利之间的联动并非单向的，而是双向互动的。当然，符合之正的"义"方能具体谈利，这也是之正之义的内涵。

再如噬嗑卦，其卦辞曰："亨，利用狱。"虞翻注曰："否五之坤初，坤初之五，刚柔交，故亨也。坎为狱，艮为手，离为明，四以不正，而系于狱。上当之三，蔽四成丰，折狱致刑，故利用狱。坤为用也。"① 噬嗑卦五爻之刚与初爻之柔交易则亨通。噬嗑上互坎卦，下互艮卦，艮为手，上体离卦，离为明。四爻不正，而处坎爻，不正而处险，"系狱"之象。上爻不正当之三，如此上体震下体离为丰卦，丰亦有牢狱之象。所谓"蔽四"，指的是四若不正，则三上交易，丰卦成，丰者"折狱""致刑"之象，故用狱为利。全卦之要旨在惩四。若四爻变则噬嗑卦变颐卦，体大互之坤象，坤可为用。李鼎祚案："颐中有物曰噬嗑，谓九四也。四互坎体，坎为法律，又为刑狱，四在颐中，啮而后亨。故利用狱也。"② 颐中有物是指四爻，上互坎卦，坎卦为律法之象、刑狱之象。必欲除去四爻，方可利用刑。总观噬嗑卦，其卦利在于解决四爻问题，否则将落于刑狱之事。

再如无妄卦，何妥注其卦辞曰："乾上震下，天威下行，物皆絜齐，不敢虚妄也。"③ 无妄之卦利在于乾天震雷，上下偕行，以乾元之德性威行天下。万物皆体乾而具性成命，故絜齐不虚，不妄作以应之。其卦辞曰："元亨，利贞。"虞翻注曰："遁上之初。此所谓四阳二阴，非大壮则遁来也。刚来交初，体乾，故元亨。三四失位，故利贞也。"④ 无妄卦属于卦变遁系，遁上爻变为初爻，非爻体交易，而是"连动"。连动是指上爻成为初爻，其余爻连续而动，累进爻位初变二，二变三，三变四，四变五，五变上，如此成一新卦。或者初爻升为上爻，累退爻位则上变五，五变四，四变三，三变二，二变初，亦成一新卦。若从大壮卦而来，则按虞氏易"上下象易"，为无妄卦。无妄在

---

① 李鼎祚. 周易集解 [M]. 北京：中华书局，2016：144.
② 李道平. 周易集解纂疏 [M]. 北京：中华书局，1994：237.
③ 李鼎祚. 周易集解 [M]. 北京：中华书局，2016：166.
④ 李鼎祚. 周易集解 [M]. 北京：中华书局，2016：167.

卦变中属四阳二阴之卦，当从遁卦来。天山遁，三刚来交初，遁时，上体乾卦，上互亦为乾卦。爻动而成无妄，上体仍为乾，故有"体乾"之说。三与初交显示了流通之象，故体乾元而亨也。无妄三四爻失位，三顺承于四，不可妄动，故利于贞静。卦辞又说："其匪正有眚，不利有攸往。"虞翻注曰："非正谓上也。四已之正，上动成坎，故有眚。变而逆乘，天命不右，故不利有攸往矣。"① 上爻不正，眚翳迷惑之象，其因在于初爻至四爻体大离之象，离为眼。四之正，上体乾元已失，不可以誉而行。上之正，则上体坎，坎为险为迷惑，下互离，为眚翳。若四上正位，则上体坎卦，坎陷又有眚，迷离之象。虽变向成既济定，然只是部分变化，需协同下体通变。变而逆乘，指上爻之正后乘凌五阳。五者尊贵之象，乘之必不利天命，故言行必不利。无妄之上九："无妄行，有眚，无攸利。"虞翻注曰："动而成坎，故行有眚。乘刚逆命，故无攸利。天命不右，行矣哉。"② 上九不能妄动，视域不明，动辄得咎。乘凌九五，必无所利。

利和则义现，义和则利全。义利之道，实则是乾坤之道。乾坤落实在生活世界之中，则有义利关系的表达。我们先看关于乾卦的卦利。乾卦九五："飞龙在天，利见大人。"虞翻注曰："谓四已变，则五体离。离为飞，五在天，故飞龙在天，利见大人也。谓若包牺观象于天，造作八卦，备物致用，以利天下，故曰飞龙在天。天下之所利见也。"③ 所谓四已变，是指四爻之正。则三四五爻互体离卦，离有飞鸟之象。五位龙德之位，又为天子，故飞龙在天。利见大人，是指在这个时机利于出现有德之人。有德之人现，则天下人可见，天下所利见，是利于乾元自身化成天下。圣人体乾，仰观俯察，注乾元于造作物事。用八卦以象乾性，衍发旁通，观感于天地万物，创造有利于人类的器用。大人之德，配于乾性，有无限创发之作用，故乾卦之利实乃利于天下。九二亦有"利见大人"之谓，但与九五不同。九二乾元经过初九的孕育，二位刚刚开始显露其性，阴阳一相接，二便有升向五位的志向。五位君位，不仅是政治含义上的，还是一种君德。此德的核心要义就是利于天下。

---

① 李鼎祚. 周易集解［M］. 北京：中华书局，2016：167.
② 李鼎祚. 周易集解［M］. 北京：中华书局，2016：171.
③ 李鼎祚. 周易集解［M］. 北京：中华书局，2016：4.

《文言》说"乾始而以美利利天下",虞翻注曰:"美利谓云行雨施,品物流形,故利天下也。"① 所谓"美利",即利之大者。云行雨施,乃变化之实际样态。这是说乾元与坤阴触类,便蕴成万物,利济天下。乾元充分地显现了其创造的伟大德行。"不言所利,大矣哉!"虞翻曰:"天何言哉!四时行焉,百物生焉,故利者大也。"②《庄子》说:"天地有大美而不言。"所谓至德无德,是说伟大的德行是自然而然的。四时百物,自有其运行规则,乾性蕴含其中,在每一件物事上表达了创造价值,故"利"的作用非常大。坤卦卦利强调与乾元相合的意义。坤:"元亨,利牝马之贞。"干宝曰:"阴气之始,妇德之常,故称元。与乾合德,故称亨。行天者莫若龙,行地者莫若马,故乾以龙繇,坤以马象也。坤,阴类,故称利牝马之贞矣。"③ 干宝认为,坤阴与乾元结合时才能亨通。龙马之喻,乃是基于乾坤德性。"利牝马之贞",是对坤阴的特性而言,牝马是阴物,是说利于阴物的集聚。坤之贞德是以乾元之利以利天下为基础的,阴阳交接之时,方为世界亨通而品物流行之始。虽然坤为有形之物,但若无乾元则没有生气。元亨,即大为亨通。乾元赋予了亨通的动能,促成了坤形之利。总之,坤卦卦利,依附于乾元。只有乾坤合德、阴阳和谐才能义利相济。"牝马",实际上是对这个状态的形容。可见,无论乾之利还是坤之利都具有始基的意义。乾坤所言利,基本上都可以用"义"字来替换。因为六十四卦之卦利都是作为某一独特的境遇来展现乾坤"生生"之义的,而所谓乾之利、坤之利通行于诸卦相合之义中,便显现了太和之境域。

六十四卦以具体之利展现了流动的乾变坤化的图景。义利虽各有其特点,但义利相济才真正符合自然相生而人伦相成的伦理理想。也就是说,义利须臾不能相离,言义必在利中显现;取利不离义,无义之利不是真正的利,即使能短暂获利,也必将失去利,动辄得咎,甚至导致灾祸。义和利不仅不相离,长远的义必然在义利充分融合的利之上;反之,长远的利也必然体现了义利相济的义之上。义利相济方为义利之道。这便是易道通过千变万化之阴阳符号展示出来的,也是象数易学的最终价值之所在。

---

① 李鼎祚.周易集解[M].北京:中华书局,2016:23.
② 李鼎祚.周易集解[M].北京:中华书局,2016:23.
③ 李鼎祚.周易集解[M].北京:中华书局,2016:30.

余论

一种可能的生活样态

我们在谈论卦和卦、卦和爻、爻和爻的关系时，可有注意到卦爻和卦爻之间的空白？

这种爻之空，恰是有和无的视角转换。你没有意识到它，并不意味着它不"存在"。但若用语言来解释它，它作为一个意识定点"存在"起来，其原有的意义就会消隐。老子说"知其白，守其黑"，这里的"守"，就不是知的意思。如果理性非要给出一个合乎理性的解释，那么将会陷入康德式的悖论，所给出的，只能是一个"合乎理性"的结论。但如果运用符号，可能就不一样了。不同于语言，符号在联系境遇和境域上，似乎具有先天的优势。象数符号一方面在描述世界和生活，另一方面在刻画世界和生活之所以如此的"逻辑"。同时，也是很重要的一点，象数符号具有牵引主体，使主体与符号相融合的独特作用。主体意识到：生命本身就是符号。"符号活动起源于生命的第一丝颤动，由此引出了符号学至关重要的一条原则：符号活动是生命的标准属性。"[1] 就像卡希尔和舍勒在哲学中所展示的，人类是符号的动物。

当来知德在《周易集注》中大量地用"我"来阐释阴爻和阳爻的运动时，我们意识到：这不啻是一种审视自身的圆融的办法，这个"好"的办法使悟得的意义不断涌现出来。更为重要的是，我们在爻与爻、爻与卦、卦与卦的运动中有这样一种感受：自身即阴阳，自身即乾坤，自身即宇宙万物。张载之"民胞物与"、虞翻之卦变消息、焦循之旁通时行，诚不欺我。

我们可以回溯远古的仰观俯察和设卦观象的活动中，恰是圣人与世界相

---

[1] 佩特丽莉. 符号疆界：从总体符号学到伦理符号学 [M]. 周劲松，译. 成都：四川大学出版社，2014：181.

合的能力开显了此在于此世之意义。通过卜筮，卦爻之象数思维通过两个途径展现原伦理之境域：一个是理论理性，另一个是伦理理性。理论理性长于分析世界之形式，而伦理理性则把天和人联结起来："卜筮的意义毋宁说是一种'可以看见了的看不见的东西'，如果将爻辞中显现的事件、事物看作符号性的表达，那么命运的预判便是'缺席'的'现实'，两者联结是非本质的。但另一方面，如果以伦理的角度寻求两者的关联，恰好通过'象思维'形式达到一种伦理合理性论证的效果，那么这种解释追求便不是逻辑内在性关联，而是伦理意义上的实践合理性。"① 也许，思维自身的规律只能还原到某种浑朴的状态才能获得自身，伦理命令和道德感应可能是更为原始的动因："这些所谓'思维自身的规律'，来自原始人类百万年生产—生活的群体行为，即来自'这样做便不能不这样做'的命令、要求。所以首先是这种伦理指令在公共群体中的语言表达，而后才逐渐内化而形成人们的思维形式和规律，这即是'理性内构'。希腊哲学家把它抽象概括出来，并加以发展，成为推论形式即形式逻辑。"② 这大概是认识形式来自伦理命令的观点表述了。总之，一种原伦理的启示在于：应该回复到"原始反终"的状态中去，而这种"去存在"终将在"遮蔽—去蔽"的双向运动中领悟到"抛"的意义。"抛"是境域现实化的予人的动作，被抛是主体在境遇之中的沉沦和沉沦感。在海德格尔的生存论中，被抛感、闲言、好奇和两可都是此在在世的方式，"这些特性作为生存论规定性并非现成具备在此在身上；这些特性一同构成此在的存在"③。

被抛既然是一种"存在—此在"或"此在—存在"的生存论领悟，它就必然对应着一种结构，或者被一种结构表现出来。如果是"抛—被抛"的追问，那么它要么陷入哲学的"恶的循环"（即理性追问的无终结态），要么在西方抬出一个上帝出来。在哲学的范围之内，应该有一种对应于主体自身状态的原始反终的结构，此结构在被抛看来，应当补出一个回复运动。该运动

---

① 杜海涛. 伦理符号学与《周易》符号伦理思维 [J]. 周易研究, 2016 (5): 21.
② 李泽厚. 哲学纲要 [M]. 北京: 中华书局, 2015: 239.
③ 海德格尔. 存在与时间 [M]. 陈嘉映, 王庆节, 译. 北京: 生活·读书·新知三联书店, 2006: 203.

回复的是圆融之境域，氤氲之太极，清通之太和，这个运动就是"欠"。欠是作为一种感受而存在的，它是此在的属性，与被抛的沉沦感相应。但是，欠并不是一个沉沦感，它恰恰具有反沉沦的意味。首先，欠的道德语态不同于抛的物理语态，这使得欠有能力承担这种道德召唤的使命，使处于非本真时间中的此在领会到在生死之"间"应有的本真时间。其次，"欠—被抛"的张力结构始终是面向此在的。也就是说，此在随时随地都在此结构之中，此结构要求此在做出回应。这个回应，与生死之间（海德格尔之"向死而生"）有直接关系，与原始反终有直接关系，与人身存亡的生和死倒没有直接的关系。或者说，德性的回答是超越生死的。最后，欠本身具有结构。欠是此在的切身性，如果此在不在欠的样态上，只能说明此在处于沉沦之中。而一旦此在被欠所唤醒，醒悟之后欠就改变了此前的形式，它以"还"的样态表现自身。"还"是境域的邀约，也是此在主动处于境遇的明见和存在的明澈之中。因此，表现为"还"的欠用"应该"的语言指示行动，而"应该"不是应当如此的命令，也不是要符合某个标准而行，它只是"归还"。

　　人有欠在身，人因欠而感，因欠而行，因欠而还。人"终有一欠"。所谓"终有一欠"是指人必须以"还"的样态面对欠，否则只有沉沦。欠无法消除，因为此在已经被抛，此在不得不存在，所以是"终有"。"一"在字面上是一次，但在这里是指生死之"间"，是对生死之间的抽象。欠的最抽象化运动形式可以理解为被抛之后回复到抛的原点，就像阴阳爻的不断运动一样，都在进行两种双向运动：有来就有复，有消就有息，有变就有化，有进就有退，有翕就有辟，有屈就有伸，有失就有得。欠的运动显现千变万化的境遇，境遇之德性化内容都可以回复到基本的运动形式。换句话说，德性化的内容再复杂，也都能还原为乾坤相交、阴阳运动、天地对待，也能还原到对欠的相感样态之中。这些境遇包括：忧患意识、见微知著、防微杜渐、居安思危等。欠把境域和境遇联结起来，这种"境遇—境域"的结构类似于不便翻译的海德格尔的"ereignis"，这是海氏后期的重要思想："ereignis 竟是无名之名了。难怪说它是不可翻译的。实际上，它简直是不可解释的。本是、本真、自在，一切之源，复是一切的呈现。ereignis 是遗赠者，是遗赠本身，是一个特定的时代，是成思的方式，是思的行动，是存在，公开场，人的思与行动的具体统一。ereignis 的根本性几乎取代了存在的根本性。"① 我们相信，海德格尔后期使用的这一不可翻译的重要概念"Ereignis"，包含了丰富的思想，抵达了哲学理性的边界。之所以不能翻译，又或者持德语母语的人都会理解困难，其原因有些无奈：人类除了现有的日常语言系统，似乎再没有别的语言了。翻译的困境或者往深处思考是哲学的困境在于：语言解释思想，接下来很有可能也很有必要再解释语言。问题在于，用什么解释语言呢，语言解释语言吗？

有理由相信，在表达思想上，语言确实存在某些缺陷，"实际上在语词的构成中根本没有反思活动。因为语词所表达的根本就不是精神，而是所意指的事物。语词构成的出发点是那种充满精神的事实内容（die species）。寻找其表达的思维并非同精神相关，而是同事实有关。因此，语词并不是精神的表达，而是涉及 similitudo rei（事物的形似）"②。在现当代西方哲学中，语言哲学、分析哲学、符号学、解释学之所以蓬勃发展，其核心内容之一是想要重新建构语言以及构建语言和人的关系。西方分析哲学在 20 世纪后半期开始回归到语言的日常使用场景中，而不是如分析哲学的开创时期所认为的应该以逻辑为核心。奎因、库恩、维特根斯坦（后期）等都在致力于说明，那种认为语言有一种可以用逻辑方式来加以揭示的结构的观点是错误的。当代分析哲学的一个进步在于，对于思想的把握是自动地呈现的，而不是从对表达它们的工具的掌握中得出的。可见，对于"语言"的寻找一直是西方哲学的重要课题。

如果西方哲学家深入了解中国的易学体系、禅宗语言以及佛教因明学，他们一定会在寻找语言的路途上有所收获。特别是易学体系，虽由两个简单的阴阳符号构成，但它们却幻化出了千变万化的世界。不难想见，当莱布尼兹读到中国的《易经》时是怎么样的激动心情，因为他获得了另一种"语言"③，而这种语言在表达哲学思想上具有充分的优势。在哲学范畴中，时间和空间具有重要地位，而象数符号表达的时空与西方哲学意义上的时空有重

---

① 陈嘉映. 海德格尔哲学概论 [M]. 北京：商务印书馆，2015：366
② 伽达默尔. 真理与方法：下卷 [M]. 洪汉鼎，译. 上海：上海译文出版社，1999：545.
③ 廖名春.《周易》经传十五讲 [M]. 北京：北京大学出版社，2004：13.

大区别。其原因在于，象数符号代表的时空往往具有伦理色彩，这使得象数符号在原伦理的意义上与此在具有天然的亲缘联系。此在在谋划生活时，亦在开显与存在的本真关系，而这一切都可以经由象数符号的模拟、象征、寓示等方法来展开。"在中国'时空'并不像西方具有抽象观念的意义，它往往表述具体'场合'。所以在《易传》的伦理性阐释中，'时'意味着合乎时宜，'位'在人事中引申为'居处中'的含义。得时得位是吉的表现，而失时失位是凶的表现。故而《易传》曰：'列贵贱者存乎位'，而将这种'位'的观念引申到人事便成了'居上位而不骄，在下位而不忧'，于是'位'从抽象的符号位置演变成为伦理的'分位'意义。"①

由此，我们联想到，如果把自身看作符号，特别是看作象数符号，以符号的特性注入生活，将会发生怎样的变化。这不啻是一个重大的视角转换，它将会把哲学诸问题引入类似"身体场"的概念和范畴之中："世界上的万事万物都被视为是人的身体行为的'目的论的项'，整个宇宙都被视为是人自身生命体现的身体场。这样，对中国古人来说，不是所谓的'语言的界限就是世界的界限'（维特根斯坦语），而是身体的界限就是世界的界限。"② 这样，我们即可将这种符号化的生活命名为"象态化生活"。所谓"象"，也就是象数学的符号之象。所谓"象态"，也就是阴阳符号绾合"境遇—境域"的运动诸形态。所谓"化"，是指此在将如前所述人的"终有一欠"的道德能力与"象态"的融合。如此，一个本体伦理学意义上的概念便因缘而发了。象态化生活中的此在因缘而在，因抛而沉沦，因欠而有所还。此在总是处在未定态之中，它不是阴爻，也不是阳爻，它是阳爻运动和阴爻运动，它总是在流变和变通之中成就和领悟自身，因而它总是在成就和领悟世界。如此，此在可以翻译为"如在"。

象态化生活的典型代表有孔子、老子、孟子、韩愈等，阳明先生亦可为其一。王阳明虽然没有系统的易学理论，但他和老子、孟子一样是"体易"和"用易"的代表。阳明的理论，阳明的一生，即是象态化的生活。他说：

---

① 杜海涛. 伦理符号学与《周易》符号伦理思维［J］. 周易研究，2016（5）：23.
② 张再林. 作为身体哲学的中国古代哲学［M］. 北京：中国书籍出版社，2018：49.

"故易也者，志吾心之阴阳消息者也。"① 阴阳消息并不在自身之外，而就是自身之心志。这可以称得上是明代"心学易"的总纲。他把"致良知"之说和易道结合起来，表达了"良知即是易"的观点："良知即是易，'其为道也屡迁，变动不居，周流六虚，上下无常，刚柔相易，不可为典要，唯变所适'。此知如何捉摸得？见得透时便是圣人。"② 良知具有统摄变与不变的能力，也能绾合阴阳刚柔。若能识得此良知，便与圣人无异。《易传》有所谓先天后天之说，他用良知把二者统合起来，让人领会到看上去是两个不同的东西其实只是一个。他说："'先天而天弗违'，天即良知也；'后天而奉天时'，良知即天也。"③ 阳明心学对易道的领悟不用象数而象数自在其中，此"中"，即为"身"，是如在的切身性。

象态化生活是在生活中展开的象态化。象态化的特点是"执两用中，不拘一端"，在两而用其中，不滞于两；用中而不执着中，中在两处显。其著名的"知行合一"亦是易道的真精神："知之真切笃实处，便是行；行之明觉精察处，便是知。若知时，其心不能真切笃实，则其知便不能明觉精察；不是知之时只要明觉精察，更不要真切笃实也。行之时，其心不能明觉精察，则其行便不能真切笃实；不是行之时只要真切笃实，更不要明觉精察也。知天地之化育，心体原是如此。乾知大始，心体亦原是如此。"④ 知行可以分开，但不必截断，须从"合"上看知行，即分时便是合；知行亦可以合一，但不必凝滞，须从"分"上辨分明，即合时便是分。这就是"知行合一"的要义，其内涵必然包括"心即理"和"致良知"。王阳明用乾卦大始来类比其理：天地未化育，心体在未化育中就已知，乾元始化，心体在已知中展开未知。说到底，心体便是无善无恶之静，亦是有善有恶之意动。无论动静，良知都合于心体。并且，在乾变坤化之中，良知展开为为善去恶的格物过程。这是心体放在易道的解释，落实在境遇之中，则须仔细分辨，知行合一：知之真切笃实不是行之明觉精察，行之明觉精察不是知之真切笃实；知之真切

---

① 王阳明. 王阳明集 [M]. 王晓昕, 赵平略, 点校. 北京：中华书局, 2016: 226.
② 王阳明. 王阳明集 [M]. 王晓昕, 赵平略, 点校. 北京：中华书局, 2016: 116.
③ 王阳明. 王阳明集 [M]. 王晓昕, 赵平略, 点校. 北京：中华书局, 2016: 103.
④ 王阳明. 王阳明集 [M]. 王晓昕, 赵平略, 点校. 北京：中华书局, 2016: 187.

笃实就是行之明觉精察，行之明觉精察就是知之真切笃实。知和行如一阴一阳，统一在大化流行之中。

除了生活境界的提升，象数易学和易学的发展应该有一个明确的科学指向。当今世界变化发展的速度超过以往任何一个时代，当今世界人心的迷茫、沮丧、疑惑和无意义感超过以往任何一个时代。因而，象数学要关注的是以变化的符号面对变化的现实，以昂扬的姿态面对世道人心。其中，象数学的研究要重点关注一个方面，那就是人工智能。当今人类面对人工智能的"船坚利炮"的威胁，这应该不亚于近代中国人所面临的列强的"船坚利炮"的威胁。象数学和易学研究应该更加注意与科学的联系、与数学的联系、与逻辑学的联系、与语言学的联系……在创造人工智能的同时要秉持阴阳运动的基本理念，那就是创造另一个与之抗衡的人工智能。这是人类的义务，也是人类的责任。人类有理由在满足自身智能化安全的基础之上进行别的创造工作，构建更加美好的生活。因此，象数学至少在以下方面有所进步：发现和探索新的易数和易象图式，使之能够以更为贴近的方式与人的科学研究相关，象数学应该也必须给人类的科学研究提供新的图式、新的视角、新的思维和新的方法的启发或者启迪。

当今世界，不安定的因素越来越多。究其原因是在人心不古，传统的很多优秀的价值观正在快速衰落。有鉴于此，象态化生活的理念则发出呼唤：人类自身应当担起"终有一欠"的责任，面对实事本身，以更加昂扬的姿态去生活。在当今百年未有之大变局的时代条件下，中国人民正在党的领导下实现中华民族伟大复兴。在实现中华民族伟大复兴的中国梦的过程之中，文化复新尤其显得重要，"习近平总书记指出：'我们生而为中国人，最根本的是我们有中国人的独特精神世界，有百姓日用而不觉的价值观。'……中华优秀传统文化是我们最深厚的文化软实力，是我国的独特优势。古往今来，一个大国的发展进程，往往既是经济总量、军事力量等硬实力提高的进程，也是价值观念、思想文化等软实力提高的进程。中华民族在世界有地位、有影响，不是靠穷兵黩武，不是靠对外扩张，而是靠中华文化的强大感召力和吸引力"①。在这个重要的历史方位面前，我们更需要坚定信心、共克时艰，把中国特色社会主义伟大事业向前推进，把中华优秀传统文化的研究逐步引向深入，经过创造性转化和创新性发展，让中华优秀传统文化绽放出更加瑰丽的光芒。

---

① 中共中央宣传部．习近平新时代中国特色社会主义思想学习问答［M］．北京：学习出版社，人民出版社，2021：316.

参考文献

一、著作

（一）易学原典

[1] 常秉义.易纬[M].郑玄,注.乌鲁木齐：新疆人民出版社,2000.

[2] 陈梦雷.周易浅述[M].北京：九州出版社,2004.

[3] 程颐.周易程氏传[M].北京：中华书局,2011.

[4] 杭辛斋.杭氏易学七种：下[M].北京：九州出版社,2005.

[5] 胡方平.易学启蒙通释[M].上海：上海古籍出版社,2019.

[6] 胡煦.周易函书[M].北京：中华书局,2008.

[7] 胡一桂.周易启蒙翼传[M].北京：中华书局,2019.

[8] 惠栋.周易述[M].北京：中华书局,2007.

[9] 江永.河洛精蕴注引[M].北京：华夏出版社,2006.

[10] 焦循.易学三书[M].北京：九州出版社,2003.

[11] 孔颖达.周易正义（内附王、韩注）[M].北京：九州出版社,2004.

[12] 来知德.周易集注[M].上海：上海古籍出版社,1990.

[13] 李道平.周易集解纂疏[M].北京：中华书局,1994.

[14] 李鼎祚.周易集解[M].北京：中国书店,1984.

[15] 李鼎祚.周易集解[M].北京：中华书局,2016.

[16] 邵雍.邵雍集[M].北京：中华书局,2010.

[17] 苏轼.东坡易传[M].吉林：文史出版社,2002.

[18] 王夫之.周易内传[M].北京：九州出版社,2004.

[19] 王夫之．周易外传 [M]．北京：中华书局，1977．

[20] 张载．张载集 [M]．北京：中华书局，1978．

[21] 周敦颐．周敦颐集 [M]．长沙：岳麓书社，2002．

[22] 朱熹．周易本义 [M]．北京：中国书店，1994．

[23] 朱熹．朱子全书：第二十三册 [M]．上海：上海古籍出版社，2002．

[24] 朱熹．朱子全书：第十四册 [M]．上海：上海古籍出版社，2002．

[25] 朱熹．朱子语类 [M]．黎靖德，编．北京：中华书局，1994．

（二）易学研究

[1] 陈鼓应．易传与道家思想 [M]．北京：生活·读书·新知三联书店，1996．

[2] 成中英．易学本体论 [M]．北京：北京大学出版社，2006．

[3] 邓球柏．帛书周易校释 [M]．长沙：湖南人民出版社，1987．

[4] 冯精志．实用易经预测方法 [M]．长春：长春出版社，1991．

[5] 高亨．周易大传今注 [M]．济南：齐鲁书社，1998．

[6] 高亨．周易古经今注 [M]．北京：中华书局，1984．

[7] 高怀民．两汉易学史 [M]．桂林：广西师范大学出版社，2007．

[8] 高怀民．宋元明易学史 [M]．桂林：广西师范大学出版社，2007．

[9] 高怀民．先秦易学史 [M]．桂林：广西师范大学出版社，2007．

[10] 郭彧．京氏易源流 [M]．北京：华夏出版社，2007．

[11] 郭彧．易图讲座 [M]．北京：华夏出版社，2007．

[12] 黄寿祺，张善文．周易译注 [M]．上海：上海古籍出版社，1989．

[13] 黄宗羲．易学象数论 [M]．北京：九州出版社，2007．

[14] 霍斐然．周易正解 [M]．北京：华龄出版社，2009．

[15] 江国樑．周易原理与古代科技 [M]．厦门：鹭江出版社，1990．

[16] 李镜池．周易探源 [M]．北京：中华书局，1978．

[17] 李零．中国方术考 [M]．修订本．北京：东方出版社，2001．

[18] 李树菁．周易象数通论 [M]．北京：光明日报出版社，2004．

[19] 梁韦弦．汉易卦气学研究 [M]．济南：齐鲁书社，2007．

[20] 廖名春．《周易》经传十五讲 [M]．北京：北京大学出版

[21] 林忠军. 象数易学发展史: 二 [M]. 济南: 齐鲁书社, 1999.

[22] 林忠军. 象数易学发展史: 一 [M]. 济南: 齐鲁书社, 1999.

[23] 林忠军, 张沛, 张韶宇. 明代易学史 [M]. 济南: 齐鲁书社, 2016.

[24] 林忠军, 张沛, 赵中国. 清代易学史: 上 [M]. 济南: 齐鲁书社, 2018.

[25] 林忠军, 张沛, 赵中国. 清代易学史: 下 [M]. 济南: 齐鲁书社, 2018.

[26] 刘大钧. 大易集义 [M]. 上海: 上海古籍出版社, 2002.

[27] 刘大钧. 周易概论 [M]. 济南: 齐鲁书社, 1988.

[28] 刘玉建. 两汉象数易学研究: 上 [M]. 南宁: 广西教育出版社, 1996.

[29] 刘玉建. 两汉象数易学研究: 下 [M]. 南宁: 广西教育出版社, 1996.

[30] 卢央. 京氏易传解读 [M]. 北京: 北京: 九州出版社, 2004.

[31] 卢央. 京氏易传解读: 上 [M]. 北京: 九州出版社, 2004.

[32] 卢央. 京氏易传解读: 下 [M]. 北京: 九州出版社, 2004.

[33] 陆德明. 经典释文 [M]. 北京: 中华书局, 2007.

[34] 孟乃昌, 孟庆轩. 周易参同契三十四家注释集萃 [M]. 北京: 华夏出版社, 1993.

[35] 牟宗三. 周易的自然哲学与道德涵义 [M]. 台北: 联经出版社, 2003.

[36] 牟宗三. 周易哲学演讲录 [M]. 上海: 华东师范大学出版社, 2004.

[37] 南怀瑾. 易经系传别讲 [M]. 北京: 中国世界语出版社, 1994.

[38] 潘雨廷. 读易提要 [M]. 上海: 上海古籍出版社, 2006.

[39] 潘雨廷. 易学史丛论 [M]. 上海: 上海古籍出版社, 2007.

[40] 潘雨廷. 周易虞氏易象释易则 [M]. 上海: 上海古籍出版社,

2009.

［41］尚秉和. 焦氏易诂［M］. 北京：中华书局，1980.

［42］尚秉和. 周易尚氏学［M］. 北京：中华书局，1980.

［43］苏智. 周易的符号学研究［M］. 成都：四川大学出版社，2018.

［44］唐明邦. 周易评注［M］. 北京：中华书局，1995.

［45］王铁. 宋代易学［M］. 上海：上海古籍出版社，2005.

［46］文平. 虞翻易学伦理思想研究［M］. 北京：光明日报出版社，2022.

［47］萧汉明，郭东升. 周易参同契研究［M］. 上海：上海文化出版社，2001.

［48］熊十力. 乾坤衍［M］. 上海：上海书店，2008.

［49］徐芹庭. 汉易阐微［M］. 北京：中国书店，2010.

［50］徐芹庭. 来氏易经象数集注［M］. 北京：中国书店，2010.

［51］徐芹庭. 魏晋南北朝四十三家易学［M］. 北京：中国书店，2011.

［52］徐芹庭. 易经源流［M］. 北京：中国书店，2008.

［53］杨庆中. 二十世纪中国易学史［M］. 北京：人民出版社，2000.

［54］余敦康. 汉宋易学解读［M］. 北京：华夏出版社，2006.

［55］詹石窗. 易学与道教思想关系研究［M］. 厦门：厦门大学出版社，2001.

［56］张其成. 象数易学［M］. 北京：中国书店，1999.

［57］张善文. 历代易家与易学要籍［M］. 福州：福建人民出版社，1998.

［58］张涛. 秦汉易学思想研究［M］. 北京：中华书局，2005.

［59］张文江. 潘雨廷先生谈话录［M］. 上海：复旦大学出版社，2012.

［60］张政烺. 张政烺论易丛稿［M］. 北京：中华书局，2011.

［61］《中国哲学》编委会. 中国哲学：第十五辑［M］. 长沙：岳麓书社，1992.

［62］周士一，潘启明. 周易参同契新探［M］. 长沙：湖南教育出版社，1981.

[63] 朱伯崑.易学哲学史[M].北京：北京大学出版社，1986.

[64] 朱伯崑.易学哲学史：第二卷[M].北京：华夏出版社，1995.

[65] 朱伯崑.易学哲学史：第三卷[M].北京：华夏出版社，1995.

[66] 朱伯崑.易学哲学史：第四卷[M].北京：华夏出版社，1995.

[67] 朱伯崑.易学哲学史：第一卷[M].北京：华夏出版社，1995.

（三）其他文献

[1] 班固.汉书[M].北京：中华书局，2007.

[2] 北京大学哲学系.西方哲学原著选读：上卷[M].北京：商务印书馆，1981.

[3] 曹础基，黄兰发，点校.庄子注疏[M].北京：中华书局，2011.

[4] 陈鼓应.老子注译及评介[M].北京：中华书局，1984.

[5] 陈嘉映.海德格尔哲学概论[M].北京：商务印书馆，2015.

[6] 陈寿.三国志[M].北京：中华书局，2006.

[7] 陈戍国.春秋左传校注[M].长沙：岳麓书社，2006.

[8] 陈遵妫.中国天文学史：中[M].上海：上海人民出版社，2006.

[9] 成中英.儒家哲学的本体重建[M].北京：中国人民大学出版社，2017.

[10] 楚人.时间哲学简史[M].北京：中国华侨出版社，2019.

[11] 范晔.后汉书[M].北京：中华书局，2007.

[12] 冯友兰.中国哲学史新编[M].北京：人民出版社，1998.

[13] 弗雷泽.金枝：上[M].汪培基，徐育新，张泽石，译.北京：商务印书馆，2016.

[14] 伽达默尔.真理与方法[M].洪汉鼎，译.上海：上海译文出版社，1999.

[15] 葛兆光.中国思想史[M].上海：复旦大学出版社，1998.

[16] 顾颉刚.古史辨自序[M].石家庄：河北教育出版社，2000.

[17] 郭沫若.中国古代社会研究[M].石家庄：河北教育出版社，2004.

[18] 郭齐勇.中国古典哲学名著选读[M].北京：人民出版社，2005.

[19] 郭沂.郭店竹简与先秦学术思想[M].上海：上海教育出版社，

2001.

[20] 海德格尔. 存在与时间 [M]. 陈嘉映, 译. 北京: 生活·读书·新知三联书店, 2006.

[21] 海德格尔. 存在与在 [M]. 王作虹, 译. 北京: 民族出版社, 2005.

[22] 海德格尔. 路标 [M]. 孙周兴, 译. 北京: 商务印书馆, 2014.

[23] 海德格尔. 面向思的事情 [M]. 孙周兴, 译. 北京: 商务印书馆, 2014.

[24] 洪汉鼎. 现象学十四讲 [M]. 北京: 人民出版社, 2008.

[25] 胡塞尔. 伦理学与价值论的基本问题 [M]. 艾四林, 安仕侗, 译. 北京: 中国城市出版社, 2002.

[26] 胡塞尔. 现象学的观念 [M]. 倪梁康, 译. 北京: 商务印书馆, 2016.

[27] 慧能. 坛经 [M]. 北京: 中华书局, 2013.

[28] 江晓原. 历史上的星占学 [M]. 上海: 上海科技教育出版社, 1995.

[29] 江怡. 思想的镜像: 从哲学拓扑学的观点看 [M]. 合肥: 安徽师范大学出版社, 2010.

[30] 金春峰. 汉代思想史 [M]. 北京: 中国社会科学出版社, 1987.

[31] 金岳霖. 论道 [M]. 北京: 商务印书馆, 2015.

[32] 卡希尔. 人论 [M]. 甘阳, 译. 上海: 上海译文出版社, 1985.

[33] 康德. 实践理性批判 [M]. 邓晓芒, 译. 北京: 人民出版社, 2003.

[34] 库恩. 科学革命的结构 [M]. 金吾伦, 胡新和, 译. 北京: 北京大学出版社, 2012.

[35] 劳榦. 魏晋南北朝简史 [M]. 北京: 中华书局, 2018.

[36] 李泽厚. 历史本体论: 己卯五说 [M]. 北京: 生活·读书·新知三联书店, 2003.

[37] 李泽厚. 论语今读 [M]. 北京: 中华书局, 2015.

[38] 李泽厚. 哲学纲要 [M]. 北京: 中华书局, 2015.

[39] 李泽厚. 中国思想史论: 古代卷 [M]. 合肥: 安徽文艺出版社,

1999.

[40] 刘建国．先秦伪书辨正［M］．西安：陕西人民出版社，2004.

[41] 吕祖谦．宋文鉴［M］．齐治平，点校．北京：中华书局，2018.

[42] 倪梁康．胡塞尔现象学概念通释［M］．增补版．北京：商务印书馆，2016.

[43] 欧阳修，宋祁．新唐书［M］．北京：中华书局，2003.

[44] 佩特丽莉．符号疆界：从总体符号学到伦理符号学［M］．周劲松，译．成都：四川大学出版社，2014.

[45] 皮尔斯．皮尔斯文选［M］．涂纪亮，周兆平，译．北京：社会科学文献出版社，2006.

[46] 皮锡瑞．经学历史［M］．北京．中华书局，1959.

[47] 皮锡瑞．经学通论［M］．北京：中华书局，1954.

[48] 任继愈．中国道教史［M］．上海：上海人民出版社，1990.

[49] 释道元．景德传灯录［M］．成都：成都古籍书店．2000.

[50] 释普济．五灯会元［M］．北京：中华书局，1984.

[51] 司马迁．史记［M］．北京：中华书局，2006.

[52] 孙熙国．先秦哲学的意蕴：中国哲学早期重要概念研究［M］．北京：华夏出版社，2006.

[53] 孙周兴．后哲学的哲学问题［M］．北京：商务印书馆，2009.

[54] 汤可敬．说文解字今释［M］．长沙：岳麓书社，1997.

[55] 唐晏．两汉三国学案［M］．北京：中华书局，1986.

[56] 王庆节．解释学、海德格尔与儒道今释［M］．北京：中国人民大学出版社，2009.

[57] 王先谦．庄子集解［M］．北京．中华书局，1987.

[58] 王晓昕，赵平略，点校．王阳明集：上［M］．北京：中华书局，2016.

[59] 王引之．经义述闻［M］．南京：江苏古籍出版社，2000.

[60] 韦世林．空符号论［M］．北京：人民出版社，2012.

[61] 维特根斯坦．哲学研究［M］．李步楼，译．北京：商务印书馆，1996.

［62］向敬德．西方元伦理学［M］．长沙：湖南师范大学出版社，2006．

［63］徐道一．天文地质学概论［M］．北京：地质出版社，1983．

［64］许嘉璐．二十四史全译［M］．上海：汉语大词典出版社，2004．

［65］亚里士多德．形而上学［M］．吴寿彭，译．北京：商务印书馆，1996．

［66］杨国荣．孟子评传［M］．南宁：广西教育出版社，1994．

［67］易谋远．彝族古宇宙论与历法研究［M］．北京：科学出版社，2006．

［68］张立文．中国哲学范畴发展史［M］．北京：中国人民大学出版社，1988．

［69］张祥龙．海德格尔传［M］．北京：商务印书馆，2007．

［70］张再林．作为身体哲学的中国古代哲学［M］．北京：中国书籍出版社，2018．

［71］赵定理．中华自然哲学的数理原理［M］．北京：光明日报出版社，2003．

［72］赵敦华．西方哲学简史［M］．北京：北京大学出版社，2012．

［73］赵毅衡．哲学符号学：意义世界的形成［M］．成都：四川大学出版社，2017．

［74］郑军．太极太玄体系［M］．北京：中国社会科学出版社，1992．

［75］朱熹．论语集注［M］．北京：商务印书馆，2015．

［76］朱贻庭．中国传统伦理思想史［M］．上海：华东师范大学出版社，2003．

二、期刊

［1］常秉义．卦变说探析［J］．周易研究，1997（4）．

［2］杜海涛．伦理符号学与《周易》符号伦理思维［J］．周易研究，2016（5）．

［3］范爱贤．“易”的意指符号学分析［J］．周易研究，2004（6）．

［4］方仁．从皮尔斯的观点看《周易》的符号学性质［J］．周易研究，2015（4）．

[5] 方向红. 先验《易经》引论：对《易经》的现象学考察 [J]. 周易研究, 2021 (3).

[6] 傅荣贤. 对孟喜易学的哲学分析 [J]. 临沂师专学报, 1995 (3).

[7] 郭彧. 卦变说探微 [J]. 周易研究, 1998 (1).

[8] 井海明. 简论帛书易传中的卦气思想 [J]. 周易研究, 2002 (4).

[9] 李尚信. 孟喜卦气卦序反映的思想初论 [J]. 江汉论坛, 2001 (4).

[10] 梁韦弦. 帛书易传透露出的卦气知识及其成书年代 [J]. 齐鲁学刊, 2005 (3).

[11] 梁韦弦. 卦气解易匡谬 [J]. 古籍整理研究学刊, 2006 (6).

[12] 梁韦弦. 卦气与历数 象数与易理 [J]. 松辽学刊, 2001 (5).

[13] 梁韦弦.《礼记》《吕氏春秋》及《周髀算经》所记之节气 [J]. 古籍整理研究学刊, 2001 (5).

[14] 梁韦弦. 孟京易学的来源 [J]. 史学集刊, 2003 (3).

[15] 林孝斌.《周易》观卦中"观"的感通认识论意涵解析 [J]. 周易研究, 2020 (5).

[16] 林忠军. 论两汉易学的形成、源流及其特征 [J]. 山东大学学报（哲学社会科学版）, 2000 (1).

[17] 刘彬. 月体纳甲说考 [J]. 中州学刊, 2003 (4).

[18] 刘彬. 早期阴阳家卦气说考索 [J]. 管子学刊, 2004 (2).

[19] 刘大钧. 大一生水篇管窥 [J]. 周易研究, 2001 (4).

[20] 刘大钧. 卦气溯源 [J]. 中国社会科学, 2000 (5).

[21] 刘大钧. 虞翻著作考释 [J]. 周易研究, 1990 (2).

[22] 刘淑君.《周易》符号的生命性与形式特质：以卡西尔文化哲学为视角 [J]. 周易研究, 2020 (4).

[23] 刘玉建. 论魏氏月体纳甲说及其对虞氏易学的影响 [J]. 周易研究, 2001 (4).

[24] 罗昌繁. 虞翻岭南之贬及其典范意义 [J]. 中山大学学报（社会科学版）, 2015 (6).

[25] 彭战果. 从《易传》"神"对"阴阳"的超越看其德性领域开启的

必然性[J].周易研究,2008(1).

[26]沈顺福.感应与存在:《周易》感应论分析[J].周易研究,2007(2).

[27]王堃."理"在功夫过程中的柔性化诠释[J].周易研究,2019(3).

[28]王堃.诗性伦理导论:儒家伦理的重建[J].社会科学研究,2016(5).

[29]王新春,吕广田.易传三陈九卦的人文理念[J].济南市社会主义学院学报,2000(6).

[30]王新春.试论虞氏易学旁通说的易理内涵[J].周易研究,1996(3).

[31]王新春.虞翻易学十二消息说语境下的宇宙大化[J].中国哲学史,2011(2).

[32]王新春.哲学视野下的汉易卦气说[J].周易研究,2002(6).

[33]文平.孟喜卦气说溯源[J].湘潭大学学报(社会科学版),2009,(6).

[34]文平.虞氏易消息卦变新论:以潘雨廷易图为例[J].周易研究,2013(3).

[35]谢向荣.试论楚竹书《周易》红黑符号对卦序与象数的统合意义[J].周易研究,2005(4).

[36]余平.海德格尔存在之思的伦理境域[J].哲学研究,2003(10).

[37]庾潍诚.论焦循对卦变说之批评及其易学建构[J].周易研究,2002(5).

[38]张涛.略论荀爽易学[J].河南大学学报(社会科学版),1999(3).

[39]张祥龙.概念化思维与象思维[J].杭州师范大学学报(社会科学版),2008(5).

[40]张旭.卜筮与道德[J].云梦学刊,2016(6).

[41]张学智.王夫之未济卦阐发的几个思想维度[J].中国哲学史,

2016（1）.

［42］周立升.《周易参同契》的月体纳甲学［J］.周易研究，2000（4）.

三、其他

［1］黄寿祺，张善文.周易研究论文集［C］.北京：北京师范大学出版社，1989.